上海市高职院校会计一流专业建设实训系列教材

电子报税实训

总主编／严玉康

主　编／张　戈　吕　薇

立信会计 出版社

LIXIN ACCOUNTING PUBLISHING HOUSE

图书在版编目(CIP)数据

电子报税实训/张戈,吕薇主编.—上海:立信会计
出版社,2018.1
上海市高职院校会计一流专业建设实训系列教材
ISBN 978-7-5429-4918-9

Ⅰ.①电… Ⅱ.①张…②吕… Ⅲ.①税收管理—
中国—高等职业教育—教材 Ⅳ.①F812.42

中国版本图书馆 CIP 数据核字(2016)第 009572 号

策划编辑 赵志梅
责任编辑 赵志梅
封面设计 南房间

电子报税实训

Dianzi Baoshui Shixun

出版发行	立信会计出版社			
地 址	上海市中山西路 2230 号	邮政编码	200235	
电 话	(021)64411389	传 真	(021)64411325	
网 址	www.lixinaph.com	电子邮箱	lxaph@sh163.net	
网上书店	www.shlx.net	电 话	(021)64411071	
经 销	各地新华书店			
印 刷	上海天地海设计印刷有限公司			
开 本	787 毫米×1 092 毫米	1/16		
印 张	15.75			
字 数	365 千字			
版 次	2018 年 1 月第 1 版			
印 次	2018 年 1 月第 1 次			
印 数	1—3 100			
书 号	ISBN 978-7-5429-4918-9/F			
定 价	39.00 元			

上海市高职院校会计一流专业建设
实训系列教材
编审委员会

总　序

为深入贯彻国家以及上海市中长期教育改革和发展规划纲要，加快落实《国务院关于加快发展现代职业教育的决定》，全面推进上海市教育综合改革，深化职业教育内涵发展，加快培养知识型、发展型技能人才，从 2015 年起，上海市启动了以高等职业教育质量提升计划项目为主的开展高职院校一流专业建设工作。其一流建设切入点和力求达成的目标是：在上海市高等教育内涵建"085"工程已建设一批高职院校重点专业的基础上，从对接国际标准、服务产业升级、聚焦民生需求等方面，遴选建设 20 个左右国内领先、具有国际竞争力的高职一流专业，开发与国际先进标准对接的专业教学标准，促进高职院校专业建设科学化、标准化和规范化。

作为上海市特色高职院校及示范性民办高校的建设单位——上海东海职业技术学院（简称上海东海学院），从 1993 年创办以来，在专业设置与结构布局上，把握不同时期地方经济和社会发展对高素质技能人才多样化的要求，结合自身办学条件与民办高校灵活的办学机制，传承上海东海学院"自尊自强、认真求真"的创业精神，创立与形成了以经管类专业为主体，以机电工程类和艺术设计类专业为两翼的专业定位与发展格局，较好地适应了我国经济新常态下产业升级与创新发展的需要，满足了高职院校学生学习专业技能及成就一生事业的发展需要。

尤其是由上海东海学院长年积淀而创建的"会计"品牌专业，其人才培养目标重点锁定在有角度（瞄准有发展潜质小企业，与普通高校错位发展）、有高度（办学质量超前，可与名牌院校同类专业建设媲美）、有深度（课程内涵充实，注重会算、会管、会写的能力提升），即重点锁定在"既会算收入、算支出、算成本、算经济效益，又会管资金、管资产、管负债、管效率、管效益，还会把算的结果和管的效果以应用文形式表达出来"的财会复合型人才这个点上。上海东海学院在高职院校中脱颖而出，成为上海市教委第一批立项进行一流专业建设的高职院校。

围绕高职院校一流专业建设，通过近两年的积淀与冲刺，由上海东海学院校长项家祥教授、副校长尹雷方教授、经管学院院长严玉康教授等领衔主编的"上海市高职院校一流专业建设'会计'系列教材"面世了。第一期出版教材包括《小企业会计基础》《小企业财务会计》《小企业成本会计》《小企业财务管理》《小企业会计电算化》《小企业纳税实务》。2017 年起，正编写会计一流专业建设实训系统教材。本实训系统教材分别包括《会计基础技能实训》

《出纳岗位实训》《会计分岗位实训》《电子报税实训》《会计综合实训》。

本套"上海市高职院校会计一流专业建设实训系列教材"的编写，以财务会计基本理论和《小企业会计准则》为指南，以小企业日常会计核算的基本技能训练为重点，根据高职院校学生特点和企业会计工作的实际需要，突出"新颖""简洁"和"实用"的特点。本系列教材各章均安排有"实训目标""知识链接""技能指导""实训范例"和"技能实训"五个部分，并配有必要的图表解析与解答提示，使本系列教材更具实用性和操作性，便于读者进一步理解和掌握各项实训技能。

本套"上海市高职院校会计一流专业建设实训系列教材"的编写，不仅是上海东海学院在创建上海市特色高职院校及示范性民办高校中所取得的又一突出成果，还是上海东海学院为上海市"开展高职一流专业建设"所作出的努力和贡献。衷心希望本系列教材的出版，能加速推动上海高等职业教育质量的不断提升。

前　言

根据教委实施"高等职业教育质量工程"，开展"高职院校一流专业建设"工作的要求。作为上海市高职院校"会计一流专业"建设单位，我们策划编写了"上海市高职院校会计一流专业建设实训系列教材"，以满足高职院校培养服务于有潜质的小企业，培养"会算、会管、会写"，具有"一人多能、多岗兼顾"的复合型会计技能人才的需要。

课程与教材是专业建设的核心内容之一，按照会计一流专业建设的设计，我们在策划编写一套会计专业理论课程教材的基础上，同步编写一套实训系列教材，旨在实现人才培养过程中，专业理论教学与实践教学同步推进，满足高职教育技能型人才培养的需要。

《电子报税实训》是"上海市高职院校会计一流专业建设实训系列教材"中的一本，在本系列教材和会计专业技能培养中占有重要地位，是电子报税实训课程教学的配套教材。主要阐述纳税申报的基础知识和基本技能，着力训练学生纳税申报实际操作能力，在实训中巩固和强化学生涉税相关知识，增强学生对涉税岗位的适应能力。

本教材共分四个项目，分别为税务登记、发票管理、国税申报、地税申报；每个项目都分别包含"实训目标""知识链接""实训指导""实训案例""实训任务"五个部分内容；国税申报和地税申报涵盖了增值税、企业所得税、消费税、个人所得税等11个基本税种。学生可在教师指导下，学习税收基础和各税种的纳税知识、电子申报操作流程，并在模拟企业经营环境中完成税务登记、发票管理等基本操作，正确计算各税种的应纳税额并完成纳税申报。本教材涉及的税收知识比较全面，并能够依据最新税收法律、法规确定教材内容，可供高职院校会计专业或经济类相关专业作为涉税业务技能训练教材，也可作为企业会计工作者税收知识和纳税申报技能的培训教材。

为便于教学，我们为每实训项目配备了"实训任务"，使学生在完成实训任务教学后，能够进行相关的实训操作。

在教材编写过程中，行业专家、院校教师和立信会计出版社与我们多次探讨，并提出了宝贵的建议，使本教材臻于完善，在此表示衷心的感谢！

编者

目　录

项目一
税务登记

本项目学习目标

> **知识目标**

1. 了解税收、税法基础知识。
2. 了解税务登记相关知识。

> **技能目标**

1. 能够在报税平台上新办税务登记。
2. 能够在报税平台上变更税务登记。
3. 能够在报税平台上注销税务登记。

实训一　新办税务登记

【实训目标】

　　学生通过实训,了解税收的基本知识和税法相关规定;熟悉实际工作中有关税务登记的范围、时限要求、纳税人需要提交的证件和资料、税务登记表的填写内容;能够在报税平台上正确完成新办税务登记操作。

【知识链接】

1.1.1　税收与税法的概念

1. 税收

　　税收是指国家为实现其公共职能而凭借其政治权力,依法强制、无偿地取得财政收入的一种活动或手段。其实质是国家为了行使其职能,取得财政收入的一种方式。

　　税收的形式特征通常概括为税收"三性",即税收的无偿性、强制性和固定性。

　　(1)税收的无偿性。国家征税以后对具体纳税人既不需要直接偿还,也不付出任何直接形式的报酬,纳税人从政府支出所获利益通常与其支付的税款不完全形成一一对应的比例关系。

　　(2)税收的强制性。税收是国家凭借政治权力,通过法律形式对社会产品进行的强制性分配,而非纳税人的一种自愿缴纳。纳税人必须依法纳税;否则,会受到法律制裁。

　　(3)税收的固定性。税收是国家通过法律形式预先规定了对什么征税及其征收比例等税制要素,并保持相对的连续性和稳定性,即使税制要素的具体内容也会因经济发展水平、国家经济政策的变化而进行必要的改革和调整,但这种改革和调整也总是要通过法律形式事先规定,而且改革调整后要保持一定时期的相对稳定。

2. 税法

　　税法是指国家凭借其权力,利用税收工具的强制性、无偿性、固定性的特征参与社会产品和国民收入分配,调整国家与纳税人之间在征纳税方面的权利及义务关系的法律规范的总称。它是国家及纳税人依法征税、依法纳税的行为准则。其目的是保障国家利益和纳税人的合法权益,维护正常的税收秩序,保证国家的财政收入。

　　税法与税收密不可分,税法是税收的法律表现形式,税收则是税法所确定的具体内容。

1.1.2　税法的构成要素

1. 纳税义务人

纳税义务人又称纳税人、纳税主体，是税法规定的直接负有纳税义务的单位和个人。

纳税人有两种基本形式：自然人和法人。自然人和法人是两个相对称的法律概念。自然人是基于自然规律而出生的，有民事权利和义务的主体，包括本国公民，也包括外国人和无国籍人。法人是自然人的对称，根据《民法通则》第三十六条的规定，法人是基于法律规定享有权利能力和行为能力，具有独立的财产和经费，依法独立承担民事责任的社会组织。我国的法人主要有四种：机关法人、事业法人、企业法人和社团法人。

与纳税人紧密联系的两个概念是代扣代缴义务人和代收代缴义务人。前者是指虽不承担纳税义务，但依照有关规定，在向纳税人支付收入、结算货款、收取费用时有义务代扣代缴其应纳税款的单位和个人。比如，出版社代扣作者稿酬所得的个人所得税等。如果代扣代缴义务人按规定履行了代扣代缴义务，税务机关将支付一定的手续费；反之，未按规定代扣代缴税款，造成应纳税款流失或将已扣缴的税款私自截留挪用、不按时缴入国库，一经税务机关发现，将要承担相应的法律责任。代收代缴义务人是指虽不承担纳税义务，但依照有关规定，在向纳税人收取商品或劳务收入时，有义务代收代缴其应纳税款的单位和个人。比如，《消费税暂行条例》规定，委托加工的应税消费品，由受托方在向委托方交货时代收代缴委托方应该缴纳的消费税。

2. 征税对象

征税对象又称课税对象、征税客体，是指税法规定对什么征税，即征纳税双方权利和义务共同指向的客体或标的物，是区别一种税与另一种税的重要标志。比如，消费税的征税对象是《消费税暂行条例》所列举的应税消费品，房产税的征税对象是房屋等。

与征税对象相关的概念是税基。税基又称计税依据，是据以计算征税对象应纳税款的直接数量依据。它解决对征税对象课税的计算问题，是对课税对象的量的规定。比如，企业所得税应纳税额的基本计算方法是应纳税所得额乘以适用税率，其中，应纳税所得额以计算所得税应纳税额的数量基础为所得税的税基。以价值形态作为税基，又称从价计征，即按征税对象的货币价值计算。比如，生产销售化妆品应纳消费税额是由化妆品的销售收入乘以适用税率计算产生的，其税基为销售收入，属于从价计征。另一种是从量计征，即直接按征税对象的自然单位计算，如城镇土地使用税应纳税额是由占用土地面积乘以每单位面积应纳税额计算产生的，其税基为占用土地的面积，属于从量计征。

3. 税率

税率是对征税对象的征收比例或征收额度。税率是计算税额的尺度，也是衡量税负轻重与否的重要标志。我国现行的税率主要有以下几种。

1）比例税率

比例税率是对同一征税对象，不分数额大小，规定相同的征收比例。我国的增值税、城市维护建设税、企业所得税等采用的是比例税率。比例税率在适用中又可分为三种具体形式：

（1）单一比例税率，是指对同一征税对象的所有纳税人都适用同一比例税率。

（2）差别比例税率，是指对同一征税对象的不同纳税人适用不同的比例征税。我国现行税法又分别按产品、行业和地区的不同，将差别比例税率划分为以下三种类型：一是产品差别比例税率，即对不同产品分别适用不同的比例税率，如消费税、关税等；二是行业差别比例税率，即对不同行业分别适用不同的比例税率，同一行业采用同一比例税率，如增值税等；三是地区差别比例税率，即区分不同的地区分别适用不同的比例税率，同一地区采用同一比例税率，如我国城市维护建设税等。

（3）幅度比例税率，是指对同一征税对象，税法只规定最低税率和最高税率，各地区在该幅度内确定具体的适用税率，如契税等。

2）超额累进税率

累进税率是指随着征税对象数量增大而随之提高的税率，即按征税对象数额的大小划分为若干等级，不同等级的课税数额分别适用不同的税率，课税数额越大，适用税率越高。累进税率一般在所得课税中使用，可以充分体现对纳税人收入多的多征、收入少的少征、无收入的不征的税收原则，从而有效地调节纳税人的收入，正确处理税收负担的纵向公平问题。

超额累进税率是指把征税对象按数额的大小分成若干等级，每一等级规定一个税率，税率依次提高，但每一纳税人的征税对象则依所属等级同时适用几个税率分别计算，将计算结果相加后得出应纳税款。

下表为一个三级超额累进税率表。

某三级超额累进税率表

级数	全月应纳税所得额	税率	速算扣除数
1	5 000 元以下	10%	0
2	5 000～20 000 元（含）	20%	500
3	20 000 元（含）以上	30%	2 500

例如，某人某月应纳税所得额为 6 000 元，用上表所列税率，其应纳税额可以分步计算如下：

第一级的 5 000 元适用 10% 的税率，应纳税额为 500 元（5 000×10%）。

第二级的 1 000 元（6 000−5 000）适用 20% 的税率，应纳税额为 200 元（1 000×20%）。其该月应纳税额为 700 元（5 000×10%＋1 000×20%）。目前，个人所得税采用这种税率。

在级数较多的情况下，分级计算然后相加的方法比较繁琐。为了简化计算，也可采用速算法。速算法的原理是，基于全额累进计算的方法比较简单，可将超额累进计算的方法转化为全额累进计算的方法。对于同样的课税对象数量，按全额累进方法计算出的税额比按超额累进方法计算出的税额多，即有重复计算的部分，这个多征的常数称为速算扣除数。用公式表示如下：

速算扣除数＝按全额累进方法计算的应纳税额－按超额累进方法计算的应纳税额

公式移项得：

按超额累进方法计算的应纳税额＝按全额累进方法计算的应纳税额－速算扣除数

例如,某人某月应纳税所得额为 6 000 元,如果直接用 6 000 元乘以所对应级次的税率 20%,则对于第一级次的 5 000 元应纳税所得额就出现了 5 000×(20%－10%)的重复计算的部分。因为这 5 000 元仅适用 10%的税率,而现在全部用了 20%的税率来计算,故多算了 10%,这就是应该扣除的所谓速算扣除数。如果用简化的计算,则 6 000 元月应纳税所得额应纳所得税为 700 元(6 000×20%－500)。

3)定额税率

定额税率是按征税对象确定的计算单位,直接规定一个固定的税额。目前采用定额税率的有资源税、城镇土地使用税、车船税等。

4)超率累进税率

超率累进税率是以征税对象数额的相对率划分若干级距,分别规定相应的差别税率,相对率每超过一个级距的,对超过的部分就按高一级的税率计算征税。目前,采用这种税率的是土地增值税。

4. 纳税环节

纳税环节主要是指税法规定的征税对象在从生产到消费的流转过程中应当缴纳税款的环节。比如,流转税在生产和流通环节纳税、所得税在分配环节纳税等。

5. 纳税期限

纳税期限是指税法规定的关于税款缴纳时间方面的限定。税法关于纳税期限的规定,有三层含义:一是纳税义务发生时间,是指应税行为发生的时间。比如,我国《增值税暂行条例》规定采取预收货款方式销售货物的,其纳税义务发生时间为货物发出的当天。二是纳税期限,即每隔固定时间汇总一次纳税义务的时间。比如,《增值税暂行条例》规定,增值税的具体纳税期限分别为 1 日、3 日、5 日、10 日、15 日、1 个月或者 1 个季度。纳税人的具体纳税期限,由主管税务机关根据纳税人应纳税额的大小分别核定;不能按照固定期限纳税的,可以按次纳税。三是缴库期限,即税法规定的纳税期满后,纳税人将应纳税款缴入国库的期限。比如,《增值税暂行条例》规定,纳税人以 1 个月或者 1 个季度为 1 个纳税期的,自期满之日起 15 日内申报纳税;以 1 日、3 日、5 日、10 日或者 15 日为 1 个纳税期的,自期满之日起 5 日内预缴税款,于次月 1 日起 15 日内申报纳税并结清上月应纳税款。

6. 纳税地点

纳税地点主要是指根据各个税种纳税对象的纳税环节和有利于对税款的源泉控制而规定的纳税人(包括代征、代扣、代缴义务人)的具体纳税地点。

7. 税收优惠

税收优惠是指税法对某些特定的纳税人或征税对象给予的一种免除规定,它包括减免税、税收抵免等多种形式,其实质内容就是免除纳税人依法应当履行的纳税义务中的一部分。

8. 税务争议

税务争议是指税务机关与税务管理相对人之间因确认或实施税收法律关系而产生的纠纷。解决税务争议主要通过税务行政复议和税务行政诉讼两种方式,并且一般要以税务管理相对人缴纳税款为前提,在税务争议期间,税务机关的决定不停止执行。

9. 税收法律责任

税收法律责任是税收法律关系的主体因违反税法所应当承担的法律后果。税法规定的法律责任形式主要有三种:一是经济责任,包括补交税款、加收滞纳金等。二是行政责任,包括吊销税务登记证、罚款、税收保全及强制执行等。三是刑事责任,对违反税法情节严重构成犯罪的行为,要依法承担刑事责任。

1.1.3 税法的分类

税法体系中按各税法的立法目的、征税对象、权限划分、适用范围、职能作用的不同,可分为不同类型的税法。

第一,按照税法的基本内容和效力的不同,可分为税收基本法和税收普通法。

税收基本法是税收领域的"宪法性文件",即税收领域的根本性大法,应当是由国家最高权力机关(立法机关)根据国家在一个较长的历史时期内的政治、经济状况和税收工作的实际需要,按照严格的立法程序制定的法律。

税收普通法是根据税收基本法的基本原则,对税收基本法规定的事项分别立法实施的法律。

第二,按照税法的职能作用的不同,可分为税收实体法和税收程序法。

税收实体法是规定税收法律关系主体所享有的权利和义务的法律规范。比如,税法中有关纳税人、征税对象、计税依据和税率等问题的规定就属于实体税法的内容。一般来说,各单行税种法都属于实体税法。

税收程序法是使税收实体法赋予税收法律关系主体所享有的权利和义务得以主张和履行的法律机制。比如,税法中有关税务登记、纳税期限、税款征收方式等。目前,税收征管法就是税收程序法。

第三,按照税法征收对象的不同,可分为对流转额课税的税法、对所得额课税的税法、对财产、行为课税的税法、对自然资源课税的税法。

(1)对流转额课税的税法,主要包括增值税、消费税、关税等税法。这类税法的特点是与商品生产、流通、消费有密切联系。

(2)对所得额课税的税法,主要包括企业所得税、个人所得税等税法。其特点是可以直接调节纳税人收入,发挥其公平税负、调整分配关系的作用。

(3)对财产、行为课税的税法,主要是对财产的价值或某种行为课税,包括房产税、印花税等税法。

（4）对自然资源课税的税法，主要是为保护和合理使用国家自然资源而课征的税。我国现行的资源税、城镇土地使用税等税种均属于资源课税的范畴。

第四，按照主权国家行使税收管辖权的不同，可分为国内税法、国际税法和外国税法。

（1）国内税法一般是按照属人或属地原则，规定一个国家的内部税收制度。

（2）国际税法是国家间形成的税收制度，主要包括双边或多边国家间的税收协定、条约和国际惯例等。

（3）外国税法是外国各个国家制定的税收制度。

1.1.4　我国现行税法体系

我国的现行税制就其实体法而言，按其性质和作用大致分为以下五类：

（1）流转税类，包括增值税、消费税、关税。

（2）资源税类，包括资源税、土地增值税和城镇土地使用税。

（3）所得税类，包括企业所得税、个人所得税。

（4）特定目的税类，包括城市维护建设税、车辆购置税、耕地占用税和烟叶税。

（5）财产和行为税类，包括房产税、车船税、印花税、契税。

上述税种中的关税由海关负责征收管理，其他税种由税务机关负责征收管理。

上述税种，除企业所得税、个人所得税是以国家法律的形式发布实施外，其他各税种都是经全国人民代表大会授权立法，由国务院以暂行条例的形式发布实施的。这些税收法律、法规组成了我国的税收实体法体系。

除税收实体法外，我国对税收征收管理适用的法律制度，是按照税收管理机关的不同而分别规定的。

（1）由税务机关负责征收的税种的征收管理，按照全国人民代表大会常务委员会发布实施的《税收征收管理法》执行。

（2）由海关机关负责征收的税种的征收管理，按照《海关法》及《进出口关税条例》等有关规定执行。

上述税收实体法和税收征收管理的程序法的法律制度构成了我国现行税法体系。

1.1.5　税务机构设置

根据我国经济和社会发展及实行分税制财政管理体制的需要，现行税务机构设置是中央政府设立国家税务总局，省及省以下税务机构分为国家税务局和地方税务局两个系统。

第一，国家税务总局对国家税务局系统实行机构、编制、干部、经费的垂直管理，协同省级人民政府对省级地方税务局实行双重领导。

国家税务局系统包括省、自治区、直辖市国家税务局，地区、地级市、自治州、盟国家税务局，县、县级市、旗国家税务局，征收分局、税务所。征收分局、税务所是县级国家税务局的派出机构，前者一般按照行政区划、经济区划或者行业设置，后者一般按照经济区划或者行政区划设置。

省级国家税务局是国家税务总局直属的正厅(局)级行政机构,是本地区主管国家税收工作的职能部门,负责贯彻执行国家的有关税收法律、法规和规章,并结合本地实际情况制定具体实施办法。局长、副局长均由国家税务总局任命。

第二,地方税务局系统包括省、自治区、直辖市地方税务局,地区、地级市、自治州、盟地方税务局,县、县级市、旗地方税务局,征收分局、税务所。省以下地方税务局实行上级税务机关和同级政府双重领导、以上级税务机关垂直领导为主的管理体制,即地区(市)、县(市)地方税务局的机构设置、干部管理、人员编制和经费开支均由所在省(自治区、直辖市)地方税务局垂直管理。

省级地方税务局是省级人民政府所属的主管本地区地方税收工作的职能部门,一般为正厅(局)级行政机构,实行地方政府和国家税务总局双重领导,以地方政府领导为主的管理体制。

国家税务总局对省级地方税务局的领导,主要体现在税收政策、业务的指导和协调,对国家统一的税收制度、政策的监督,组织经验交流等方面。省级地方税务局的局长人选由地方政府征求国家税务总局意见之后任免。

1.1.6　税收征收管理范围划分

目前,我国的税收分别由财政、税务、海关等系统负责征收管理。除因历史形成或部分特殊规定外,国家税务局和地方税务局负责征收和管理范围划分如下:

(1)国家税务局系统负责征收和管理的项目有:增值税,消费税,车辆购置税,铁道部门、各银行总行、各保险总公司集中缴纳的所得税、城市维护建设税,中央企业缴纳的所得税,中央与地方所属企业、事业单位组成的联营企业、股份制企业缴纳的所得税,地方银行、非银行金融企业缴纳的所得税,海洋石油企业缴纳的所得税、资源税,企业所得税,证券交易税(开征之前为对证券交易征收的印花税),中央税的滞纳金、补税、罚款。

(2)地方税务局系统负责征收和管理的项目有:城市维护建设税(不包括上述由国家税务局系统负责征收管理的部分),地方国有企业、集体企业、私营企业缴纳的所得税,个人所得税(储蓄存款利息除外),资源税,城镇土地使用税,耕地占用税,土地增值税,房产税,车船税,印花税,契税及其地方附加,地税的滞纳金、补税、罚款。为了加强税收征收管理,降低征收成本,避免工作交叉,简化征收手续,方便纳税人,在某些情况下,国家税务局和地方税务局可以相互委托对方代征某些税收。

(3)海关系统负责征收和管理的项目有关税、行李和邮递物品进口税,同时负责代征进出口环节的增值税和消费税。

1.1.7　设立税务登记

1. 税务登记的概念

税务登记是指税务机关根据税法规定,对纳税人的生产、经营活动进行登记管理的一项法定制度,也是纳税人依法履行纳税义务的法定手续。它是税务机关对纳税人实施税收管理的首要环节和基础工作,是征纳双方法律关系成立的依据和证明,也是纳税人必须依法履行的义务。

2. 税务登记范围

税务登记范围是纳税人、扣缴义务人。其中纳税人包括:

(1)从事生产、经营的纳税人包括企业,企业在外地设立的分支机构和从事生产、经营的场所,个体工商户和从事生产、经营的事业单位。

(2)非从事生产经营但依照规定负有纳税义务的单位和个人。

3. 税务登记时限要求

(1)从事生产、经营的纳税人应当自领取营业执照之日起30日内,向生产、经营地或者纳税义务发生地的主管税务机关申报办理税务登记,如实填写税务登记表,并按照税务机关的要求提供有关证件、资料。

(2)非从事生产、经营的纳税人,除国家机关和个人外,应当自纳税义务发生之日起30日内,持有关证件向所在地的主管税务机关申报办理税务登记。

(3)扣缴义务人应当自扣缴义务发生之日起30日内,向所在地的主管税务机关申报办理扣缴税款登记,领取扣缴税款登记证件;税务机关对已办理税务登记的扣缴义务人,可以只在其税务登记证件上登记扣缴税款事项,不再发给扣缴税款登记证件。

4. 税务登记证的使用、管理及相关法律责任

纳税人办理下列事项时,必须持税务登记证件:

(1)开立银行账户。

(2)申请减税、免税、退税。

(3)申请办理延期申报、延期缴纳税款。

(4)领购发票。

(5)申请开具外出经营活动税收管理证明。

(6)办理停业、歇业。

(7)其他有关税务事项。

税务机关对税务登记证件实行定期验证和换证制度。纳税人应当在规定的期限内持有关证件到主管税务机关办理验证或者换证手续。

纳税人应当将税务登记证件正本在其生产、经营场所或者办公场所公开悬挂,接受税务机关检查。纳税人遗失税务登记证件的,应当在15日内书面报告主管税务机关,并登报声明作废。

从事生产、经营的纳税人到外县(市)临时从事生产、经营活动的,应当持税务登记证副本和所在地税务机关填开的外出经营活动税收管理证明,向营业地税务机关报验登记,接受税务管理。从事生产、经营的纳税人外出经营,在同一地累计超过180天的,应当在营业地办理税务登记手续。

纳税人未按照规定办理税务登记证件验证或者换证手续的,由税务机关责令限期改正,

可以处 2 000 元以下的罚款;情节严重的,处 2 000 元以上 1 万元以下的罚款。

5. 税务登记所需资料

单位纳税人设立登记应提供以下资料:

(1) 工商营业执照或其他核准执业证件原件及复印件。

(2) 注册地址及生产、经营地址证明(产权证、租赁协议)原件及其复印件;如为自有房产,请提供产权证或买卖契约等合法的产权证明原件及其复印件;如为租赁的场所,请提供租赁协议原件及其复印件,出租人为自然人的还须提供产权证明的复印件;如生产、经营地址与注册地址不一致,分别提供相应证明。

(3) 验资报告或评估报告原件及其复印件。

(4) 组织机构统一代码证书副本原件及复印件。

(5) 有关合同、章程、协议书复印件。

(6) 法定代表人(负责人)居民身份证、护照或其他证明身份的合法证件原件及其复印件。

(7) 纳税人跨县(市)设立的分支机构办理税务登记时,还须提供总机构的税务登记证(国、地税)副本复印件。

(8) 改组改制企业还须提供有关改组改制的批文原件及其复印件。

(9) 房屋产权证、土地使用证、机动车行驶证等证件的复印件。

(10) 汽油、柴油消费税纳税人还需提供:

① 企业基本情况表。

② 生产装置及工艺路线的简要说明。

③ 企业生产的所有油品名称、产品标准及用途。

(11) 外商投资企业还需提供商务部门批复设立证书原件及复印件。

(12) 二级分支机构在办理税务登记时应向其所在地主管税务机关报送非法人营业执照(复印件)和由总机构出具的二级分支机构的有效证明。

【实训指导】

办理流程如下所示。

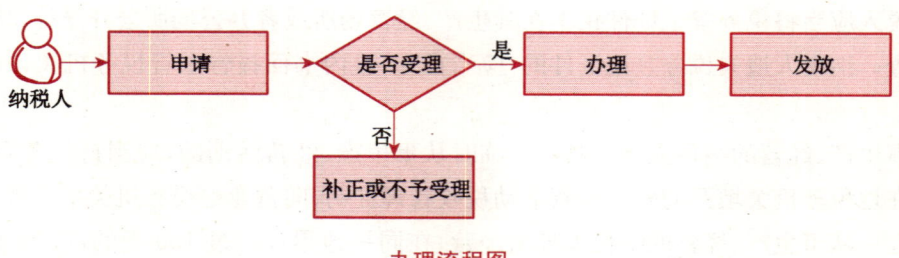

办理流程图

准备有关资料,填写税务登记表,如下所示。

税 务 登 记 表
（适用单位纳税人）

填表日期：2018 年 1 月 1 日

纳税人名称	××有限公司			纳税人识别号			310×××××××××××（行政区域码＋组织机构代码证号）	
登记注册类型	有限责任公司（营业执照上公司类型）			批准设立机关			××市工商行政管理局××分局（参见营业证照）	
组织机构代码	组织机构代码证号			批准设立证明或文件号			按发文机关文号填写	
开业（设立）日期	工商执照上注册时间	生产经营期限	工商执照上营业期限	证照名称	营业执照	证照号码	执照、证件号码	
注册地址	××区××路××号（与营业执照上住所一致）			邮政编码	××××××	联系电话	×××—××××××	
生产经营地址	××区××路××号（实际经营地址）			邮政编码	××××××	联系电话	×××—××××××	
核算方式	请选择对应项目打"√" □ 独立核算 □ 非独立核算			从业人数		其中外籍人数：		
单位性质	请选择对应项目打"√" □ 企业 □ 事业单位 □ 社会团体 □ 民办非企业单位 □ 其他							
网站网址				国标行业	□□□□ □□□□			
适用会计制度	请选择对应项目打"√" □企业会计制度 □小企业会计制度 □金融企业会计制度 □行政事业单位会计制度							

经营范围

商务咨询,从事货物及技术的进出口业务（参见营业执照上经营范围）	请将法定代表人（负责人）身份证件复印件粘贴在此处

内容　项目 联系人	姓名	身份证件		固定电话	移动电话	电子邮箱
		种类	号码			
法定代表人（负责人）	张××	身份证	310××××××××××	021—××××××	136××××××	
财务负责人	李××	身份证	310××××××××××	021—××××××	136××××××	
办税人	王××	身份证	310××××××××××	021—××××××	136××××××	
税务代理人名称		纳税人识别号		联系电话		电子邮箱

注册资本或投资总额	币种	金额	币种	金额	币种	金额
	人民币	×××元				

投资方名称	投资方经济性质	投资比例	证件种类	证件号码	国籍或地址
张××	自然人	50%	身份证	310××××××××××	中国
××××公司	有限责任公司	50%	组织机构代码证	310××××××××××	中国

自然人投资比例	60%	外资投资比例		国有投资比例	
分支机构名称	注册地址		纳税人识别号		

总机构名称	×××有限公司		纳税人识别号	
注册地址		经营范围		
法定代表人姓名		联系电话	注册地址邮政编码	
代扣代缴代收代缴税款业务情况	代扣代缴、代收代缴税款业务内容		代扣代缴、代收代缴税种	
	工资薪金		个人所得税	

附报资料：工商营业执照或其他核准执业证件；有关合同、章程、协议书；组织机构统一代码证书；法定代表人或负责人或业主的居民身份证、护照或者其他合法证件等

经办人签章：×××	法定代表人（负责人）签章：	纳税人公章：

（续表）

以下由税务机关填写：			
纳税人所处街乡		隶属关系	
国税主管税务局	国税主管税务所（科、分局）	是否属于国税、	
地税主管税务局	地税主管税务所（科、分局）	地税共管户	
经办人（签章）： 国税经办人： 地税经办人： 受理日期： 　　年　月　日	国家税务登记机关 （税务登记专用章）： 核准日期： 　　年　月　日 国税主管税务机关：	地方税务登记机关 （税务登记专用章）： 核准日期： 　　年　月　日 地税主管税务机关：	
国税核发《税务登记证副本》数量：　本　发证日期：年　月　日			
地税核发《税务登记证副本》数量：　本　发证日期：年　月　日			

填表说明

一、本表适用于各类单位纳税人。

二、从事生产、经营的纳税人应当自领取营业执照，或者自有关部门批准设立之日起30日内，或者自纳税义务发生之日起30日内，到税务机关领取税务登记表，填写完整后提交税务机关，办理税务登记。

三、办理税务登记应当出示、提供以下证件资料（所提供资料原件用于税务机关审核，复印件留存税务机关）：

1. 营业执照副本或其他核准执业证件原件及其复印件。

2. 组织机构代码证书副本原件及其复印件。

3. 注册地址及生产、经营地址证明（产权证、租赁协议）原件及其复印件；如为自有房产，请提供产权证或买卖契约等合法的产权证明原件及其复印件；如为租赁的场所，请提供租赁协议原件及其复印件，出租人为自然人的还须提供产权证明的复印件；如生产、经营地址与注册地址不一致，请分别提供相应证明。

4. 公司章程复印件。

5. 有权机关出具的验资报告或评估报告原件及其复印件。

6. 法定代表人（负责人）居民身份证、护照或其他证明身份的合法证件原件及其复印件；复印件分别粘贴在税务登记表的相应位置上。

7. 纳税人跨县（市）设立的分支机构办理税务登记时，还须提供总机构的税务登记证（国、地税）副本复印件。

8. 改组改制企业还须提供有关改组改制的批文原件及其复印件。

9. 税务机关要求提供的其他证件资料。

四、纳税人应向税务机关申报办理税务登记。完整、真实、准确、按时地填写此表。

五、使用碳素或蓝墨水的钢笔填写本表。

六、本表一式二份（国地税联办税务登记的本表一式三份）。税务机关留存一份，退回纳税人一份（纳税人应妥善保管，验换证时需携带查验）。

七、纳税人在新办或者换发税务登记时应报送房产、土地和车船有关证件，包括：房屋产权证、土地使用证、机动车行驶证等证件的复印件。

八、表中有关栏目的填写说明：

1. "纳税人名称"栏：指《企业法人营业执照》或《营业执照》或有关核准执业证书上的"名称"。

2. "身份证件名称"栏：一般填写"居民身份证"，如无身份证，则填写"军官证""士兵证""护照"等有效身份证件。

3. "注册地址"栏：指工商营业执照或其他有关核准开业证照上的地址。

4. "生产经营地址"栏：填办理税务登记的机构生产经营地地址。

5. "国籍或地址"栏：外国投资者填国籍，中国投资者填地址。

6. "登记注册类型"栏：即经济类型，按营业执照的内容填写；不需要领取营业执照的，选择"非企业单位"或者"港、澳、台商企业常驻代表机构及其他""外国企业"；如为分支机构，按总机构的经济类型填写。

分类标准

110 国有企业	120 集体企业	130 股份合作企业
141 国有联营企业	142 集体联营企业	143 国有与集体联营企业

149 其他联营企业　　　　151 国有独资公司　　　　159 其他有限责任公司

160 股份有限公司　　　　171 私营独资企业　　　　172 私营合伙企业

173 私营有限责任公司　　174 私营股份有限公司　　190 其他企业

210 合资经营企业(港或澳、台资)

220 合作经营企业(港或澳、台资)

230 港、澳、台商独资经营企业

240 港、澳、台商独资股份有限公司

310 中外合资经营企业

320 中外合作经营企业

330 外资企业

340 外商投资股份有限公司

400 港、澳、台商企业常驻代表机构及其他

500 外国企业

600 非企业单位

7. "投资方经济性质"栏:单位投资的,按其登记注册类型填写;个人投资的,填写自然人。

8. "证件种类"栏:单位投资的,填写其组织机构代码证;个人投资的,填写其身份证件名称。

9. "国标行业"栏:按纳税人从事生产经营行业的主次顺序填写,其中第一个行业填写纳税人的主行业。

国民经济行业分类标准(GB/T 4754—2002):

A——农、林、牧、渔业

01——农业　　　　　　　02——林业　　　　　　　03——畜牧业

04——渔业

05——农、林、牧、渔服务业

B——采矿业

06——煤炭开采和洗选业

07——石油和天然气开采业

08——黑色金属矿采选业

09——有色金属矿采选业

10——非金属矿采选业

11——其他采矿业

C——制造业

13——农副食品加工业　　14——食品制造业　　　　15——饮料制造业

16——烟草制品业　　　　17——纺织业

18——纺织服装、鞋、帽制造业

19——皮革、毛皮、羽毛(绒)及其制品业

20——木材加工及木、竹、藤、棕、草制品业

21——家具制造业

22——造纸及纸制品业

23——印刷业和记录媒介的复制

24——文教体育用品制造业

25——石油加工、炼焦及核燃料加工业

26——化学原料及化学制品制造业

27——医药制造业　　　　28——化学纤维制造业　　29——橡胶制品业

30——塑料制品业　　　　31——非金属矿物制品业

32——黑色金属冶炼及压延加工业

33——有色金属冶炼及压延加工业

34——金属制品业　　　　35——普通机械制造业

36——专用设备制造业　　37——交通运输设备制造业

39——电气机械及器材制造业

40——通信设备、计算机及其他电子设备制造业

41——仪器仪表及文化、办公用机械制造业

42——工艺品及其他制造业

43——废弃资源和废旧材料回收加工业

D——电力、燃气及水的生产和供应业

44——电力、燃气及水的生产和供应业

45——燃气生产和供应业　　46——水的生产和供应业

E——建筑业

47——房屋和土木工程建筑业

48——建筑安装业　　49——建筑装饰业

50——其他建筑业

F——交通运输、仓储和邮政业

51——铁路运输业　　52——道路运输业　　53——城市公共交通业

54——水上运输业　　55——航空运输业　　56——管道运输业

57——装卸搬运及其他运输服务业

58——仓储业

59——邮政业

G——信息传输、计算机服务和软件业

60——电信和其他信息传输服务业

61——计算机服务业　　62——软件业

H——批发和零售业

63——批发业　　65——零售业

I——住宿和餐饮业

66——住宿业　　67——餐饮业

J——金融业

68——银行业　　69——证券业

70——保险业　　71——其他金融活动

K——房地产业

72——房地产业

L——租赁和商务服务业

73——租赁业　　74——商务服务业

M——科学研究、技术服务和地质勘查业

75——研究与试验发展

76——专业技术服务业

77——科技交流和推广服务业

78——地质勘查业

N——水利、环境和公共设施管理业

79——水利管理业　　80——环境管理业　　81——公共设施管理业

O——居民服务和其他服务业

82——居民服务业　　83——其他服务业

P——教育

84——教育

Q——卫生、社会保障和社会福利业

85——卫生　　86——社会保障业　　87——社会福利业

R——文化、体育和娱乐业

88——新闻出版业　　89——广播、电视、电影和音像业

90——文化艺术业　　91——体育　　92——娱乐业

S——公共管理与社会组织

93——中国共产党机关　　94——国家机构

95——人民政协和民主党派

96——群众社团、社会团体和宗教组织

97——基层群众自治组织

T——国际组织

98——国际组织

【实训案例】

案例 1.1.1

资料

企业概况：

(1) 纳税人名称：东乡市泰山实业有限公司(简称泰山有限公司)。

(2) 纳税人类型：有限责任公司(增值税一般纳税人)。

(3) 法定代表人：张兵。

(4) 地址及电话：东乡市华林区公平路 210 号,8987466。

(5) 开户行及账号：中国银行东乡市华林区支行 3501043009006692352。

(6) 纳税人识别号：3301645655656。

(7) 主管国税机关：东乡市华林区国家税务局。

业务资料：

(1) 公司章程相关内容(第十八条)：泰山有限公司注册资本 3 000 万元,由韩江实业集团(东乡市华林区公平路 200 号,营业执照:330155505071767)、李勇(身份证号:560402199012750299)和黄华(身份证号:230789955558151798)共同发起成立。其中,韩江实业集团投资 2 100 万元,占 70%；李勇投资 600 万元,占 20%；黄华投资 300 万元,占 10%。各方按出资比例,承担风险,分配利润。环保批文号:014117。

(2) 企业法人营业执照：注册号 3301074567581354；经营范围　电池生产与销售；成立日期　2015 年 1 月 1 日；营业期限　2015 年 1 月 1 日—2045 年 1 月 1 日。

(3) 企业组织代码证：代码 64565565 - 6；有效期自 2015 年 1 月 1 日至 2045 年 1 月 1 日。

(4) 企业的其他有关信息：

邮政编码:382030

从业人数:100 人,其中专业财务人员 6 人

法定代表人:张兵,身份证号码:330105456560154625,电话:8987465

财务负责人:方方,身份证号码:330103567467304648,电话:8987466

办税人员:王强,身份证号码:330104458334135653,电话:8987467

会计制度:企业会计制度

低值易耗品摊销方法:一次摊销

固定资产折旧方法:直线法

固定资产原值:500 万元

电子邮箱:tai0825@162.com

经税务机关批准的税务登记号:330110572845683

(5) 泰山有限公司办税员 2015 年 1 月 15 日到东乡市华林区国家税务局办理税务登记。

要 求　填写开业税务登记表、领取税务登记证。

案例解析

税务登记表
(适用单位纳税人)

填表日期：2015 年 1 月 1 日

纳税人名称	东乡市泰山实业有限公司			纳税人识别号	3301645655656	
登记注册类型	其他有限责任公司			批准设立机关	东乡市工商管理局	
组织机构代码	64565565-6			批准设立证明或文件号	东乡市环保 0141127	
开业(设立)日期	2015.1.1	生产经营期限	30	证照名称	营业执照	证照号码	3301074567581354
注册地址	东乡市华林区公平路 210 号		邮政编码	382030	联系电话	8987466
生产经营地址	东乡市华林区公平路 210 号		邮政编码	382030	联系电话	8987466
核算方式	请选择对应项目打"√" ☑ 独立核算 ☐ 非独立核算				从业人数	100
单位性质	请选择对应项目打"√" ☑ 企业 ☐ 事业单位 ☐ 社会团体 ☐ 民办非企业单位 ☐ 其他					
网站网址				国标行业	☐☐ ☐☐ ☐☐	
适用会计制度	请选择对应项目打"√" ☑ 企业会计制度 ☐ 小企业会计制度 ☐ 金融企业会计制度 ☐ 行政事业单位会计制度					

经营范围
电池生产与销售

请将法定代表人(负责人)身份证件复印件粘贴在此处

内容　项目　联系人	姓名	身份证件		固定电话	移动电话	电子邮箱
		种类	号码			
法定代表人(负责人)	张兵	身份证	330105456560154625	8987465		
财务负责人	方方	身份证	330103567467304648	8987466		
办税人	王强	身份证	330104458334135653	8987467		
税务代理人名称		纳税人识别号		联系电话		电子邮箱

注册资本或投资总额	币种	金额	币种	金额	币种	金额
	人民币	3 000 万元				

投资方名称	投资方经济性质	投资比例	证件种类	证件号码	国籍或地址
韩江实业集团	其他有限责任公司	70%	营业执照	330155505071767	东乡市华林区公平路 200 号
李勇	自然人	20%	身份证	560402199012750299	中国
黄华	自然人	10%	身份证	230789955558151798	中国

自然人投资比例	30%	外资投资比例		国有投资比例	
分支机构名称		注册地址	纳税人识别号		

总机构名称	有限公司		纳税人识别号	
注册地址		经营范围		
法定代表人姓名		联系电话	注册地址邮政编码	

代扣代缴代收代缴税款业务情况	代扣代缴、代收代缴税款业务内容	代扣代缴、代收代缴税种
	工资薪金	个人所得税

附报资料：**工商营业执照或其他核准执业证件；有关合同、章程、协议书；组织机构统一代码证书；法定代表人或负责人或业主的居民身份证、护照或者其他合法证件等**

经办人签章：王强	法定代表人(负责人)签章：张兵	纳税人公章：(略)
2015 年 1 月 15 日	2015 年 1 月 15 日	2015 年 1 月 15 日

（续表）

以下由税务机关填写：				
纳税人所处街乡			隶属关系	
国税主管税务局		国税主管税务所（科、分局）	是否属于国税、地税共管户	
地税主管税务局		地税主管税务所（科、分局）		
经办人（签章）： 国税经办人： 地税经办人： 受理日期： 年 月 日		国家税务登记机关 （税务登记专用章）： 核准日期： 年 月 日 国税主管税务机关：	地方税务登记机关 （税务登记专用章）： 核准日期： 年 月 日 地税主管税务机关：	
国税核发《税务登记证副本》数量： 本 发证日期：年 月 日				
地税核发《税务登记证副本》数量： 本 发证日期：年 月 日				

【实训任务】

资料 潇潇服装有限公司于 2016 年 3 月 1 日经河津市工商局批准注册成立,纳税人识别号为 268987452633466,组织机构代码为 223215123-8,经营范围为服装。该公司经营地址和注册地址为河津市沿河大街 16 号,邮政编码为 266533,联系电话为 0931-5856478,从业人数 100 人,营业执照号为 8512346896541,注册资本 1 000 万元,其中自然人张华投资 500 万元,信义集团投资 300 万元,自然人李渊投资 200 万元。该公司的经营期为 2016 年 3 月 1 日到 2046 年 3 月 1 日。

该公司报税相关人员和公司基本资料如下。

项目	姓名	身份证号	电话
财务负责人	黄英	320132196874231123	0931-5856477
办税人	王宏	320165197545621033	0931-5856478
法定代表人	张华	320335197806123056	0931-5856479

投资者	经济性质	投资比例	证件名称和号码	地址
张华	自然人	50%	身份证 320335197806123056	沿河大街 35 号
信义集团	有限公司	30%	组织机构代码 34687852-2	沿河大街 48 号
李渊	自然人	20%	身份证 330178198405053285	沿河大街 28 号

要求 进行开业税务登记办理,填写以下税务登记表。

税务登记表

(适用单位纳税人)

填表日期： 年 月 日

纳税人名称				纳税人识别号		
登记注册类型				批准设立机关		
组织机构代码				批准设立证明或文件号		
开业(设立)日期		生产经营期限		证照名称 营业执照	证照号码	
注册地址			邮政编码		联系电话	
生产经营地址			邮政编码		联系电话	
核算方式	请选择对应项目打"√" □ 独立核算 □ 非独立核算				从业人数	
单位性质	请选择对应项目打"√" □ 企业 □ 事业单位 □ 社会团体 □ 民办非企业单位 □ 其他					
网站网址				国标行业	□□ □□ □□ □□	
适用会计制度	请选择对应项目打"√" □企业会计制度 □小企业会计制度 □金融企业会计制度 □行政事业单位会计制度					
经营范围		请将法定代表人(负责人)身份证件复印件粘贴在此处				

内容 项目 联系人	姓名	身份证件 种类	号码	固定电话	移动电话	电子邮箱
法定代表人(负责人)		身份证				
财务负责人		身份证				
办税人		身份证				
税务代理人名称		纳税人识别号		联系电话		电子邮箱

注册资本或投资总额	币种	金额	币种	金额	币种	金额
	人民币					

投资方名称	投资方经济性质	投资比例	证件种类	证件号码	国籍或地址

自然人投资比例		外资投资比例		国有投资比例	

分支机构名称	注册地址	纳税人识别号	

总机构名称	有限公司	纳税人识别号	
注册地址		经营范围	
法定代表人姓名	联系电话	注册地址邮政编码	
代扣代缴代收代缴税款业务情况	代扣代缴、代收代缴税款业务内容 工资薪金	代扣代缴、代收代缴税种 个人所得税	

附报资料：工商营业执照或其他核准执业证件；有关合同、章程、协议书；组织机构统一代码证书；
法定代表人或负责人或业主的居民身份证、护照或者其他合法证件等

经办人签章： 年 月 日	法定代表人(负责人)签章： 年 月 日	纳税人公章： 年 月 日

（续表）

以下由税务机关填写：					
纳税人所处街乡			隶属关系		
国税主管税务局		国税主管税务所(科、分局)		是否属于国税、地税共管户	
地税主管税务局		地税主管税务所(科、分局)			

经办人(签章)： 国税经办人： 地税经办人： 受理日期： 　　　年　月　日	国家税务登记机关 (税务登记专用章)： 核准日期： 　　　　年　月　日 国税主管税务机关：	地方税务登记机关 (税务登记专用章)： 核准日期： 　　　　年　月　日 地税主管税务机关：
国税核发《税务登记证副本》数量：　　本　发证日期：年　月　日		
地税核发《税务登记证副本》数量：　　本　发证日期：年　月　日		

实训二 变更税务登记

【实训目标】

学生通过实训,了解变更税务登记的概念;熟悉实际工作中有关变更税务登记的范围、时限要求、纳税人需要提交的证件和资料,变更税务登记表的填写内容;能够在报税平台上正确完成变更税务登记操作。

【知识链接】

1.2.1 变更税务登记的概念

变更税务登记是指纳税人办理设立税务登记后,因税务登记内容发生变化,向税务机关申请将税务登记内容重新调整为与实际情况一致的一种税务登记管理制度。

1.2.2 变更税务登记范围

纳税人办理税务登记后,发生下列情形之一,应当办理变更税务登记:发生改变名称、改变法定代表人、改变经济性质或经济类型、改变住所和经营地点(不涉及主管税务机关变动的)、改变生产经营范围和经营方式、增减注册资本、改变隶属关系、改变生产经营期限、改变开户银行和账号、改变生产经营权属以及改变其他税务登记内容的。

1.2.3 变更税务登记时限要求

纳税人税务登记内容发生变化的,应当自工商行政管理机关或者其他机关办理变更登记之日起 30 日内,持有关证件向原税务登记机关申报办理变更税务登记。

纳税人税务登记内容发生变化,不需要到工商行政管理机关或者其他机关办理变更登记的,应当自发生变化之日起 30 日内,持有关证件向原税务登记机关申报办理变更税务登记。

1.2.4 变更税务登记的管理规程

第一,领取"一照一码"营业执照的企业生产经营地、财务负责人、核算方式三项信息由企业登记机关在新设时采集。在企业经营过程中,上述信息发生变化的,企业应向主管税务机关申请变更，不向工商登记部门申请变更。除上述三项信息外，企业在登记机关新设时采集的信息发生变更的，均由企业向工商登记部门申请变更。对于税务机关在后续管理中采集的其他必要涉税基础信息发生变更的，企业直接向税务机关申请变更即可。

第二，未领取"一照一码"营业执照的企业申请变更登记或者申请换发营业执照的，税务机关应告知企业在登记机关申请变更，并换发载有统一社会信用代码的营业执照。原税务登记证由企业登记机关收缴、存档。企业"财务负责人""核算方式""经营地址"三项信息发生变化的，应直接向税务机关申请变更。

第三，个体工商户及其他机关批准设立的未列入"一照一码"登记范围主体的变更事项，按照以下业务规程操作：

（1）纳税人税务登记内容发生变化的，应当向原税务登记机关申报办理变更税务登记，报送材料有《变更税务登记表》、工商营业执照原件及复印件、纳税人变更登记内容的有关证明文件原件及复印件以及税务登记证件。

（2）税务登记情形发生变化，但不涉及改变税务登记证件内容的纳税人，向原主管税务机关办理变更税务登记，报送材料为《变更税务登记表》、纳税人变更登记内容的有关证明文件原件及复印件。

（3）纳税人已在工商行政管理机关办理变更登记的，应当自工商行政管理机关变更登记之日起 30 日内，向原税务机关申报办理变更税务登记。

（4）纳税人按照规定不需要在工商行政管理机关办理变更登记，或者其变更登记的内容与工商登记内容无关的，应当自税务登记内容实际发生变化之日起 30 日内，或者自有关机关批准或者宣布变更之日起 30 日内，到原税务登记机关申报办理变更税务登记。

1.2.5　变更税务登记所需报送资料

税务登记变更内容与工商行政管理部门登记变更内容一致的应提交：

（1）工商执照及工商变更登记表复印件。

（2）纳税人变更登记内容的决议及有关证明文件。

（3）主管税务机关发放的原税务登记证件（税务登记证正、副本和税务登记表等）。

（4）主管税务机关需要的其他资料。

变更税务登记内容与工商行政管理部门登记内容无关的应提交：

（1）纳税人变更登记内容的决议及有关证明、资料。

（2）主管税务机关需要的其他资料。

【实训指导】

（1）办理流程：注意企业是否领取"一照一码"营业执照，不同情况下变更税务登记申报流程不同。国税、地税登记证变更流程相同。

(2) 填写《变更税务登记表》,提交税务机关审核。

变更税务登记表

纳税人名称		纳税人识别号		
变更登记事项				
序号	变更项目	变更前内容	变更后内容	批准机关名称及文件

送缴证件情况:

纳税人:

经办人: 法定代表人(负责人):   纳税人(签章)

    年 月 日   年 月 日   年 月 日

经办税务机关审核意见:

经办人: 负责人: 税务机关(签章)

    年 月 日   年 月 日   年 月 日

填表说明

1. 变更项目:填需要变更的税务登记项目。

2. 变更前内容:填变更税务登记前的登记内容。

3. 变更后内容:填变更的登记内容。

4. 批准机关名称及文件:凡需要经过批准才能变更的项目须填写此项。

5. 表一式二份,税务机关一份,纳税人一份。

【实训案例】

案例1.2.1

资 料 承项目一实训一案例1.1.1。

泰山有限公司为了进一步扩大生产规模,经股东会决议,于2015年8月增加投资1000万元人民币,由华生集团以设备和房产投资入股。2015年9月6日,在增资到位并经大金会计师事务所验证后,到工商行政管理局办理了工商变更登记。批准文号为0151128。办税员于9月15日到东乡市华林区国家税务局办理变更税务登记。

要 求 填写变更税务登记表。

案例解析

变更税务登记表

纳税人名称		东乡市泰山实业有限公司	纳税人识别号		3301645655656
变更登记事项					
序号	变更项目	变更前内容	变更后内容	批准机关名称及文件	
1	注册资本	3 000万元	4 000万元	东乡市工商局0151128	

送缴证件情况:工商执照及工商变更登记表复印件、纳税人变更登记内容的决议及有关证明文件、主管税务机关发放的原税务登记证件(税务登记证正本、副本和税务登记表等)

纳税人:东乡市泰山实业有限公司

经办人:王强　　　　法定代表人(负责人):张兵　　　　纳税人(签章)(略)

2015年9月15日　　　　2015年9月15日　　　　2015年9月15日

经办税务机关审核意见:

经办人:　　　　负责人:　　　　税务机关(签章)

年 月 日　　　　年 月 日　　　　年 月 日

【实训任务】

资　料　承项目—实训—案例 1.1.1。

泰山有限公司为了实施多元化发展,经股东会决议,于 2016 年 9 月 5 日修改公司章程,公司经营范围由原来蓄电池生产和销售扩大到蓄电池、电动自行车配件生产和销售,并于 9 月 6 日到工商行政管理局办理了工商变更登记。批准文号为 0190906。办税员于 9 月 10 日到东乡市华林区国家税务局办理变更税务登记。

要　求　填写以下变更税务登记表。

变更税务登记表

纳税人名称			纳税人识别号	
变更登记事项				
序号	变更项目	变更前内容	变更后内容	批准机关名称及文件

送缴证件情况:

纳税人:

经办人:　　　　　　　法定代表人(负责人):　　　　　　纳税人(签章)

　　年　月　日　　　　　　年　月　日　　　　　　年　月　日

实训三　注销税务登记

【实训目标】

学生通过实训,了解注销税务登记的概念,熟悉实际工作中有关注销税务登记的适用范围、时限要求、纳税人需要提交的证件和资料,注销税务登记表的填写内容,能够在电子报税平台上正确完成注销税务登记操作。

【知识链接】

1.3.1　注销税务登记的概念

注销税务登记是纳税人发生解散、破产、撤销以及其他情形,依法终止纳税义务的,在向工商行政管理机关或者其他机关办理注销登记前,持有关证件向原税务登记机关申报办理注销税务登记的活动。

1.3.2　注销税务登记范围

(1)因解散、破产、撤销等情形,依法终止纳税义务的。

(2)按规定不需要在工商行政管理机关或者其他机关办理注销登记的,但经有关机关批准或者宣告终止的。

(3)被工商行政管理机关吊销营业执照或者被其他机关予以撤销登记的。

(4)因住所、经营地点变动,涉及改变税务登记机关的。

(5)外国企业常驻代表机构驻在期届满、提前终止业务活动的。

(6)境外企业在中华人民共和国境内承包建筑、安装、装配、勘探工程和提供劳务,项目完工、离开中国的。

(7)非境内注册居民企业经国家税务总局确认终止居民身份的。

1.3.3　注销税务登记时限要求

(1)纳税人发生解散、破产、撤销以及其他情形,依法终止纳税义务的,应当在向工商行政管理机关或者其他机关办理注销登记前,持有关证件向原税务登记机关申报办理注销税务登记;按照规定不需要在工商行政管理机关或者其他机关办理注册登记的,应当自有关机关批准或者宣告终止之日起 15 日内,持有关证件向原税务登记机关申报办理注销税务登记。

（2）纳税人因住所、经营地点变动而涉及改变税务登记机关的，应当在向工商行政管理机关或者其他机关申请办理变更或注销登记前或者住所、经营地点变动前，向原税务登记机关申报办理注销税务登记，并在30日内向迁达地税务机关申报办理税务登记。

（3）纳税人被工商行政管理机关吊销营业执照或者被其他机关予以撤销登记的，应当自营业执照被吊销或者被撤销登记之日起15日内，向原税务登记机关申报办理注销税务登记。

纳税人办理注销税务登记前，应当向税务机关提交相关证明文件和资料，结清应纳税款、多退（免）税款、滞纳金和罚款，缴销发票、税务登记证件和其他税务证件，经税务机关核准后，办理注销税务登记手续。

1.3.4　注销税务登记的管理规程

已实行"五证合一、一照一码"登记模式的企业办理注销登记，须先向税务主管机关申请清税。

纳税人办理注销税务登记前，应当向税务机关提交相关证明文件和资料，结清应纳税款、多退（免）税款、滞纳金和罚款，缴销发票、税务登记证件和其他税务证件，经税务机关核准后，办理注销税务登记手续。

1.3.5　注销税务登记所需报送资料

注销税务登记所需报送资料

序号	资料名称	原件/复印件	份数	备注
1	《注销税务登记申请审批表》	原件	1	
2	《税务登记证》和其他税务证件	原件	1	
3	《发票领用簿》及未验旧、未使用发票	原件	1	
4	使用增值税税控系统的纳税人应提供金税盘、税控盘和报税盘，或者提供金税卡和IC卡	原件	1	
5	其他按规定应收缴的设备	原件	1	
6	工商营业执照被吊销的应提交工商行政管理部门发出的吊销决定	原件及复印件	1	原件核对后退还

【实训指导】

（1）办理流程：注意企业是否领取"一照一码"营业执照，不同情况下注销税务登记申报流程不同。

（2）填写《注销税务登记申请审批表》，提交税务机关审核。

注销税务登记申请审批表

纳税人名称		纳税人识别号			
注销原因					
附送资料					

纳税人			
经办人： 年 月 日	法定代表人（负责人）： 年 月 日		纳税人（签章） 年 月 日

以下由税务机关填写：

受理时间	经办人： 年 月 日	负责人： 年 月 日
清缴税款、滞纳金、罚款情况	经办人： 年 月 日	负责人： 年 月 日
缴销发票情况	经办人： 年 月 日	负责人： 年 月 日
税务检查意见	检查人员： 年 月 日	负责人： 年 月 日

收缴税务证件情况	种类	税务登记证正本	税务登记证副本	临时税务登记证正本	临时税务登记证副本
	收缴数量				
	经办人： 年 月 日		负责人： 年 月 日		

批准意见	部门负责人： 年 月 日	税务机关（签章） 年 月 日

填表说明

（1）附送资料：填写附报的有关注销的文件和证明资料。

（2）清缴税款、滞纳金、罚款情况：填写纳税人应纳税款、滞纳金、罚款缴纳情况。

（3）缴销发票情况：纳税人发票领购簿及发票缴销情况。

（4）税务检查意见：检查人员对需要清查的纳税人，在纳税人缴清补的税款、滞纳金、罚款后签署意见。

（5）收缴税务证件情况：在相应的栏内填写收缴数量并签字确认，收缴的证件如果为"临时税务登记证"，添加"临时"字样。

【实训案例】

案例 1.3.1

资料 承续项目一实训一案例 1.1.1。

假设东乡市泰山实业有限公司 2017 年因破产无法继续经营，股东会决定解散公司，依法终止纳税义务,办税员王强核查该公司的计税资料,送交主管税务机关,相关计税资料有:应交增值税 200 万元,所得税 50 万元,均已缴纳无误;应交未交印花税总计 2 万元,并应缴纳滞纳金 0.1 万元;国家税务局核发的《发票领购簿》1 本;增值税专用发票 20 份尚未使用。该公司 2017 年 11 月 30 日办理注销税务登记手续。

要求 为该公司办理注销税务登记,填写注销税务登记申请审批表。

案例解析

(1) 向税务机关结清未交印花税及滞纳金 2.1 万元。

(2) 根据企业实际情况填写下表。

注销税务登记申请审批表

纳税人名称	东乡市泰山实业有限公司		纳税人识别号			3301645655656	
注销原因	破产,无法继续经营						
附送资料	《税务登记证》			《发票领用簿》1 本及增值税专用发票 20 份			
	金税盘、税控盘和报税盘						
纳税人:东乡市泰山实业有限公司 经办人:王强　　　　　　　　　法定代表人(负责人):张兵　　　　　　纳税人(签章) 　2017 年 11 月 30 日　　　　　　　　2017 年 11 月 30 日　　　　　　　　2017 年 11 月 30 日							
以下由税务机关填写:							
受理时间	经办人: 　　年 月 日			负责人: 　　年 月 日			
清缴税款、滞纳金、罚款情况	经办人: 　　年 月 日			负责人: 　　年 月 日			
缴销发票情况	经办人: 　　年 月 日			负责人: 　　年 月 日			
税务检查意见	检查人员: 　　年 月 日			负责人: 　　年 月 日			
收缴税务证件情况	种类	税务登记证正本		税务登记证副本	临时税务登记证正本		临时税务登记证副本
	收缴数量						
	经办人:　　　　　　　　　　　　　　　负责人: 　　年 月 日　　　　　　　　　　　　　　　年 月 日						
批准意见	部门负责人:　　　　　　　　　　　税务机关(签章) 　　年 月 日　　　　　　　　　　　　年 月 日						

(3) 将该表盖章后报送税务机关办理审批手续。

【实训任务】

资　料　承项目一实训一案例 1.1.1。

假设东乡市泰山实业有限公司 2018 年 10 月 31 日因严重违反环境保护法被工商局吊销营业执照,按规定应依法终止纳税义务,办税员王强核查该公司的计税资料,相关计税资料有:应交增值税 100 万元,所得税 100 万元,均未缴纳,并应缴纳滞纳金 2 万元;国家税务局核发的《发票领购簿》1 本,增值税专用发票 10 份尚未使用。

要　求　2018 年 11 月 10 日为该公司办理注销税务登记,填写注销税务登记申请审批表。

项目二
发票管理

本项目学习目标

知识目标

1. 了解发票的种类和适用范围。
2. 了解有关发票领购资格认定条件。
3. 了解发票领购、缴销相关手续和程序。

技能目标

1. 能够办理增值税一般纳税人资格认定。
2. 能够办理增值税普通发票和专用发票的领购。
3. 能够办理发票的缴销。

实训一　增值税一般纳税人资格认定

【实训目标】

学生通过实训，了解增值税一般纳税人（简称一般纳税人）和小规模纳税人的分类依据；熟悉一般纳税人登记范围、一般纳税人资格登记程序、办理登记的时限、小规模纳税人管理方法；能够在报税平台上填写增值税一般纳税人资格登记表，正确完成一般纳税人认定登记操作。

【知识链接】

2.1.1　小规模纳税人认定标准

小规模纳税人认定标准如下：

（1）从事货物生产或者提供应税劳务的纳税人，以及以从事货物生产或者提供应税劳务为主，并兼营货物批发或者零售的纳税人，年应征增值税销售额（以下简称应税销售额）在50万元以下（含本数，下同）的。"以从事货物生产或者提供应税劳务为主"是指纳税人的年货物生产或提供应税劳务的销售额占全年应税销售额的比重在50%以上。

（2）对上述规定以外的纳税人，年应税销售额在80万元以下的。

（3）年应税销售额超过小规模纳税人标准的其他个人按小规模纳税人纳税。

（4）不经常发生应税行为的单位和个体工商户、非企业性单位、不经常发生应税行为的企业可选择按小规模纳税人纳税。

（5）营业税改增值税应税行为的年应征增值税销售额为500万元以下的。

2.1.2　一般纳税人认定标准

1. 经营规模标准

（1）从事生产货物或提供应税劳务，或以其为主兼营货物批发或零售的纳税人（适用50%的标准），年应税销售额大于50万元为一般纳税人。

（2）从事货物批发或零售的纳税人，年应税销售额大于80万元为一般纳税人。

（3）应税服务年销售额标准为500万元（不含税销售额），大于500万元为一般纳税人。

应税服务年销售额，是指纳税人在连续不超过12个月的经营期内，提供交通运输和现代服务累计应征增值税销售额，含免税、减税销售额。

2. 纳税人性质和会计核算程度方面的标准

（1）年应税销售额超过小规模纳税人标准的其他个人（自然人）按小规模纳税人纳税；非企业性单位和不经常发生应税行为的企业可自行选择是否按小规模纳税人纳税。

（2）年应税销售额未超过标准以及新开业的纳税人，有固定的经营场所，会计核算健全,能准确提供销项税额、进项税额的可认定为一般纳税人。

2.1.3 小规模纳税人和一般纳税人税收区别

1. 应交增值税计算方式不同

一般纳税人应交增值税的计算公式如下:

应交增值税＝销项税额－进项税额＝不含税销售额×税率－购进货物已交增值税

其适用税率包括:6％,11％,17％。

小规模纳税人应交增值税的计算公式如下:

$$应交增值税＝不含税销售额×税率$$

小规模纳税人采用征收率为3％、5％的简易征收方法。

2. 销售发票不同

增值税一般纳税人销售货物可以开具增值税专用发票,购货人凭增值税专用发票可以计算抵扣进项税额。而小规模纳税人一般不能开增值税专用发票,一般纳税人购买小规模纳税人的货物,因为没有增值税专用发票,所以不能抵扣进项税额,这样小规模纳税人货物销售相对困难。

一般纳税人一经登记,不得转为小规模纳税人。

2.1.4 小规模纳税人管理

纳税人年应税销售额超过规定标准,且符合有关政策规定,选择按小规模纳税人纳税的,应当向主管税务机关提交以下书面说明;个体工商户以外的其他个人,不需要提交。

选择按小规模纳税人纳税的情况说明

纳税人名称		纳税人识别号	
连续不超过12个月的经营期内累计应税销售额		货物劳务: 年 月至 年 月共 元。	
		应税服务: 年 月至 年 月共 元。	
情况说明			
纳税人(代理人)承诺: 上述各项内容真实、可靠、完整。如有虚假,愿意承担相关法律责任。 经办人: 法定代表人: 代理人: (签章) 年 月 日			
以下由税务机关填写:			
主管税务机关受理情况	受理人:主管税务机关(章) 年 月 日		

填表说明

1. "情况说明"栏由纳税人填写符合财政部、国家税务总局规定可选择按小规模纳税人纳税的具体情形及理由。

2. 主管税务机关(章)指各办税服务厅业务专用章。

3. 本表一式二份,主管税务机关和纳税人各留存一份。

2.1.5　一般纳税人资格认定程序

（1）纳税人向主管税务机关填报《增值税一般纳税人资格登记表》，并提供税务登记证件。

（2）纳税人填报内容与税务登记信息一致的，主管税务机关当场登记。

（3）纳税人填报内容与税务登记信息不一致，或者不符合填列要求的，税务机关应当场告知纳税人需要补正的内容。

2.1.6　一般纳税人资格办理时限

年应税销售额或应税服务年销售额未超过增值税小规模纳税人标准以及新开业的增值税纳税人，可以向主管税务机关申请增值税一般纳税人资格登记。

增值税纳税人年应税销售额超过规定标准的，除符合有关规定选择按小规模纳税人纳税的，在申报期结束后20个工作日内按照规定向主管税务机关办理一般纳税人登记手续；未按规定时限办理的，主管税务机关在规定期限结束后10个工作日内制作《税务事项通知书》，告知纳税人在10个工作日内向主管税务机关办理登记手续。

【实训指导】

第一，办税员取得企业设立合同、章程、营业执照、税务登记证、已实现销售情况、会计核算资料等，根据资料填写《增值税一般纳税人资格登记表》。

增值税一般纳税人资格登记表

纳税人名称			纳税人识别号		
法定代表人（负责人、业主）		证件名称及号码		联系电话	
财务负责人		证件名称及号码		联系电话	
办税人员		证件名称及号码		联系电话	
税务登记日期					
生产经营地址					
注册地址					
纳税人类别：企业□　非企业性单位□　个体工商户□　其他□					
主营业务类别：工业□　商业□　服务业□　其他□					
会计核算健全：是□					
一般纳税人资格生效之日：当月1日□　次月1日□					
纳税人（代理人）承诺： 上述各项内容真实、可靠、完整。如有虚假，愿意承担相关法律责任。 经办人：　　　　　法定代表人：　　　　代理人：　　　　　（签章） 　　　　　　　　　　　　　　　　　　　　　　　　　　　　年　月　日					
以下由税务机关填写：					
主管税务机关受理情况	受理人：主管税务机关（章） 　　　　　　　　　　　　　　　　　　　　年　月　日				

填表说明

(1) 本表由纳税人如实填写。

(2) 表中"证件名称及号码"相关栏次,根据纳税人的法定代表人、财务负责人、办税人员的居民身份证、护照等有效身份证件及号码填写。

(3) 表中"一般纳税人资格生效之日"由纳税人自行勾选。

(4) 主管税务机关(章)指各办税服务厅业务专用章。

(5) 本表一式二份,主管税务机关和纳税人各留存一份。

第二,将如实填写完毕的《增值税一般纳税人资格登记表》和税务登记证提交到主管税务机关审核。

第三,将审核通过的《增值税一般纳税人资格登记表》存档。

【实训案例】

案例 2.1.1

资料 承项目一实训一案例 1.1.1。

东乡市泰山实业有限公司经营规模为每年生产各种蓄电池销售额为 200 万元,公司严格执行企业会计准则有关规定,公司设财务会计部,经理 1 人,财务会计 3 人。2015 年 1 月,公司实现销售收入 18 万元,财务核算健全,账务处理清楚,内部控制制度执行较好。公司为顺利开展经营活动,2015 年 1 月 15 日决定向税务机关申请认定为增值税一般纳税人。

要求 办税员填写相关表格。

案例解析

增值税一般纳税人资格登记表

纳税人名称	东乡市泰山实业有限公司		纳税人识别号		3301645655656
法定代表人(负责人、业主)	张兵	证件名称及号码	330105456560154625	联系电话	8987465
财务负责人	方方	证件名称及号码	330103567467304648	联系电话	8987466
办税人员	王强	证件名称及号码	330104458334135653	联系电话	8987467
税务登记日期	2015.1.15				
生产经营地址	东乡市华林区公平路 210 号				
注册地址	东乡市华林区公平路 210 号				
纳税人类别:企业☑ 非企业性单位☐ 个体工商户☐ 其他☐					
主营业务类别:工业☑ 商业☐ 服务业☐ 其他☐					
会计核算健全:是☑					
一般纳税人资格生效之日:当月1日☑ 次月1日☐					
纳税人(代理人)承诺: 上述各项内容真实、可靠、完整。如有虚假,愿意承担相关法律责任。 经办人:王强　　　　法定代表人:张兵　　　代理人:　　　　　(签章)略 　　　　　　　　　　　　　　　　　　　　　　　　　2015 年 1 月 15 日					
以下由税务机关填写:					
主管税务机关受理情况	受理人:主管税务机关(章) 　　　　　　　　　　　年　月　日				

【实训任务】

资 料 王勇和戴斌各出资 50%，于 2017 年 2 月 1 日成立了金通投资理财公司，注册资金是 1 000 万元，领取了营业执照，公司注册地址是上海浦东新区浦东道 128 号 32 楼 3201 室，当月 5 日办理了税务登记，纳税人识别号是 310222345678932，业务范围是投资咨询、代客理财、证券期货投资，法定代表人是王勇，身份证号是 310126197503012046；财务负责人是戴斌，身份证号是 310157197503022046，办税员是李华，身份证号是 310136196002243076。公司设财务会计部，财务人员 2 人，具备会计工作背景，按照企业会计准则制定了公司会计制度，公司决定申请为增值税一般纳税人。办税员查阅 2 月财务资料，当月咨询费收入是 30 万元，代客理财佣金收入是 15 万元，自营投资收益是 5 万元。公司电话是 88888888。

要 求 请简述公司办税员李华应该如何为公司办理增值税一般纳税人资格认定。

实训二　发票的领购和缴销

【实训目标】

　　学生通过实训,了解增值税专用发票和普通发票的区别;熟悉普通发票和专用发票的适用范围、发票领购和缴销程序;能够在报税平台上操作完成发票领购和缴销。

【知识链接】

2.2.1　增值税普通发票和专用发票的区别

　　现行税制发票分为普通发票和增值税专用发票两大类。

　　普通发票是指增值税专用发票以外的纳税人使用的其他发票,一般是小规模纳税人开具的。增值税专用发票只有增值税一般纳税人和税务机关为增值税小规模纳税人代开时使用。具有增值税一般纳税人资格的企业都可以到主管国税部门申请领购增值税发票,并通过防伪税控系统开具。具有增值税一般纳税人资格的企业可以凭增值税发票抵扣增值税。

　　增值税专用发票与普通发票相比,有如下区别:

　　(1) 发票的印制要求不同:增值税专用发票由国务院税务主管部门指定的企业印制;其他发票,按照国务院主管部门的规定,分别由省、自治区、直辖市国家税务局、地方税务局指定企业印制。未经前款规定的税务机关指定,不得印制发票。

　　(2) 发票使用的主体不同:增值税专用发票一般只能由增值税一般纳税人领购使用,小规模纳税人需要使用的,只能经税务机关批准后由当地的税务机关代开;普通发票则可以由从事经营活动并办理了税务登记的各种纳税人领购使用,未办理税务登记的纳税人也可以向税务机关申请领购使用普通发票。

　　(3) 发票的内容不同:增值税专用发票除了具备购买单位、销售单位、商品或者服务的名称、商品或者劳务的数量和计量单位、单价和价款、开票单位、收款人、开票日期等普通发票所具备的内容外,还包括纳税人税务登记号、不含增值税金额、适用税率、应纳增值税额等内容。

　　(4) 发票的联次不同:增值税专用发票一般为三个联次,第一联为记账联(用于销售方记账),第二联为抵扣联(用作购买方扣税凭证),第三联为发票联(用于购买方记账);普通发票则只有三联,第一联为存根联,第二联为发票联,第三联为记账联。

　　(5) 增值税专用发票,购货方可以凭抵扣联,依法申报认证抵扣进项税额,而普通发票,购货方不能抵扣进项税额。

增值税专用发票将票面金额一分为二："金额＋税额＝价税合计"，其中："金额×税率＝税额"；由于普通发票不具有抵扣进项税额的功能，因此，无需将价税分列开具，只需将价税合计合并开具为"金额"。这是因为增值税专用发票具有抵扣功能。

举例如下：某纳税人销售货物一批，共取得价款 117 000 元，增值税税率为 17％。开具增值税专用发票时，金额为 100 000 元，税率为 17％，税额为 17 000 元，价税合计为 117 000元；开具普通发票时，金额为 117 000 元。

对于购货方而言，如果取得普通发票，那么 117 000 元应当全额计入相关资产成本，非特殊情况不得抵扣进项税额；如果取得增值税专用发票，那么 100 000 元应当计入相关资产成本，17 000 元进项税额准予申报认证抵扣（税法规定不得抵扣的项目除外）。

2.2.2　增值税普通发票和专用发票的适用范围

第一，增值税专用发票只限于增值税一般纳税人领购使用，增值税的小规模纳税人和非增值税纳税人不得领购使用，但并非所有增值税一般纳税人都可领购增值税专用发票。

第二，增值税一般纳税人不得领购增值税专用发票的情况：

（1）会计核算不健全。

（2）不能向税务机关准确提供有关增值税计税资料者。

（3）有发票违规行为的。

（4）销售的货物全部属于免税项目者。

（5）增值税一般纳税人经营商业零售的烟、酒、食品、服装、鞋帽（不包括劳保专用的部分）、化妆品等消费品不得开具专用发票。

第三，鉴证咨询业、住宿业等符合条件的行业，全国范围内月销售额超过 3 万元（或季销售额超过 9 万元）增值税小规模纳税人可自行开具专用发票。

提供认证服务、鉴证服务、咨询服务、销售货物或发生其他增值税应税行为，需要开具专用发票的，可以通过增值税发票管理新系统自行开具，主管国税机关不再为其代开。

销售其取得的不动产，需要开具专用发票的，仍须向地税机关申请代开。

所开具的专用发票应缴纳的税款，应在规定的纳税申报期内，向主管税务机关申报纳税。在填写增值税纳税申报表时，应将当期开具专用发票的销售额，按照 3％和 5％的征收率，分别填写在《增值税纳税申报表》（小规模纳税人适用）第 2 栏和第 5 栏"税务机关代开的增值税专用发票不含税销售额"的"本期数"相应栏次中。

第四，普通发票一般由小规模纳税人开具，增值税一般纳税人在不能开具增值税专用发票的情况下也可使用普通发票，如商业零售。

2.2.3　发票领购的适用范围

（1）依法办理税务登记的单位和个人，在领取税务登记证后可以申请领购发票，是法定的发票领购对象；如果单位和个人办理变更或者注销税务登记，则应同时办理发票和发票领购簿的变更、缴销手续。

（2）依法不需要办理税务登记的单位，发生临时经营业务需要使用发票的，可以凭单位介绍信和其他有效证件，到税务机关代开发票。

（3）临时到本省、自治区、直辖市以外从事经营活动的单位或个人凭《外出经营管理证明》，到经营地税务机关领购经营地的发票。

2.2.4　发票领购和缴销程序

（1）完成相关税种核定后即可申请。

（2）报送资料齐全、符合法定形式、填写内容完整的，受理后在5个工作日内办结。对申请增值税专用发票、货物运输业增值税专用发票的纳税人，自纳税人增值税专用发票（增值税税控系统）最高开票限额获批之日起1个工作日内办结。

（3）需要报送资料：《纳税人领用发票票种核定表》、税务登记证件、经办人身份证明、发票专用章印模。

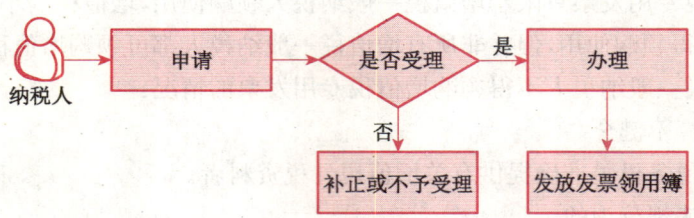

发票领用流程图

（4）已办理增值税发票核定纳税人，可以根据生产经营变化情况，向主管税务机关申请对其使用税控系统开具的增值税专用发票、货物运输业增值税专用发票、增值税普通发票和机动车销售统一发票单次（月）领用量、离线开具时限、离线开具总金额进行调整，以及机动车销售统一发票、增值税普通发票最高开票限额予以变更。在报送资料齐全、符合法定形式、填写内容完整的，税务机关受理后5个工作日内完成。报送资料包括：发票领用簿、《纳税人领用发票票种核定表》、经办人身份证明、税控盘等。

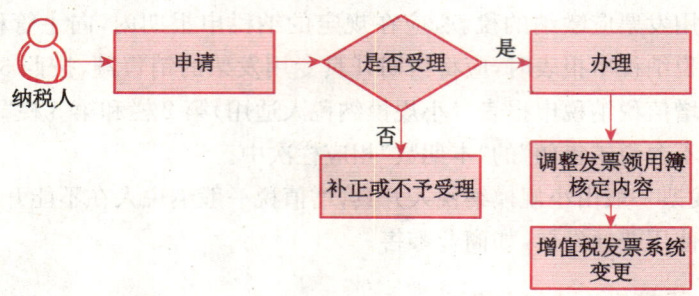

发票领用变更流程图

（5）因变更或注销税务登记原因需缴销发票的在变更或注销税务登记之前办理；因发票换版、损毁等原因需缴销发票的按照税务机关要求时限办理。报送资料齐全、符合法定形式即时办结。需要报送的资料包括《发票领用簿》和需缴销的发票。

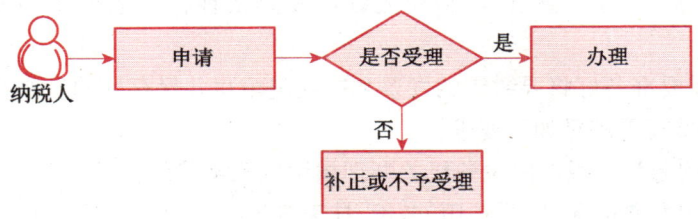

发票缴销流程图

【实训指导】

领购发票:填写《纳税人领用发票票种核定表》。

纳税人领用发票票种核定表

纳税人识别号							
纳税人名称							
领票人		联系电话		身份证件类型		身份证件号码	
发票种类名称	发票票种核定操作类型	单位（数量）	每月最高领票数量	每次最高领票数量	持票最高数量	定额发票累计领票金额	领票方式
纳税人（签章）							
经办人：　　　　　　法定代表人（业主、负责人）：　　　　　　填表日期：　年　月　日							
发票专用章印模：							

填表说明

1. 身份证件类型:是指领票人的居民身份证、护照或者其他能证明经办人身份的证件。

2. 发票种类名称:根据《发票种类代码表》的"名称"列填写。

3. 申请发票票种核定操作类型:填写增加、变更或删除。

4. 领票方式:填写验旧领新、交旧领新、批量供应或其他。

发票用量重新核定：重新填写《纳税人领用发票票种核定表》，填写方式和初次核定相同。

发票缴销：需要准备好将要缴销的发票和按规定填写并保存好的发票登记簿。

发票登记簿填写需满足如下要求：

（1）发票领用簿为纳税人向税务机关办理领用发票手续的凭证。

（2）核准使用发票情况、发票领用、缴销、挂失等记录均由税务机关填写。

（3）纳税人发生变更税务登记机关、变更领用发票种类及注销税务登记的，应到税务机关办理发票领用簿的换发、注销手续。

（4）纳税人发生停业、复业时，应到税务机关办理发票领用簿的封存、启用手续。

（5）发票领用簿要妥善保管，不得转借、涂改。如有丢失，立即报告税务机关，申请挂失后补发。

（6）纳税人领用的发票，只准在税务机关核准的范围内使用，不得跨地区或跨行业使用、不得转借、虚开发票；未经税务机关批准，不准拆本使用发票。

（7）纳税人发生发票丢失、被盗的，应于丢失、被盗当日书面报告税务机关。

发 票 领 用 簿

纳税人识别号：
发票领用簿号码：
纳税人名称：　　　　　　　　　　　　纳税人(签章)
法定代表人(负责人)：
发票管理人：

税务机关(签章)
年　月　日

核准使用发票情况	发票种类	发票代码	发票名称	单位	限领数量		备注
					每次限领/每月限领		
					数量	票面金额	
	领票方式：□ 批量供应　□ 验旧领新 □ 交旧领新　□ 其他			须提供发票担保的，是否已经提供担保人或缴纳保证金： □是　□否			

发票领用记录

年		发票代码	发票名称	单位	数量	字轨	起讫号码	售票人	领票人
月	日								

发票缴销、挂失记录

年		发票代码	发票名称	缴销	挂失	单位	数量	字轨	起讫号码	经办人
月	日									

发票违章记录

【实训案例】

案例 2.2.1

资　料　承项目一实训一案例 1.1.1。

（1）公司 2015 年 1 月 6 日申请领用普通发票每月 150 份，每次领购 150 份；增值税专用发票每月领用 250 份，每次领购 250 份。

纳税人领用发票票种核定表

纳税人识别号	3301645655656		
纳税人名称	东乡市泰山实业有限公司		
领票人	联系电话	身份证件类型	身份证件号码
王强	8987467	身份证	330104458334135653

发票种类名称	发票票种核定操作类型	单位（数量）	每月最高领票数量	每次最高领票数量	持票最高数量	定额发票累计领票金额	领票方式
增值税专用发票	增加	份	250	250	250		交旧领新
普通发票	增加	份	150	150	150		交旧领新

纳税人（签章）略

经办人：王强　　　法定代表人（业主、负责人）：张兵　　　填表日期：2015年1月6日

发票专用章印模：

（2）公司经过1年经营后，业务规模扩大，增值税发票用量需要调整，增值税专用发票数量变更为每月300份；普通发票数量变更为每月200份。2016年5月1日，公司决定向主管税务机关申请重新核定发票用量。

纳税人领用发票票种核定表

纳税人识别号	3301645655656		
纳税人名称	东乡市泰山实业有限公司		
领票人	联系电话	身份证件类型	身份证件号码
王强	8987467	身份证	330104458334135653

发票种类名称	发票票种核定操作类型	单位（数量）	每月最高领票数量	每次最高领票数量	持票最高数量	定额发票累计领票金额	领票方式
增值税专用发票	变更	份	300	300	300		交旧领新
普通发票	变更	份	200	200	200		交旧领新

纳税人（签章）略

经办人：王强　　　法定代表人（业主、负责人）：张兵　　　填表日期：2016年5月1日

发票专用章印模：

（3）2017 年 11 月 30 日,公司应破产注销税务登记,按照规定,必须在这之前,将未使用完发票缴销,按规定办理缴销手续。

要 求

（1）填写纳税人领购发票票种核定申请表,并提交。

（2）重新填写纳税人领购发票票种核定申请表,并提交。

（3）办理缴销手续需要提交的资料:发票领用簿、需要缴销的发票。

【实训任务】

资 料

（1）公司名称:滨江有限公司。

纳税人识别号:320189768285322。

法人代表:戴琳。

办税员:刘勇,身份证号:310226196304112022。

联系电话:87654328。

（2）公司 2017 年 1 月 8 日申请领用普通发票每月 100 份,每次领购 100 份;专用发票每月领用 200 份,每次领购 200 份。填写纳税人领购发票票种核定申请表,并提交。

（3）公司经过 1 年经营后,业务规模扩大,增值税发票用量需要调整,增值税发票数量变更为每月 400 份;普通发票数量变更为每月 300 份。2018 年 8 月 1 日,公司决定向主管税务机关申请重新核定发票用量。

（4）2019 年 10 月 30 日,公司违反环境保护法,被吊销营业执照,应该注销税务登记。按照规定,必须在这之前,将未使用完发票缴销,按规定办理缴销手续。

要 求 作为办税员,完成以下与上述任务有关的《纳税人领用发票票种核定表》。

纳税人领用发票票种核定表

纳税人识别号							
纳税人名称							
领票人		联系电话		身份证件类型		身份证件号码	
发票种类名称	发票票种核定操作类型	单位（数量）	每月最高领票数量	每次最高领票数量	持票最高数量	定额发票累计领票金额	领票方式
纳税人（签章）							
经办人: 　　　　　法定代表人（业主、负责人）: 　　　　　填表日期: 年 月 日							
发票专用章印模:							

项目三
国税申报

本项目学习目标

知识目标

1. 了解增值税的概念、纳税义务人、征税范围、计税方法。
2. 了解消费税的概念、纳税义务人、征税范围、计税方法。
3. 了解所得税的概念、纳税义务人、征税范围、计税方法。

技能目标

1. 能够正确计算应交增值税并办理纳税申报。
2. 能够正确计算应交消费税并办理纳税申报。
3. 能够正确计算应交所得税并办理纳税申报。

实训一　增值税申报

【实训目标】

　　学生通过实训,了解增值税概念、计税原理、征税范围和适用税率、计税方法;熟悉一般纳税人和小规模纳税人增值税计税方法纳税申报程序;能够正确计税和在报税平台上完成纳税申报。

【知识链接】

3.1.1　增值税的概念

增值税是以单位和个人生产经营过程中取得的增值额为课税对象征收的一种税。

3.1.2　增值税的计税原理

(1)按全部销售额计税,但只对货物或劳务价值中新增价值部分征税。
(2)实行税款抵扣制度,对以前环节已纳税款予以扣除。
(3)税款随货物的销售逐环节转移,最终消费者是全部税款承担者。

3.1.3　纳税义务人与扣缴义务人

1. 纳税义务人

　　在中华人民共和国境内(简称境内)销售货物或者提供加工、修理修配劳务、销售服务、无形资产或者不动产,以及进口货物的单位和个人,为增值税的纳税人。

　　单位是指企业、行政单位、事业单位、军事单位、社会团体及其他单位。个人是指个体工商户和其他个人。单位租赁或者承包给其他单位或者个人经营的,以承租人或者承包人为纳税人。

　　对报关进口的货物,以进口货物的收货人或者办理报关手续的单位和个人为进口货物的纳税人。对代理进口货物,以海关开具的完税凭证上的纳税人为增值税纳税人。

　　资产管理产品运营过程中发生的增值税应税行为,以资产管理产品管理人为增值税纳税人。

　　建筑企业与发包方签订合同,转包给集团内第三方,并由第三方直接与发包方结算工程款的,由第三方缴纳增值税。

2. 扣缴义务人

　　中华人民共和国境外的单位或者个人在境内提供应税劳务,在境内未设有经营机构的,以其境内代理人为扣缴义务人；在境内没有代理人的，以购买方为扣缴义务人。

中华人民共和国境外的单位或者个人在境内销售服务、无形资产或者不动产，在境内未设有经营机构的，以购买方为扣缴义务人，另有规定的除外。

3.1.4 征税范围

1. 征税范围的一般规定

（1）销售或者进口的货物。货物是指有形动产，包括电力、热力、气体在内。销售货物是指有偿转让货物的所有权。

（2）提供的加工、修理修配劳务。加工是指受托加工货物，即委托方提供原料及主要材料，受托方按照委托方的要求制造货物并收取加工费的业务；修理修配是指受托对损伤和丧失功能的货物进行修复，使其恢复原状和功能的业务。提供加工、修理修配劳务（简称应税劳务），是指有偿提供加工、修理修配劳务。单位或者个体工商户聘用的员工为本单位或者雇主提供加工、修理修配劳务，不包括在内。

（3）销售服务。销售服务是指提供交通运输服务、邮政服务、电信服务、建筑服务、金融服务、现代服务、生活服务。

（4）销售无形资产。销售无形资产是指有偿转让无形资产的所有权或者使用权的业务活动。

（5）销售不动产。销售不动产是指有偿转让不动产所有权的业务活动。

（6）进口货物。进口货物是指申报进入我国海关境内的货物。

2. 不属于征税范围的活动

（1）行政单位收取的同时满足以下条件的政府性基金或者行政事业性收费：

① 由国务院或者财政部批准设立的政府性基金，由国务院或者省级人民政府及其财政、价格主管部门批准设立的行政事业性收费。

② 收取时开具省级以上（含省级）财政部门监（印）制的财政票据。

③ 所收款项全额上缴财政。

（2）单位或者个体工商户聘用的员工为本单位或者雇主提供取得工资的服务。

（3）单位或者个体工商户为聘用的员工提供服务。

（4）财政部和国家税务总局规定的其他情形。

（5）下列情形不属于在境内销售服务或者无形资产：

① 境外单位或者个人向境内单位或者个人销售完全在境外发生的服务。

② 境外单位或者个人向境内单位或者个人销售完全在境外使用的无形资产。

③ 境外单位或者个人向境内单位或者个人出租完全在境外使用的有形动产。

④ 财政部和国家税务总局规定的其他情形。

3. 征税范围的特殊项目或行为。

除了上述的一般规定以外，特殊项目或行为需要作出具体确定。

第一，视同销售货物行为。单位或者个体工商户的下列行为，视同销售货物：

（1）将货物交付其他单位或者个人代销。

（2）销售代销货物。

（3）设有两个以上机构并实行统一核算的纳税人,将货物从一个机构移送至其他机构用于销售,但相关机构设在同一县(市)的除外。

（4）将自产或者委托加工的货物用于非增值税应税项目。

（5）将自产、委托加工的货物用于集体福利或者个人消费。

（6）将自产、委托加工或者购进的货物作为投资,提供给其他单位或者个体工商户。

（7）将自产、委托加工或者购进的货物分配给股东或者投资者。

（8）将自产、委托加工或者购进的货物无偿赠送其他单位或者个人。

第二,视同销售服务、不动产、无形资产。

（1）单位或者个体工商户向其他单位或者个人无偿提供服务,但用于公益事业或者以社会公众为对象的除外。

（2）单位或者个人向其他单位或者个人无偿转让无形资产或者不动产,但用于公益事业或者以社会公众为对象的除外。

（3）财政部和国家税务总局规定的其他情形。

上述行为应该确定为视同销售货物行为,均要征收增值税。其确定的目的主要有三个:一是保证增值税税款抵扣制度的实施,不致因发生上述行为而造成各相关环节税款抵扣链条中断。如果不将之视同销售就会出现销售代销货物方仅有销项税额而无进项税额,而将货物交付其他单位或者个人代销方仅有进项税额而无销项税额的情况,就会出现增值税抵扣链条不完整。二是避免因发生上述行为而造成货物销售税收负担不平衡的矛盾,防止上述行为逃避纳税的现象。三是体现增值税计算的配比原则。即购进货物已经在购进环节实施了进项税额抵扣,这些购进货物应该产生相应的销售额,同时就应该产生相应的销项税额;否则,就会产生不配比情况。

第三,混合销售行为。

一项销售行为如果既涉及服务又涉及货物,为混合销售。从事货物的生产、批发或者零售的单位和个体工商户的混合销售行为,按照销售货物缴纳增值税;其他单位和个体工商户的混合销售行为,按照销售服务缴纳增值税。

第四,兼营非增值税应税劳务行为。

纳税人销售货物、加工修理修配劳务、服务、无形资产或者不动产适用不同税率或者征收率的,应当分别核算适用不同税率或者征收率的销售额,未分别核算销售额的,按照以下方法适用税率或者征收率:

（1）兼有不同税率的销售货物、加工修理修配劳务、服务、无形资产或者不动产,从高适用税率。

（2）兼有不同征收率的销售货物、加工修理修配劳务、服务、无形资产或者不动产,从高适用征收率。

（3）兼有不同税率和征收率的销售货物、加工修理修配劳务、服务、无形资产或者不动产,从高适用税率。

（4）纳税人兼营免税、减税项目的,应当分别核算免税、减税项目的销售额;未分别核算销售额的,不得免税、减税。

4. 不征收增值税的项目

（1）根据国家指令无偿提供的铁路运输服务、航空运输服务等用于公益事业的服务。

（2）存款利息。

（3）被保险人获得的保险赔付。

（4）房地产主管部门或者其指定机构、公积金管理中心、开发企业以及物业管理单位代收的住宅专项维修资金。

（5）在资产重组过程中，通过合并、分立、出售、置换等方式，将全部或者部分实物资产以及与其相关联的债权、负债和劳动力一并转让给其他单位和个人，其中涉及的不动产、土地使用权转让行为。

（6）国家税务总局和财政部规定的其他情形。

5.《增值税暂行条例》规定的免税项目

（1）农业生产者销售的自产农产品。农业是指种植业、养殖业、林业、牧业、水产业。农业生产者包括从事农业生产的单位和个人。农业生产者销售的自产农产品是指直接从事植物的种植、收割和动物的饲养、捕捞的单位和个人销售的自产农产品，具体范围由财政部国家税务总局确定。对上述单位和个人销售的外购农产品，以及单位和个人外购农产品生产、加工后销售的仍然属于规定范围的农业产品，不属于免税范围，应当按照规定的税率征收增值税。

（2）避孕药品和用具。

（3）古旧图书。古旧图书是指向社会收购的古书和旧书。

（4）直接用于科学研究、科学试验和教学的进口仪器、设备。

（5）外国政府、国际组织无偿援助的进口物资和设备。

（6）由残疾人的组织直接进口供残疾人专用的物品。

（7）销售自己使用过的物品。自己使用过的物品是指其他个人自己使用过的物品。

6. 增值税起征点

增值税起征点的规定涉及征税范围问题，即未达到起征点的不列入增值税的征税范围，增值税起征点的适用范围限于个人。增值税起征点的幅度规定如下。

（1）销售货物的，为月销售额 5 000～20 000 元。

（2）销售应税劳务的，为月销售额 5 000～20 000 元。

（3）按次纳税的，为每次（日）销售额 300～500 元。

上述所称的销售额，是指《增值税暂行条例实施细则》第三十条第一款所称小规模纳税人的销售额，即小规模纳税人的销售额不包括其应纳税额。

省、自治区、直辖市财政厅（局）和国家税务局应在规定的幅度内，根据实际情况确定本地区适用的起征点，并报财政部、国家税务总局备案。

纳税人销售额未达到国务院财政、税务主管部门规定的增值税起征点的，免征增值税；达到起征点的，依照规定全额计算缴纳增值税。

7. 纳税人可以放弃免税，依照《增值税暂行条例》的规定缴纳增值税

放弃免税后，36 个月内不得再申请免税。

（1）生产和销售免征增值税货物或劳务的纳税人要求放弃免税权，应当以书面形式提交放弃免税权声明,报主管税务机关备案。纳税人自提交备案资料的次月起,按照现行有关规定计算缴纳增值税。

(2)放弃免税权的纳税人符合增值税一般纳税人认定条件尚未认定为增值税一般纳税人的,应当按现行规定认定为增值税一般纳税人,其销售的货物或劳务可开具增值税专用发票。

(3)纳税人一经放弃免税权,其生产销售的全部增值税应税货物或劳务均应按照适用税率征税,不得选择某一免税项目放弃免税权,也不得根据不同的销售对象选择部分货物或劳务放弃免税权。

(4)纳税人在免税期内购进用于免税项目的货物或者应税劳务所取得的增值税扣税凭证,一律不得抵扣。

3.1.5　适用税率

基本税率17%:销售或进口货物;提供加工、修理修配劳务和有形动产租赁服务(包括经营性租赁和融资性租赁)。

低税率11%:交通运输业服务、邮政服务、基础电信服务、建筑服务、不动产租赁服务(包括经营性租赁和融资性租赁)、销售不动产、转让土地使用权、农业初级产品、适用植物油、自来水、暖气、热水、冷气、煤气、石油液化气、天然气、沼气、居民用煤炭制品、图书、报纸、杂志、饲料、化肥、农药、农膜、农机、食用盐、音像制品、电子出版物、二甲醚。

低税率6%:提供现代服务业服务(有形动产和不动产租赁除外),增值电信服务、金融服务、生活服务、销售无形资产(土地使用权除外)。

零税率:出口货物、劳务或者境内单位和个人发生的跨境应税行为。

3%征收率:小规模纳税人境内销售货物、销售服务、无形资产或者不动产;一般纳税人生产销售的特定货物和应税服务;小规模纳税人销售自己使用过的除固定资产以外的物品。

减按2%征收率:小规模纳税人销售自己使用过的固定资产;纳税人销售旧货。

5%征收率:一般纳税人销售不动产;房地产开发企业的一般纳税人销售自行开发的房地产老项目;小规模纳税人销售不动产、出租不动产;一般纳税人出租2016年4月30日前取得的不动产。

减按1.5%:个人出租住房。

3.1.6　纳税义务发生时间

增值税纳税义务发生时间是指增值税纳税义务人、扣缴义务人发生应税、扣缴税款行为应当承担纳税义务、扣缴义务的起始时间。

1. 一般规定

(1)纳税人销售货物或者应税劳务,其纳税义务发生时间为收讫销售款项或者取得索取销售款项凭据的当天;先开具发票的,为开具发票的当天。

(2)纳税人进口货物,其纳税义务发生时间为报关进口的当天。

(3)增值税扣缴义务发生时间为纳税人增值税纳税义务发生的当天。

2. 具体规定

销售货物或者提供应税劳务的纳税义务发生时间,按结算方式不同,分为以下几种:

(1) 采取直接收款方式销售货物,不论货物是否发出,均为收到销售款或者取得索取销售款凭据的当天。

(2) 采取托收承付和委托银行收款方式销售货物,为发出货物并办妥托收手续的当天。

(3) 采取赊销和分期收款方式销售货物,为书面合同约定的收款日期的当天;无书面合同的或者书面合同没有约定收款日期的,为货物发出的当天。

(4) 采取预收货款方式销售货物,为货物发出的当天;但生产销售、生产工期超过 12 个月的大型机械设备、船舶、飞机等货物,为收到预收款或者书面合同约定的收款日期的当天。

(5) 委托其他纳税人代销货物,为收到代销单位的代销清单或者收到全部或者部分货款的当天;未收到代销清单及货款的,为发出代销货物满 180 天的当天。

(6) 销售应税劳务,为提供劳务同时收讫销售款或者取得索取销售款凭据的当天。

(7) 纳税人发生视同销售货物行为,为货物移送的当天。

销售服务、无形资产、不动产,按照业务不同,纳税义务发生时间划分为:

(1) 纳税人发生应税行为并收讫销售款项或者取得索取销售款项凭据的当天;先开具发票的,为开具发票的当天。

收讫销售款项是指纳税人销售服务、无形资产、不动产过程中或者完成后收到款项。

取得索取销售款项凭据的当天是指书面合同确定的付款日期;未签订书面合同或者书面合同未确定付款日期的,为服务、无形资产转让完成的当天或者不动产权属变更的当天。

(2) 纳税人提供建筑服务、租赁服务采取预收款方式的,其纳税义务发生时间为收到预收款的当天。

(3) 纳税人从事金融商品转让的,为金融商品所有权转移的当天。

(4) 纳税人发生视同销售行为的,其纳税义务发生时间为服务、无形资产转让完成的当天或者不动产权属变更的当天。

(5) 增值税扣缴义务发生时间为纳税人增值税纳税义务发生的当天。

纳税义务发生时间的确定,明确了企业在计算应纳税额时,对"当期销项税额"时间的限定,是增值税计税和征收管理中的重要规定。不按照上述规定的纳税义务发生时间将实现的销售收入及时入账并计算纳税,而是采取延迟入账或不计销售收入,以拖延纳税或逃避纳税等做法是错误的。企业必须按上述规定的时限及时、准确地记录销售额和计算当期销项税额。

3.1.7 纳税期限

1. 纳税期限

为保证按期缴纳税款,需要掌握具体纳税期限。根据《增值税暂行条例》的规定,增值税的纳税期限分别为 1 日、3 日、5 日、10 日、15 日、1 个月或者 1 个季度。

纳税人的具体纳税期限,由主管税务机关根据纳税人应纳税额的大小分别核定;不能按照固定期限纳税的,可以按次纳税。以 1 个季度为纳税期限的规定仅适用于小规模纳税人。小规模纳税人的具体纳税期限,由主管税务机关根据其应纳税额的大小分别核定。

2. 报缴税款期限

纳税人以 1 个月或者 1 个季度为 1 个纳税期的,自期满之日起 15 日内申报纳税;以 1

日、3 日、5 日、10 日或者 15 日为 1 个纳税期的,自期满之日起 5 日内预缴税款,于次月 1 日起 15 日内申报纳税并结清上月应纳税款。

扣缴义务人解缴税款的期限同上。

纳税人进口货物,应当自海关填发进口增值税专用缴纳书之日起 15 日内缴纳税款。

3.1.8 纳税地点

(1) 固定业户应当向其机构所在地的主管税务机关申报纳税。总机构和分支机构不在同一县(市)的,应当分别向各自所在地的主管税务机关申报纳税;经国务院财政、税务主管部门或者其授权的财政、税务机关批准,可以由总机构汇总向总机构所在地的主管税务机关申报纳税。

(2) 固定业户到外县(市)销售货物或者应税劳务,应当向其机构所在地的主管税务机关申请开具外出经营活动税收管理证明,并向其机构所在地的主管税务机关申报纳税;未开具证明的,应当向销售地或者劳务发生地的主管税务机关申报纳税;未向销售地或者劳务发生地的主管税务机关申报纳税的,由其机构所在地的主管税务机关补征税款。

(3) 固定业户(增值税一般纳税人)临时到外省、市销售货物,必须向经营地税务机关出示外出经营活动税收管理证明,回原地纳税,需要向购货方开具专用发票的,也回原地补开。

(4) 非固定业户销售货物或者应税劳务和应税行为,应当向销售地或者劳务和应税行为发生地的主管税务机关申报纳税;未向销售地或者劳务和应税行为发生地的主管税务机关申报纳税的,由其机构所在地或者居住地的主管税务机关补征税款。

(5) 其他个人提供建筑服务,销售或者租赁不动产,转让自然资源使用权,应向建筑服务发生地、不动产所在地、自然资源所在地主管税务机关申报纳税。

(6) 进口货物,应当由进口人或其代理人向报关地海关申报纳税。

(7) 扣缴义务人应当向其机构所在地或者居住地的主管税务机关申报缴纳其扣缴的税款。

3.1.9 计税方法

增值税的计税方法,包括一般计税方法和简易计税方法。

一般纳税人发生应税行为适用一般计税方法计税。

一般纳税人发生财政部和国家税务总局规定的特定应税行为,可以选择适用简易计税方法计税,但一经选择,36 个月内不得变更。

小规模纳税人发生应税行为适用简易计税方法计税。

境外单位或者个人在境内发生应税行为,在境内未设有经营机构的,扣缴义务人按照下列公式计算应扣缴税额:

$$应扣缴税额=购买方支付的价款÷(1+税率)×税率$$

1. 一般计税方法

(1) 一般计税方法的应纳税额是指当期销项税额抵扣当期进项税额后的余额。

$$应纳税额＝当期销项税额－当期进项税额$$

当期销项税额小于当期进项税额不足抵扣时，其不足部分可以结转下期继续抵扣。

（2）销项税额是指纳税人发生应税行为按照销售额和增值税税率计算并收取的增值税额。销项税额计算公式如下：

$$销项税额＝销售额×税率$$

（3）一般计税方法的销售额不包括销项税额，纳税人采用销售额和销项税额合并定价方法的，按照下列公式计算销售额：

$$销售额＝含税销售额÷（1＋税率）$$

（4）进项税额是指纳税人购进货物、加工修理修配劳务、服务、无形资产或者不动产，支付或者负担的增值税额。

纳税人购进货物或者接受应税劳务、接受服务、无形资产、不动产支付或者负担的增值税额，为进项税额。进项税额是与销项税额相对应的另一个概念。在开具增值税专用发票的情况下，它们之间的对应关系是，销售方收取的销项税额，就是购买方支付的进项税额。对于任何一个一般纳税人而言，由于其在经营活动中，既会发生销售货物或提供应税劳务，又会发生购进货物或接受应税劳务，因此，每一个一般纳税人都会有收取的销项税额和支付的进项税额。增值税的核心就是用纳税人收取的销项税额抵扣其支付的进项税额，其余额为纳税人实际应缴纳的增值税额。这样，进项税额作为可抵扣的部分，对于纳税人实际纳税有重大影响。

税法规定，并不是纳税人支付的所有进项税额都可以从销项税额中抵扣。为体现增值税的配比原则，即购进项目金额与销售产品销售额之间应有配比性，当纳税人购进的货物或接受的应税劳务不是用于增值税应税项目，而是用于非应税项目、免税项目或用于集体福利、个人消费等情况时，其支付的进项税额就不能从销项税额中抵扣。税法对不能抵扣进项税额的项目作了严格的规定。因此，必须严格区分可以抵扣的进项税额和不能抵扣的进项税额。

2. 简易计税方法

简易计税方法是指按照销售额和增值税征收率计算的增值税额，不得抵扣进项税额。应纳税额计算公式如下：

$$应纳税额＝销售额×征收率$$

简易计税方法的销售额不包括其应纳税额，纳税人采用销售额和应纳税额合并定价方法的，按照下列公式计算销售额：

$$销售额＝含税销售额÷（1＋征收率）$$

纳税人适用简易计税方法计税的，因销售折让、中止或者退回而退还给购买方的销售额，应当从当期销售额中扣减。扣减当期销售额后仍有余额造成多缴的税款，可以从以后的应纳税额中扣减。

3.1.10 销售额的确定

1. 一般销售方式下的销售额

销售额是指纳税人销售货物或者提供应税劳务向购买方(承受应税劳务也视为购买方)收取的全部价款和价外费用。特别需要强调的是,尽管销项税额也是销售方向购买方收取的,但是增值税采用价外计税方式,用不含税价作为计税依据,因而销售额中不包括向购买方收取的销项税额。

销售额以人民币计算。纳税人按照人民币以外的货币结算销售额的,应当折合成人民币计算,折合率可以选择销售额发生的当天或者当月1日的人民币汇率中间价。纳税人应当在事先确定采用何种折合率,确定后12个月内不得变更。

消费税属于价内税,凡是征收消费税的货物在计征增值税额时,应税销售额应该包括消费税额。

价外费用包括价外向购买方收取的手续费、补贴、基金、集资费、返还利润、奖励费、违约金、滞纳金、延期付款利息、赔偿金、代收款项、代垫款项、包装费、包装物租金、储备费、优质费、运输装卸费以及其他各种性质的价外收费。但下列项目不包括在内:

(1)受托加工应征消费税的消费品所代收代缴的消费税。

(2)同时符合以下条件的代垫运输费用:

① 承运部门的运输费用发票开具给购买方的。

② 纳税人将该项发票转交给购买方的。

(3)同时符合以下条件代为收取的政府性基金或者行政事业性收费:

① 由国务院或者财政部批准设立的政府性基金,由国务院或者省级人民政府及其财政、价格主管部门批准设立的行政事业性收费。

② 收取时开具省级以上财政部门印制的财政票据。

③ 所收款项全额上缴财政。

(4)销售货物的同时代办保险等而向购买方收取的保险费,以及向购买方收取的代购买方缴纳的车辆购置税、车辆牌照费。

一般而言,随同销售货物或提供应税劳务向购买方收取的价外费用,无论其会计制度如何核算,均应并入销售额计算应纳税额。税法规定各种性质的价外收费都要并入销售额计算征税,目的是防止以各种名目的收费,减少销售额逃避纳税的现象。

另外,根据国家税务总局规定,对增值税一般纳税人(包括纳税人自己或代其他部门)向购买方收取的价外费用和逾期包装物押金,应视为含税收入,在征税时换算成不含税收入再并入销售额。

2. 特殊销售方式下的销售额

在销售活动中,为了达到促销的目的,有多种销售方式。不同销售方式下,销售者取得的销售额会有所不同。对不同销售方式如何确定其计征增值税的销售额,既是纳税人关心的问题,也是税法必须分别予以明确规定的事情。税法对以下几种销售方式分别作了规定。

1）采取折扣方式销售

折扣销售是指销货方在销售货物或应税劳务时，因购货方购货数量较大等原因而给予购货方的价格优惠（比如，购买 5 件，销售价格折扣 10％；购买 10 件，折扣 20％等）。根据税法规定，纳税人销售货物并向购买方开具增值税专用发票后，由于购货方在一定时期内累计购买货物达到一定数量，或者由于市场价格下降等原因，销货方给予购货方相应的价格优惠或补偿等折扣、折让行为，销货方可按现行《增值税专用发票使用规定》的要求开具红字增值税专用发票。

第一，折扣销售不同于现金折扣。现金折扣是指销货方在销售货物或应税劳务后，为了鼓励购货方及早偿还货款而协议许诺给予购货方的一种折扣优待（比如，10 天内付款，货款折扣 2％；20 天内付款，折扣 1％；30 天内全价付款）。现金折扣发生在销货之后，是一种融资性质的理财费用，因此，现金折扣不得从销售额中减除。企业在确定销售额时应把折扣销售与现金折扣严格区分开。另外，折扣销售又不同于销售折让。销售折让是指货物销售后，由于其品种、质量等原因购货方未予退货，但销货方需给予购贷方的一种价格折让。销售折让与折扣销售相比较，虽然都是在货物销售后发生的，但因为销售折让是由于货物的品种和质量引起销售额的减少，因此，对销售折让可以折让后的货款为销售额。

第二，折扣销售仅限于货物价格的折扣。如果销货者将自产、委托加工和购买的货物用于实物折扣的，则该实物款额不能从货物销售额中减除，且该实物应按《增值税暂行条例》"视同销售货物"中的"赠送他人"计算征收增值税。

2）采取以旧换新方式销售

以旧换新是指纳税人在销售自己的货物时，有偿收回旧货物的行为。根据税法规定，采取以旧换新方式销售货物的，应按新货物的同期销售价格确定销售额，不得扣减旧货物的收购价格。之所以这样规定，既是因为销售货物与收购货物是两个不同的业务活动，销售额与收购额不能相互抵减，也是为了严格增值税的计算征收，防止出现销售额不实、减少纳税的现象。

3）采取还本销售方式销售

还本销售是指纳税人在销售货物后，到一定期限由销售方一次或分次退还给购货方全部或部分价款。这种方式实际上是一种筹资，是以货物换取资金的使用价值，到期还本不付息的方法。税法规定，采取还本销售方式销售货物，其销售额就是货物的销售价格，不得从销售额中减除还本支出。

4）采取以物易物方式销售

以物易物是一种较为特殊的购销活动，是指购销双方不是以货币结算，而是以同等价款的货物相互结算，实现货物购销的一种方式。在实务中，有的纳税人以为以物易物不是购销行为，销货方收到购货方抵顶货款的货物，认为自己不是购货；购货方发出抵顶货款的货物，认为自己不是销货。这两种认识都是错误的。正确的方法应当是，以物易物双方都应作购销处理，以各自发出的货物核算销售额并计算销项税额，以各自收到的货物按规定核算购货额并计算进项税额。应注意的是，在以物易物活动中，应分别开具合法的票据，如收到的货物不能取得相应的增值税专用发票或其他合法票据的，不能抵扣进项税额。

5）包装物押金是否计入销售额

包装物是指纳税人包装本单位货物的各种物品。纳税人销售货物时另收取包装物押金，目的是促使购货方及早退回包装物以便周转使用。

根据税法规定，纳税人为销售货物而出租出借包装物收取的押金，单独记账核算的，时间在1年以内，又未过期的，不并入销售额征税，但对因逾期未收回包装物不再退还的押金，应按所包装货物的适用税率计算销项税额。

上述规定中，"逾期"是指按合同约定实际逾期或以1年为期限，对收取1年以上的押金，无论是否退还均并入销售额征税。当然，在将包装物押金并入销售额征税时，需要先将该押金换算为不含税价，再并入销售额征税。对于个别包装物周转使用期限较长的，报经税务机关确定后，可适当放宽逾期期限。

另外，包装物押金不应混同于包装物租金，包装物租金在销货时作为价外费用并入销售额计算销项税额。对销售除啤酒、黄酒外的其他酒类产品而收取的包装物押金，无论是否返还以及会计上如何核算，均应并入当期销售额征税。对销售啤酒、黄酒所收取的押金，按上述一般押金的规定处理。

6）对视同销售货物行为的销售额的确定

对视同销售征税而无销售额的按下列顺序确定其销售额：

（1）按纳税人最近时期同类货物的平均销售价格确定。

（2）按其他纳税人最近时期同类货物的平均销售价格确定。

（3）按组成计税价格确定。组成计税价格的公式如下：

$$组成计税价格＝成本×（1＋成本利润率）$$

征收增值税的货物，同时又征收消费税的，其组成计税价格中应加上消费税额。其组成计税价格公式如下：

$$组成计税价格＝成本×（1＋成本利润率）＋消费税额$$

或：

$$组成计税价格＝成本×（1＋成本利润率）÷（1－消费税税率）$$

公式中的成本是指，销售自产货物的为实际生产成本，销售外购货物的为实际采购成本。公式中的成本利润率由国家税务总局确定。但属于应从价定率征收消费税的货物，其组成计税价格公式中的成本利润率，为国家税务总局确定的成本利润率。

7）含税销售额的换算

为了符合增值税作为价外税的要求，纳税人在填写进销货及纳税凭证，进行账务处理时，应分项记录不含税销售额、销项税额和进项税额，以正确计算应纳增值税。然而，在实际工作中，常常会出现一般纳税人将销售货物或者应税劳务采用销售额和销项税额合并定价收取的方法，这样，就会形成含税销售额。我国增值税是价外税，计税依据中不含增值税本身的数额。在计算应纳税额时，如果不将含税销售额换算为不含税销售额，就不符合我国增值税的设计原则,即仍会导致对增值税销项税额本身的重复征税现象,也会影响企业成本核算过程,如果普遍出现以含税销售额作为计税依据的做法,会在某种程度上推动物价非正常上涨情况的出现。因此,一般纳税人销售货物或者应税劳务取得的含税销售额在计算销项税额时,必须将其换算为不含税的销售额。对于一般纳税人销售货物或者应税劳务,采用销售额和销项税额合并定价方法的,按下列公式计算销售额:

$$销售额＝含税销售额÷(1＋税率)$$

公式中的税率为销售的货物或者应税劳务按《增值税暂行条例》中规定所适用的税率。

3. 销售服务、无形资产或者不动产销售额

销售额是指纳税人发生应税行为取得的全部价款和价外费用,财政部和国家税务总局另有规定的除外。

价外费用,是指价外收取的各种性质的收费,但不包括以下项目:

① 代为收取符合规定的政府性基金或者行政事业性收费。

② 以委托方名义开具发票代委托方收取的款项。

各项业务具体规定如下:

第一,贷款服务,以提供贷款服务取得的全部利息及利息性质的收入为销售额。

第二,直接收费金融服务,以提供直接收费金融服务收取的手续费、佣金、酬金、管理费、服务费、经手费、开户费、过户费、结算费、转托管费等各类费用为销售额。

第三,金融商品转让,按照卖出价扣除买入价后的余额为销售额。

转让金融商品出现的正负差,按盈亏相抵后的余额为销售额。若相抵后出现负差,可结转下一纳税期与下期转让金融商品销售额相抵,但年末仍出现负差的,不得转入下一个会计年度。

金融商品的买入价,可以选择按照加权平均法或者移动加权平均法进行核算,选择后36个月内不得变更。

金融商品转让,不得开具增值税专用发票。

第四,经纪代理服务,以取得的全部价款和价外费用,扣除向委托方收取并代为支付的政府性基金或者行政事业性收费后的余额为销售额。向委托方收取的政府性基金或者行政事业性收费,不得开具增值税专用发票。

第五,融资租赁和融资性售后回租业务。

(1)经人民银行、银监会或者商务部批准从事融资租赁业务的纳税人,提供融资租赁服务,以取得的全部价款和价外费用,扣除支付的借款利息(包括外汇借款和人民币借款利息)、发行债券利息和车辆购置税后的余额为销售额。

(2)经人民银行、银监会或者商务部批准从事融资租赁业务的纳税人,提供融资性售后回租服务,以取得的全部价款和价外费用(不含本金),扣除对外支付的借款利息(包括外汇借款和人民币借款利息)、发行债券利息后的余额作为销售额。

(3)纳税人根据2016年4月30日前签订的有形动产融资性售后回租合同,在合同到期前提供的有形动产融资性售后回租服务,可继续按照有形动产融资租赁服务缴纳增值税。

继续按照有形动产融资租赁服务缴纳增值税的纳税人，经人民银行、银监会或者商务部批准从事融资租赁业务的，根据2016年4月30日前签订的有形动产融资性售后回租合同，在合同到期前提供的有形动产融资性售后回租服务，可以选择以下方法之一计算销售额：

① 以向承租方收取的全部价款和价外费用，扣除向承租方收取的价款本金，以及对外支付的借款利息（包括外汇借款和人民币借款利息）、发行债券利息后的余额为销售额。

纳税人提供有形动产融资性售后回租服务，计算当期销售额时可以扣除的价款本金，为书面合同约定的当期应当收取的本金。无书面合同或者书面合同没有约定的，为当期实际收取的本金。

纳税人提供有形动产融资性售后回租服务，向承租方收取的有形动产价款本金，不得开具增值税专用发票，可以开具普通发票。

② 以向承租方收取的全部价款和价外费用，扣除支付的借款利息（包括外汇借款和人民币借款利息）、发行债券利息后的余额为销售额。

（4）经商务部授权的省级商务主管部门和国家经济技术开发区批准的从事融资租赁业务的纳税人，2016年5月1日后实收资本达到1.7亿元的，从达到标准的当月起按照上述第（1）～第（3）点规定执行；2016年5月1日后实收资本未达到1.7亿元但注册资本达到1.7亿元的，在2016年7月31日前仍可按照上述第（1）～第（3）点规定执行，2016年8月1日后开展的融资租赁业务和融资性售后回租业务不得按照上述第（1）～第（3）点规定执行。

第六，航空运输企业的销售额，不包括代收的机场建设费和代售其他航空运输企业客票而代收转付的价款。

第七，试点纳税人中的一般纳税人（以下称一般纳税人）提供客运场站服务，以其取得的全部价款和价外费用，扣除支付给承运方运费后的余额为销售额。

第八，试点纳税人提供旅游服务，可以选择以取得的全部价款和价外费用，扣除向旅游服务购买方收取并支付给其他单位或者个人的住宿费、餐饮费、交通费、签证费、门票费和支付给其他接团旅游企业的旅游费用后的余额为销售额。

选择上述办法计算销售额的试点纳税人，向旅游服务购买方收取并支付的上述费用，不得开具增值税专用发票，可以开具普通发票。

第九，纳税人提供建筑服务适用简易计税方法的，以取得的全部价款和价外费用扣除支付的分包款后的余额为销售额。

第十，房地产开发企业中的一般纳税人销售其开发的房地产项目（选择简易计税方法的房地产老项目除外），以取得的全部价款和价外费用，扣除受让土地时向政府部门支付的土地价款后的余额为销售额。

房地产老项目是指《建筑工程施工许可证》注明的合同开工日期在2016年4月30日前的房地产项目。

纳税人按照应当取得符合法律、行政法规和国家税务总局规定的有效凭证；否则，不得扣除。

上述凭证是指：

① 支付给境内单位或者个人的款项，以发票为合法有效凭证。

② 支付给境外单位或者个人的款项,以该单位或者个人的签收单据为合法有效凭证,税务机关对签收单据有疑义的,可以要求其提供境外公证机构的确认证明。

③ 缴纳的税款,以完税凭证为合法有效凭证。

④ 扣除的政府性基金、行政事业性收费或者向政府支付的土地价款,以省级以上(含省级)财政部门监(印)制的财政票据为合法有效凭证。

⑤ 国家税务总局规定的其他凭证。

纳税人取得的上述凭证属于增值税扣税凭证的,其进项税额不得从销项税额中抵扣。

3.1.11 进项税额的确定

1. 准予从销项税额中抵扣的进项税额

(1) 从销售方或提供方取得的增值税专用发票(含税控机动车销售统一发票,下同)上注明的增值税额,是指增值税一般纳税人在购进、接受应税劳务、服务、无形资产或不动产时,取得对方的增值税专用发票已注明的增值税额。

(2) 从海关取得的海关进口增值税专用缴款书上注明的增值税额,是指进口货物报关进口时海关代征进口环节增值税,从海关取得进口增值税专用缴款书上已注明的增值税额。

(3) 购进农产品,除取得增值税专用发票或者海关进口增值税专用缴款书外,按照农产品收购发票或者销售发票上注明的农产品买价和11%扣除率计算的进项税额。其计算公式如下:

$$进项税额＝买价×扣除率$$

公式中的买价是指纳税人购进农产品在农产品收购发票或者销售发票上注明的价款和按照规定缴纳的烟叶税。

购进农产品按照《农产品增值税进项税额核定扣除试点实施办法》抵扣进项税额的除外。

(4) 取得不动产,包括以直接购买、接受捐赠、接受投资入股、自建以及抵债等各种形式取得的不动产,不包括房地产开发企业自行开发的房地产项目,进项税额分两年从销项税额中抵扣,第一年抵扣比例为60%,第二年抵扣比例为40%。

(5) 从境外单位或者个人购进服务、无形资产或者不动产,自税务机关或者扣缴义务人取得的解缴税款的完税凭证上注明的增值税额。

纳税人取得的增值税扣税凭证不符合法律、行政法规或者国家税务总局有关规定的,其进项税额不得从销项税额中抵扣。

增值税扣税凭证是指增值税专用发票、海关进口增值税专用缴款书、农产品收购发票、农产品销售发票和完税凭证。

纳税人凭完税凭证抵扣进项税额的,应当具备书面合同、付款证明和境外单位的对账单或者发票。资料不全的,其进项税额不得从销项税额中抵扣。

2. 下列情形的进项税额不得从销项税额中抵扣

(1) 用于简易计税方法计税项目、免征增值税项目、集体福利或者个人消费的购进货物、加工修理修配劳务、服务、无形资产和不动产。其中涉及的固定资产、无形资产、不动产，仅指专用于上述项目的固定资产、无形资产(不包括其他权益性无形资产)、不动产。

纳税人的交际应酬消费属于个人消费。

(2) 非正常损失的购进货物，以及相关的加工修理修配劳务和交通运输服务。

(3) 非正常损失的在产品、产成品所耗用的购进货物(不包括固定资产)、加工修理修配劳务和交通运输服务。

(4) 非正常损失的不动产，以及该不动产所耗用的购进货物、设计服务和建筑服务。

(5) 非正常损失的不动产在建工程所耗用的购进货物、设计服务和建筑服务。

纳税人新建、改建、扩建、修缮、装饰不动产，均属于不动产在建工程。

(6) 购进的旅客运输服务、贷款服务、餐饮服务、居民日常服务和娱乐服务。

固定资产是指使用期限超过 12 个月的机器、机械、运输工具以及其他与生产经营有关的设备、工具、器具等有形动产。

非正常损失是指因管理不善造成货物被盗、丢失、霉烂变质，以及因违反法律法规造成货物或者不动产被依法没收、销毁、拆除的情形。

(7) 适用一般计税方法的纳税人，兼营简易计税方法计税项目、免征增值税项目而无法划分不得抵扣的进项税额，按照下列公式计算不得抵扣的进项税额：

$$不得抵扣的进项税额 = 当期无法划分的全部进项税额 \times \left(当期简易计税方法计税项目销售额 + 免征增值税项目销售额 \right) \div 当期全部销售额$$

主管税务机关可以按照上述公式依据年度数据对不得抵扣的进项税额进行清算。

(8) 已抵扣进项税额的购进货物(不含固定资产)、劳务、服务，发生按规定不得抵扣情形(简易计税方法计税项目、免征增值税项目除外)的，应当将该进项税额从当期进项税额中扣减；无法确定该进项税额的，按照当期实际成本计算应扣减的进项税额。

(9) 已抵扣进项税额的固定资产、无形资产或者不动产，发生按规定不得抵扣情形的，按照下列公式计算不得抵扣的进项税额：

$$不得抵扣的进项税额 = 固定资产、无形资产或者不动产净值 \times 适用税率$$

固定资产、无形资产或者不动产净值，是指纳税人根据财务会计制度计提折旧或摊销后的余额。

(10) 纳税人适用一般计税方法计税的，因销售折让、中止或者退回而退还给购买方的增值税额，应当从当期的销项税额中扣减；因销售折让、中止或者退回而收回的增值税额，应当从当期的进项税额中扣减。

(11) 纳税人接受贷款服务向贷款方支付的与该笔贷款直接相关的投融资顾问费、手续费、咨询费等费用，其进项税额不得从销项税额中抵扣。

(12) 下列情形之一者，应当按照销售额和增值税税率计算应纳税额，不得抵扣进项税额，也不得使用增值税专用发票：

① 一般纳税人会计核算不健全，或者不能够提供准确税务资料的。

② 应当办理一般纳税人资格登记而未办理的。

3.1.12　应纳税额的计算

1. 计算应纳税额的时间限定

为了保证计算应纳税额的合理性、准确性,纳税人必须严格把握当期进项税额从当期销项税额中抵扣这个要点。当期是个重要的时间限定,具体是指税务机关依照税法规定对纳税人确定的纳税期限;只有在纳税期限内实际发生的销项税额、进项税额,才是法定的当期销项税额或当期进项税额。目前,有些纳税人为了达到逃避纳税的目的,把当期实现的销售额隐瞒不记账或滞后记账,以减少当期销项税额,或者把不是当期实际发生的进项税额(上期结转的进项税额除外)也充作当期进项税额,以加大进项税额,少纳税甚至不纳税,这是违反税法规定的行为。

为了制止这种违法行为,税法首先对销售货物或应税劳务应计入当期销项税额以及抵扣的进项税额的时间作了限定。

(1) 销项税额的时间限定。销项税额是增值税一般纳税人销售货物或提供应税劳务、发生其他应税行为后按照实现的销售额计算的金额。纳税人在什么时间计算销项税额,《增值税暂行条例》和《增值税暂行条例实施细则》都作了严格的规定。总的原则是销项税额的确定不得滞后。

(2) 进项税额抵扣时限的确定。增值税专用发票认证是进项税额抵扣的前提,是通过增值税发票税控系统对增值税发票所包含的数据进行识别、确认。认证时,税务机关利用扫描仪采集发票上的密文和明文图像,或由纳税人自行采集发票电子信息传送至税务机关,通过认证系统对密文解密还原,再与发票明文进行对比,比对一致则通过认证。纳税人必须在规定时间内进行认证并申请抵扣进项税额。总的原则是进项税额的抵扣不得提前。

① 增值税一般纳税人取得 2010 年 1 月 1 日以后开具的增值税专用发票、公路内河货物运输业增值税专用发票和机动车销售统一发票,应在开具之日起 180 日内到税务机关办理认证,并在认证通过的次月申报期内,向主管税务机关申报抵扣进项税额。

② 实行海关进口增值税专用缴款书(简称海关缴款书)"先比对后抵扣"管理办法的增值税一般纳税人取得海关缴款书,应在开具之日起 180 日内向主管税务机关报送"海关完税凭证抵扣清单"(电子数据)申请稽核比对。

③ 2016 年起 3 月 1 日、5 月 1 日、12 月 1 日起,分别取消纳税信用 A、B、C 级增值税一般纳税人增值税发票认证。

④ 增值税一般纳税人丢失已开具的增值税专用发票(简称专用发票)。增值税一般纳税人丢失已开具专用发票的发票联和抵扣联,如果丢失前已认证相符的,购买方可凭销售方提供的相应专用发票记账联复印件及销售方主管税务机关出具的《丢失增值税专用发票已报税证明单》,作为增值税进项税额的抵扣凭证;如果丢失前未认证的,购买方凭销售方提供的相应专用发票记账联复印件进行认证,认证相符的可凭专用发票记账联复印件及销售方

主管税务机关出具的证明单,作为增值税进项税额的抵扣凭证。专用发票记账联复印件和证明单留存备查。

增值税一般纳税人丢失已开具专用发票的抵扣联,如果丢失前已认证相符的,可使用专用发票发票联复印件留存备查;如果丢失前未认证的,可使用专用发票发票联认证,专用发票发票联复印件留存备查。

增值税一般纳税人丢失已开具专用发票的发票联,可将专用发票抵扣联作为记账凭证,专用发票抵扣联复印件留存备查。

增值税一般纳税人丢失海关缴款书,应在规定期限内,凭报关地海关出具的相关已完税证明,向主管税务机关提出抵扣申请。主管税务机关受理申请后,应当进行审核,并将纳税人提供的海关缴款书电子数据纳入稽核系统进行比对。稽核比对无误后,方可允许计算进项税额抵扣。

⑤ 未按期申报抵扣增值税进项税额的处理。增值税一般纳税人取得的增值税扣税凭证已认证或已采集上报信息但未按照规定期限申报抵扣;实行纳税辅导期管理的增值税一般纳税人以及实行海关进口增值税专用缴款书"先比对后抵扣"管理办法的增值税一般纳税人,取得的增值税扣税凭证稽核比对结果相符但未按规定期限申报抵扣,经主管税务机关审核符合条件的,允许纳税人继续申报抵扣其进项税额。

属于发生真实交易且符合以下所列客观原因的,可继续抵扣进项税额:

(1)因自然灾害、社会突发事件等不可抗力原因造成增值税扣税凭证未按期申报抵扣。

(2)有关司法、行政机关在办理业务或者检查中,扣押、封存纳税人账簿资料,导致纳税人未能按期办理申报手续。

(3)税务机关信息系统、网络故障,导致纳税人未能及时取得认证结果通知书或稽核结果通知书,未能及时办理申报抵扣。

(4)由于企业办税人员伤亡、突发危重疾病或者擅自离职,未能办理交接手续,导致未能按期申报抵扣。

(5)国家税务总局规定的其他情形。

2. 计算应纳税额时进项税额不足抵扣的处理

由于增值税实行购进扣税法,有时企业当期购进的货物很多,在计算应纳税额时会出现当期销项税额小于当期进项税额不足抵扣的情况。根据税法规定,当期进项税额不足抵扣的部分可以结转下期继续抵扣。

3. 扣减发生期进项税额的规定

(1)由于增值税实行以当期销项税额抵扣当期进项税额的"购进扣税法",当期购进的货物或应税劳务如果事先并未确定将用于非生产经营项目,其进项税额会在当期销项税额中予以抵扣。但已抵扣进项税额的购进货物或应税劳务如果事后改变用途,用于非增值税应税项目、用于免征增值税项目、用于集体福利或者个人消费、购进货物发生非正常损失、在产品或产成品发生非正常损失等,应当将该项购进货物或者应税劳务的进项税额从当期的进项税额中扣减;无法确定该项进项税额的,按当期实际成本计算应扣减的进项税额。其计算公式如下：

$$实际成本＝进价＋运费＋保险费＋其他有关费用$$

前述实际成本的计算公式，如果属于进口货物是完全适用的；如果是国内购进的货物，主要包括进价和运费两大部分。

（2）在发生进货退出或折让并收回价款和增值税额时，应相应减少当期进项税额。对于纳税人进货退出或折让而不扣减当期进项税额，造成不纳税或少纳税的，都将被认定为是偷税行为，并按偷税予以处罚。

（3）向供货方取得返还收入的税务处理。自2004年7月1日起，对商业企业向供货方收取的与商品销售量、销售额挂钩（如以一定比例、金额、数量计算）的各种返还收入，均应按照平销返利行为的有关规定冲减当期增值税进项税金。应冲减进项税金的计算公式如下：

$$当期应冲减\\进项税金 = 当期取得的\\返还资金 \div \left(1+\frac{所购货物适用\\增值税税率}{}\right) \times \frac{所购货物适用\\增值税税率}{}$$

商业企业向供货方收取的各种返还收入，一律不得开具增值税专用发票。

4. 销货退回或折让涉及销项税额的税务处理

一般纳税人销售货物或者应税劳务，开具增值税专用发票后，发生销售货物退回或者折让、开票有误等情形，应按国家税务总局的规定开具红字增值税专用发票。未按规定开具红字增值税专用发票的，增值税额不得从销项税额中扣减。

纳税人在货物购销活动中，因货物质量、规格等原因常会发生销货退回或销售折让的情况。由于销货退回或折让不仅涉及销货价款或折让价款的退回，还涉及增值税的退回，这样，销货方和购货方应相应对当期的销项税额或进项税额进行调整。

5. 一般纳税人注销时进项税额的处理

一般纳税人注销或取消辅导期一般纳税人资格，转为小规模纳税人时，其存货不作进项税额转出处理，其留抵税额也不予以退税。

6. 纳税人欠缴增值税，又有留抵税额的

纳税人欠缴增值税，又有留抵税额的，应以期末留抵税额抵减欠税。应按欠税发生时间逐笔抵扣，先发生的先抵。抵缴的欠税包括呆账税金及欠税滞纳金。

7. 简易计税方法

按照销售额和增值税征收率计算的增值税额，不得抵扣进项税额。应纳税额计算公式如下：

$$应纳税额＝销售额×征收率$$

简易计税方法的销售额不包括其应纳税额，纳税人采用销售额和应纳税额合并定价方法的，按照下列公式计算销售额：

$$销售额＝含税销售额÷(1＋征收率)$$

纳税人适用简易计税方法计税的，因销售折让、中止或者退回而退还给购买方的销售额，应当从当期销售额中扣减。扣减当期销售额后仍有余额造成多缴的税款，可以从以后的

应纳税额中扣减。

8. 简易计税方法适用范围

"营改增"小规模纳税人简易计税项目一览表如下。

"营改增"小规模纳税人简易计税项目一览表

业务项目	政策	发票开具
一、跨县(市)提供建筑服务		
跨县(市)提供建筑服务	应以取得的全部价款和价外费用扣除支付的分包款后的余额为销售额,按照3%的征收率计算应纳税额。纳税人应按照上述计税方法在建筑服务发生地预缴税款后,向机构所在地主管税务机关进行纳税申报	可向建筑服务发生地主管国税机关申请代开增值税专用发票
二、销售不动产		
(一)小规模纳税人销售其取得(不含自建)的不动产(不含个体工商户销售购买的住房和其他个人销售不动产)	应以取得的全部价款和价外费用减去该项不动产购置原价或者取得不动产时的作价后的余额为销售额,按照5%的征收率计算应纳税额。纳税人应按照上述计税方法在不动产所在地预缴税款后,向机构所在地主管税务机关进行纳税申报	可向不动产所在地主管地税机关申请代开增值税发票
(二)小规模纳税人销售其自建的不动产	应以取得的全部价款和价外费用为销售额,按照5%的征收率计算应纳税额。纳税人应按照上述计税方法在不动产所在地预缴税款后,向机构所在地主管税务机关进行纳税申报	可向不动产所在地主管地税机关申请代开增值税发票
(三)房地产开发企业中的小规模纳税人	销售自行开发的房地产项目,按照5%的征收率计税	可向机构所在地主管国税机关申请代开增值税专用发票
(四)个体工商户销售购买的住房	应按照《营业税改征增值税试点过渡政策的规定》第五条的规定征免增值税。纳税人应按照上述计税方法在不动产所在地主管地税机关预缴税款后,向机构所在地主管国税机关进行纳税申报	可向住房所在地主管地税机关申请代开增值税发票
(五)其他个人转让其购买的住房	应按照《营业税改征增值税试点过渡政策的规定》第五条的规定征免增值税	可向住房所在地主管地税机关申请代开增值税发票
(六)其他个人销售其取得(不含自建)的不动产(不含其购买的住房)	应以取得的全部价款和价外费用减去该项不动产购置原价或者取得不动产时的作价后的余额为销售额,按照5%的征收率计算应纳税额	可以由不动产所在地主管地税机关代开增值税专用发票
三、租赁不动产		
(一)小规模纳税人出租其取得的不动产(不含个人出租住房)	应按照5%的征收率计算应纳税额。纳税人出租与机构所在地不在同一县(市)的不动产,应按照上述计税方法在不动产所在地预缴税款后,向机构所在地主管税务机关进行纳税申报	可以由不动产所在地主管国税机关代开增值税专用发票
(二)其他个人出租其取得的不动产(不含住房)	应按照5%的征收率计算应纳税额	可以由不动产所在地主管国税机关代开增值税专用发票
(三)个人出租住房	应按照5%的征收率减按1.5%计算应纳税额	可以由住房所在地主管地税机关代开增值税专用发票

一般纳税人发生的特定应税行为可以选择适用简易计税方法,也可以选择一般计税方法。具体项目详见下表。

"营改增"一般纳税人简易计税项目一览表

业务项目	政策	发票开具
一、一般纳税人发生的下列应税行为		
1.公共交通运输服务	可以选择适用简易计税方法计税	
2.经认定的动漫企业为开发动漫产品提供的动漫设计、制作等服务及在境内转让动漫版权	可以选择适用简易计税方法计税	
3.电影放映服务、仓储服务、装卸搬运服务、收派服务和文化体育服务	可以选择适用简易计税方法计税	
4.以纳入"营改增"试点之日前取得的有形动产为标的物提供的经营租赁服务	可以选择适用简易计税方法计税	
5.在纳入"营改增"试点之日前签订的尚未执行完毕的有形动产租赁合同	可以选择适用简易计税方法计税	
6.以清包工方式提供的建筑服务	可以选择适用简易计税方法计税	
7.为甲供工程提供的建筑服务	可以选择适用简易计税方法计税	
8.为建筑工程老项目提供的建筑服务	可以选择适用简易计税方法计税	
9.公路经营企业收取试点前开工的高速公路的车辆通行费	可减按3%的征收率计算应纳税额	可以自行开具增值税专用发票
10.跨县(市)提供建筑服务	选择适用简易计税方法计税的,应以全部价款和价外费用扣除支付的分包款后的余额为销售额,按照3%的征收率在建筑服务发生地预缴税款	
二、一般纳税人销售不动产		
11.一般纳税人销售其2016年4月30日前取得(不含自建)的不动产	可以选择适用简易计税方法,以取得的全部价款和价外费用减去该项不动产购置原价或者取得不动产时的作价,按照5%的征收率在不动产所在地预缴税款,向机构所在地主管税务机关进行纳税申报	
12.一般纳税人销售其2016年4月30日前自建的不动产	可以选择适用简易计税方法,以取得的全部价款和价外费用为销售额,按照5%的征收率在不动产所在地预缴税款,向机构所在地主管税务机关进行纳税申报	
13.房地产开发企业中的一般纳税人,销售自行开发的房地产老项目	可以选择适用简易计税方法按照5%的征收率计税	
三、一般纳税人租赁不动产		
14.一般纳税人出租其2016年4月30日前取得的不动产	可以选择适用简易计税方法,按照5%的征收率计算应纳税额。纳税人出租其2016年4月30日前取得的与机构所在地不在同一县(市)的不动产,应按照上述计税方法在不动产所在地预缴税款	

注意：一般纳税人选择按照简易办法计算缴纳增值税后，36 个月内不得变更。

原增值税纳税人适用的简易征收项目如下。

原增值税纳税人简易计税项目一览表

业务项目	政策	发票开具
（一）纳税人销售自己使用过的物品		
1.一般纳税人销售自己使用过的 2008 年 12 月 31 日以前购进或者自制的固定资产	按简易办法依 3% 征收率减按 2% 征收增值税	应开具普通发票，不得开具增值税专用发票
销售自己使用过的 2009 年 1 月 1 日以后购进或者自制的固定资产	按照适用税率征收增值税	可以开具增值税专用发票
销售自己使用过的除固定资产以外的物品	应当按照适用税率征收增值税	可以开具增值税专用发票
2.小规模纳税人销售自己使用过的固定资产	按照 3% 征收率减按 2% 征收增值税	应开具普通发票，不得由税务机关代开增值税专用发票
3.小规模纳税人销售自己使用过的除固定资产以外的物品	应按 3% 的征收率征收增值税	可向主管税务机关代开增值税专用发票
（二）纳税人销售旧货		
1.一般纳税人销售旧货	按照简易办法依照 3% 征收率减按 2% 征收增值税	应开具普通发票，不得自行开具或者由税务机关代开增值税专用发票
2.小规模纳税人销售旧货	按照 3% 征收率减按 2% 征收增值税	应开具普通发票，不得由税务机关代开增值税专用发票
（三）一般纳税人销售自产的下列货物		
1.县级及县级以下小型水力发电单位生产的电力。小型水力发电单位，是指各类投资主体建设的装机容量为 5 万千瓦以下（含 5 万千瓦）的小型水力发电单位	依照 3% 征收率征收	可自行开具增值税专用发票
2.建筑用和生产建筑材料所用的砂、土、石料	依照 3% 征收率征收	可自行开具增值税专用发票
3.以自己采掘的砂、土、石料或其他矿物连续生产的砖、瓦、石灰（不含粘土实心砖、瓦）	依照 3% 征收率征收	可自行开具增值税专用发票
4.用微生物、微生物代谢产物、动物毒素、人或动物的血液或组织制成的生物制品	依照 3% 征收率征收	可自行开具增值税专用发票
5.自来水	依照 3% 征收率征收	可自行开具增值税专用发票
6.商品混凝土（仅限于以水泥为原料生产的水泥混凝土）	依照 3% 征收率征收	可自行开具增值税专用发票
（四）一般纳税人销售货物属于下列情形		
1.寄售商店代销寄售物品（包括居民个人寄售的物品在内）	依照 3% 征收率征收	可自行开具增值税专用发票
2.典当业销售死当物品	依照 3% 征收率征收	可自行开具增值税专用发票
3.一般纳税人的自来水公司销售自来水	依照 3% 征收率征收	可自行开具增值税专用发票
4.拍卖行取得的拍卖收入	按照 3% 的征收率征收增值税	可自行开具增值税专用发票
5.一般纳税人的单采血浆站销售供应非临床用血	按照简易办法依照 3% 征收率计算	

【实训指导】

纳税申报资料包括纳税申报表及其附列资料和纳税申报其他资料。

纳税申报表及其附列资料：

（1）增值税一般纳税人（简称一般纳税人）纳税申报表及其附列资料包括：

① 增值税纳税申报表（一般纳税人适用）。

② 增值税纳税申报表附列资料（一）（本期销售情况明细）。

③ 增值税纳税申报表附列资料（二）（本期进项税额明细）。

④ 增值税纳税申报表附列资料（三）（应税服务扣除项目明细）。

一般纳税人提供应税服务，在确定应税服务销售额时，按照有关规定可以从取得的全部价款和价外费用中扣除价款的，需填报"增值税纳税申报表附列资料（三）"。其他情况不填写该附列资料。

⑤ 增值税纳税申报表附列资料（四）（税收抵减情况表）。

⑥ 固定资产进项税额抵扣情况表。

（2）增值税小规模纳税人（简称小规模纳税人）纳税申报表及其附列资料包括：

① 增值税纳税申报表（小规模纳税人适用）。

② 增值税纳税申报表（小规模纳税人适用）附列资料。

小规模纳税人提供应税服务，在确定应税服务销售额时，按照有关规定可以从取得的全部价款和价外费用中扣除价款的，需填报"增值税纳税申报表（小规模纳税人适用）附列资料"。其他情况不填写该附列资料。

纳税申报其他资料：

（1）已开具的税控"机动车销售统一发票"和普通发票的存根联。

（2）符合抵扣条件且在本期申报抵扣的防伪税控"增值税专用发票""货物运输业增值税专用发票"、税控"机动车销售统一发票"的抵扣联。

按规定仍可以抵扣且在本期申报抵扣的"公路、内河货物运输业统一发票"的抵扣联。

（3）符合抵扣条件且在本期申报抵扣的海关进口增值税专用缴款书、购进农产品取得的普通发票、铁路运输费用结算单据的复印件。

按规定仍可以抵扣且在本期申报抵扣的其他运输费用结算单据的复印件。

（4）符合抵扣条件且在本期申报抵扣的中华人民共和国税收缴款凭证及其清单，书面合同、付款证明和境外单位的对账单或者发票。

（5）已开具的农产品收购凭证的存根联或报查联。

（6）纳税人提供应税服务，在确定应税服务销售额时，按照有关规定从取得的全部价款和价外费用中扣除价款的合法凭证及其清单。

（7）主管税务机关规定的其他资料。

纳税申报表及其附列资料为必报资料。纳税申报其他资料的报备要求由各省、自治区、直辖市和计划单列市国家税务局确定。

"增值税纳税申报表（一般纳税人适用）"及其附列资料如下：

增值税纳税申报表
（一般纳税人适用）

根据国家税收法律法规及增值税相关规定制定本表。纳税人不论有无销售额,均应按税务机关核定的纳税期限填写本表,并向当地税务机关申报。

税款所属期:自 年 月 日至 年 月 日　　填表日期: 年 月 日　　金额单位:元至角分

纳税人识别号				所属行业			
纳税人名称		（公章）法定代表人姓名		注册地址		生产经营地址	
开户银行及账号		登记注册类型				电话号码	

项　目	栏　次	一般货物、劳务和应税服务		即征即退货物、劳务和应税服务	
		本月数	本年累计	本月数	本年累计
销售额 （一）按适用税率计税销售额	1				
其中:应税货物销售额	2				
应税劳务销售额	3				
纳税检查调整的销售额	4				
（二）按简易办法计税销售额	5				
其中:纳税检查调整的销售额	6				
（三）免、抵、退办法出口销售额	7		—		—
（四）免税销售额	8				
其中:免税货物销售额	9				
免税劳务销售额	10				
税款计算 销项税额	11				
进项税额	12				
上期留抵税额	13				
进项税额转出	14				
免、抵、退应退税额	15		—		—
按适用税率计算的纳税检查应补缴税额	16				
应抵扣税额合计	17=12+13－14－15+16		—		—
实际抵扣税额	18(如 17<11,则为 17,否则为 11)				
应纳税额	19=11－18				
期末留抵税额	20=17－18				
简易计税办法计算的应纳税额	21				
按简易计税办法计算的纳税检查应补缴税额	22				
应纳税额减征额	23				
应纳税额合计	24=19+21－23				
税款缴纳 期初未缴税额(多缴为负数)	25				
实收出口开具专用缴款书退税额	26		—		—
本期已缴税额	27=28+29+30+31				
①分次预缴税额	28		—		—
②出口开具专用缴款书预缴税额	29				
③本期缴纳上期应纳税额	30				
④本期缴纳欠缴税额	31				

（续表）

项 目		栏 次	一般货物、劳务和应税服务		即征即退货物、劳务和应税服务	
			本月数	本年累计	本月数	本年累计
税款缴纳	期末未缴税额(多缴为负数)	32=24+25+26-27				
	其中:欠缴税额(≥0)	33=25+26-27				
	本期应补(退)税额	34=24-28-29			—	—
	即征即退实际退税额	35				
	期初未缴查补税额	36				—
	本期入库查补税额	37				—
	期末未缴查补税额	38=16+22+36-37				—

授权声明	如果你已委托代理人申报,请填写下列资料: 为代理一切税务事宜,现授权 (地址)　　　　　为本纳税人的代理申报人,任何与本申报表有关的往来文件,都可寄予此人。 　　　　授权人(签字):	申报声明	本纳税申报表是根据国家税收法律法规及相关规定填报的,我确定它是真实的、可靠的、完整的。 　　　　声明人(签字):

增值税纳税申报表附列资料(一)

(本期销售情况明细)

税款所属期:　　年　月　日至　　年　月　日

纳税人名称:(公章)　　　　　　　　　　　　　　　　　　　金额单位:元至角分

项目及栏次			开具税控增值税专用发票		开具其他发票		未开具发票		纳税检查调整		合计			应税服务扣除项目本期实际扣除金额	扣除后	
			销售额	销项(应纳)税额	销售额	销项(应纳)税额	销售额	销项(应纳)税额	销售额	销项(应纳)税额	销售额	销项(应纳)税额	价税合计		含税(免税)销售额	销项(应纳)税额
			1	2	3	4	5	6	7	8	9=1+3+5+7	10=2+4+6+8	11=9+10	12	13=11-12	14=13+(100%+税率或征收率)×税率或征收率
一、一般计税方法计税	全部征税项目	17%税率的货物及加工修理修配劳务 1														—
		17%税率的有形动产租赁服务 2														—
		13%税率 3														—
		11%税率 4														
		6%税率 5														

（续表）

项目及栏次			开具税控增值税专用发票		开具其他发票		未开具发票		纳税检查调整		合计			应税服务扣除项目本期实际扣除金额	扣除后	
			销售额	销项（应纳）税额	销售额	销项（应纳）税额	销售额	销项（应纳）税额	销售额	销项（应纳）税额	销售额	销项（应纳）税额	价税合计		含税（免税）销售额	销项（应纳）税额
			1	2	3	4	5	6	7	8	9＝1＋3＋5＋7	10＝2＋4＋6＋8	11＝9＋10	12	13＝11－12	14＝13＋(100%＋税率或征收率)×税率或征收率
一、一般计税方法计税	其中：即征即退项目	即征即退货物及加工修理修配劳务 6											—	—	—	—
		即征即退应税服务 7														
二、简易计税方法计税	全部征税项目	6%征收率 8							—	—				—	—	—
		5%征收率 9							—	—				—	—	—
		4%征收率 10							—	—				—	—	—
		3%征收率的货物及加工修理修配劳务 11														
		3%征收率的应税服务 12							—	—						
		预征率% 13														
	其中：即征即退项目	即征即退货物及加工修理修配劳务 14											—	—	—	—
		即征即退应税服务 15														
三、免抵退税		货物及加工修理修配劳务	—		—		—		—		—			—	—	—
		应税服务	—		—		—		—		—			—	—	—
四、免税		货物及加工修理修配劳务	—		—		—		—		—			—	—	—
		应税服务	—		—		—		—		—			—	—	—

增值税纳税申报表附列资料(二)

(本期进项税额明细)

税款所属期：　年　月　日至　年　月　日

纳税人名称(公章)：　　　　　　　　　　　　　　　　　　金额单位:元至角分

一、申报抵扣的进项税额				
项　目	栏次	份数	金额	税　额
(一)认证相符的税控增值税专用发票	1=2+3			
其中:本期认证相符且本期申报抵扣	2			
前期认证相符且本期申报抵扣	3			
(二)其他扣税凭证	4=5+6+7+8			
其中:海关进口增值税专用缴款书	5			
农产品收购发票或者销售发票	6			
代扣代缴税收缴款凭证	7	—		
运输费用结算单据	8			
	9	—	—	—
	10			
(三)外贸企业进项税额抵扣证明	11	—	—	
当期申报抵扣进项税额合计	12=1+4+11			
二、进项税额转出额				
项　目	栏次		税　额	
本期进项税转出额	13=14至23之和			
其中:免税项目用	14			
非应税项目用、集体福利、个人消费	15			
非正常损失	16			
简易计税方法征税项目用	17			
免抵退税办法不得抵扣的进项税额	18			
纳税检查调减进项税额	19			
红字专用发票通知单注明的进项税额	20			
上期留抵税额抵减欠税	21			
上期留抵税额退税	22			
其他应作进项税额转出的情形	23			
三、待抵扣进项税额				
项　目	栏次	份数	金额	税　额
(一)认证相符的税控增值税专用发票	24	—	—	—
期初已认证相符但未申报抵扣	25			
本期认证相符且本期未申报抵扣	26			
期末已认证相符但未申报抵扣	27			
其中:按照税法规定不允许抵扣	28			

（续表）

项　目	栏次	份数	金额	税　额
（二）其他扣税凭证	29＝30至33之和			
其中:海关进口增值税专用缴款书	30			
农产品收购发票或者销售发票	31			
代扣代缴税收缴款凭证	32			
运输费用结算单据	33			
	34			

四、其他

项　目	栏　次	份数	金额	税　额
本期认证相符的税控增值税专用发票	35			
代扣代缴税额	36	—	—	

增值税纳税申报表附列资料（三）

（应税服务扣除项目明细）

纳税人名称（公章）：　　　税款所属期：　　　年　月　日至　年　月　日　　　金额单位:元至角分

项目及栏次	本期应税服务价税合计额（免税销售额）	应税服务扣除项目				
		期初余额	本期发生额	本期应扣除金额	本期实际扣除金额	期末余额
	1	2	3	4＝2＋3	5(5<1且5<4)	6＝4−5
17%税率的有形动产租赁服务						
11%税率的应税服务						
6%税率的应税服务						
3%征收率的应税服务						
免抵退税的应税服务						
免税的应税服务						

增值税纳税申报表附列资料（四）

（税额抵减情况表）

税款所属期：　　　年　月　日至　年　月　日

纳税人名称（公章）：　　　　　　　　　金额单位:元至角分

序号	抵减项目	期初余额	本期发生额	本期应抵减税额	本期实际抵减税额	期末余额
		1	2	3＝1＋2	4<3	5＝34
1	增值税税控系统专用设备费及技术维护费					
2	分支机构预征缴纳税款					
3						

固定资产进项税额抵扣情况表

纳税人名称(公章):　　　　　填表日期: 年 月 日　　　　　金额单位:元至角分

项　目	当期申报抵扣的固定资产进项税额	申报抵扣的固定资产进项税额累计
增值税专用发票		
海关进口增值税专用缴款书		
合　计		

填表说明

《增值税纳税申报表(一般纳税人适用)》及其附列资料(简称本表及填写说明)适用于增值税一般纳税人(简称纳税人)。

1. 名词解释。

(1) 本表及填写说明所称"应税货物",是指增值税的应税货物。

(2) 本表及填写说明所称"应税劳务",是指增值税的应税加工、修理、修配劳务。

(3) 本表及填写说明所称"应税服务",是指营业税改征增值税的应税服务。

(4) 本表及填写说明所称"按适用税率计税""按适用税率计算"和"一般计税方法",均指按"应纳税额＝当期销项税额－当期进项税额"公式计算增值税应纳税额的计税方法。

(5) 本表及填写说明所称"按简易办法计税""按简易征收办法计算"和"简易计税方法",均指按"应纳税额＝销售额×征收率"公式计算增值税应纳税额的计税方法。

(6) 本表及填写说明所称"应税服务扣除项目",是指纳税人提供应税服务,在确定应税服务销售额时,按照有关规定允许其从取得的全部价款和价外费用中扣除价款的项目。

(7) 本表及填写说明所称"税控增值税专用发票",包括以下三种:

① 增值税防伪税控系统开具的防伪税控"增值税专用发票"。

② 货物运输业增值税专用发票税控系统开具的"货物运输业增值税专用发票"。

③ 机动车销售统一发票税控系统开具的税控"机动车销售统一发票"。

2. 《增值税纳税申报表(一般纳税人适用)》填写说明。

(1) "税款所属期":指纳税人申报的增值税应纳税额的所属时间,应填写具体的起止年、月、日。

(2) "填表日期":指纳税人填写本表的具体日期。

(3) "纳税人识别号":填写纳税人的税务登记证号码。

(4) "所属行业":按照国民经济行业分类与代码中的小类行业填写。

(5) "纳税人名称":填写纳税人单位名称全称。

(6) "法定代表人姓名":填写纳税人法定代表人的姓名。

(7) "注册地址":填写纳税人税务登记证所注明的详细地址。

(8) "生产经营地址":填写纳税人实际生产经营地的详细地址。

(9) "开户银行及账号":填写纳税人开户银行的名称和纳税人在该银行的结算账户号码。

(10) "登记注册类型":按纳税人税务登记证的栏目内容填写。

(11) "电话号码":填写可联系到纳税人的常用电话号码。

(12) "即征即退货物、劳务和应税服务"列:填写纳税人按规定享受增值税即征即退政策的货物、劳务和应税服务的征(退)税数据。

(13) "一般货物、劳务和应税服务"列:填写除享受增值税即征即退政策以外的货物、劳务和应税务的征(免)税数据。

(14) "本年累计"列:一般填写本年度内各月"本月数"之和。其中,第13、20、25、32、36、38栏及第18栏"实际抵扣税额""一般货物、劳务和应税服务"列的"本年累计"分别按本填写说明第(27)(34)(39)(46)(50)(52)(32)条要求填写。

(15) 第1栏"(一)按适用税率计税销售额":填写纳税人本期按一般计税方法计算缴纳增值税的销售额,包含:在财务上不作销售但按税法规定应缴纳增值税的视同销售和价外费用的销售额;外贸企业作价销售进料加工复出口货物的销售额;税务、财政、审计部门检查后按一般计税方法计算调整的销售额。

营业税改征增值税的纳税人,应税服务有扣除项目的,本栏应填写扣除之前的不含税销售额。

本栏"一般货物、劳务和应税服务"列"本月数"＝"附列资料(一)"第9列第1至行之和－第9列第6、7行之和;本栏

"即征即退货物、劳务和应税服务"列"本月数"＝"附列资料（一）"第9列第6、7行之和。

（16）第2栏"其中：应税货物销售额"：填写纳税人本期按适用税率计算增值税的应税货物的销售额。包含在财务上不作销售但按税法规定应缴纳增值税的视同销售货物和价外费用销售额，以及外贸企业作价销售进料加工复出口货物的销售额。

（17）第3栏"应税劳务销售额"：填写纳税人本期按适用税率计算增值税的应税劳务的销售额。

（18）第4栏"纳税检查调整的销售额"：填写纳税人因税务、财政、审计部门检查，并按一般计税方法在本期计算调整的销售额。但享受增值税即征即退政策的货物、劳务和应税服务，经纳税检查发现偷税的，不填入"即征即退货物、劳务和应税服务"列，而应填入"一般货物、劳务和应税服务"列。

营业税改征增值税的纳税人，应税服务有扣除项目的，本栏应填写扣除之前的不含税销售额。

本栏"一般货物、劳务和应税服务"列"本月数"＝"附列资料（一）"第7列第1至行之和。

（19）第5栏"（二）按简易办法计税销售额"：填写纳税人本期按简易计税方法计算增值税的销售额。包含纳税检查调整按简易计税方法计算增值税的销售额。

营业税改征增值税的纳税人，应税服务有扣除项目的，本栏应填写扣除之前的不含税销售额；应税服务按规定汇总计算缴纳增值税的分支机构，其当期按预征率计算缴纳增值税的销售额也填入本栏。

本栏"一般货物、劳务和应税服务"列"本月数"≥"附列资料（一）"第9列第8至13行＜和－第9列第14、15行之和；本栏"即征即退货物、劳务和应税服务"列"本月数"≥"附列资料（一）"第9列第14、15行之和。

（20）第6栏"其中：纳税检查调整的销售额"：填写纳税人因税务、财政、审计部门检查，并按简易计税方法在本期计算调整的销售额。但享受增值税即征即退政策的货物、劳务和应税服务，经纳税检查发现偷税的，不填入"即征即退货物、劳务和应税服务"列，而应填入"一般货物、劳务和应税服务"列。

营业税改征增值税的纳税人，应税服务有扣除项目的，本栏目填写扣除之前的不含税销售额。

（21）第7栏"（三）免、抵、退办法出口销售额"：填写纳税人本期适用免、抵、退税办法的出口货物、劳务和应税服务的销售额。

营业税改征增值税的纳税人，应税服务有扣除项目的，本栏应填写扣除之前的销售额。本栏"一般货物、劳务和应税服务"列"本月数"＝"附列资料（一）"第9列第16、17行之和。

（22）第8栏"（四）免税销售额"：填写纳税人本期按照税法规定免征增值税的销售额和适用零税率的销售额，但零税率的销售额中不包括适用免、抵、退税办法的销售额。

营业税改征增值税的纳税人，应税服务有扣除项目的，本栏应填写扣除之前的免税销售额。

本栏"一般货物、劳务和应税服务"列"本月数"＝"附列资料（一）"第9列第18、19行之和。

（23）第9栏"其中：免税货物销售额"：填写纳税人本期按照税法规定免征增值税的货物销售额及适用零税率的货物销售额，但零税率的销售额中不包括适用免、抵、退税办法出口货物的销售额。

（24）第10栏"免税劳务销售额"：填写纳税人本期按照税法规定免征增值税的劳务销售额及适用零税率的劳务销售额，但零税率的销售额中不包括适用免、抵、退税办法的劳务的销售额。

（25）第11栏"销项税额"：填写纳税人本期按一般计税方法计税的货物、劳务和应税服务的销项税额。

营业税改征增值税的纳税人，应税服务有扣除项目的，本栏应填写扣除之后的销项税额。

本栏"一般货物、劳务和应税服务"列"本月数"＝"附列资料（一）"（第10列第1行之和－第10列第6行）＋（第14列第2、4、5行之和－第14列第7行）。

本栏"即征即退货物、劳务和应税服务"列"本月数"＝"附列资料（一）"第10列第6行＋第14列第7行。

（26）第12栏"进项税额"：填写纳税人本期申报抵扣的进项税额。

本栏"一般货物、劳务和应税服务"列"本月数"＋"即征即退货物、劳务和应税服务"列"本月数"＝"附列资料（二）"第12栏"税额"。

（27）第13栏"上期留抵税额"。

一是上期留抵税额按规定须挂账的纳税人，按以下要求填写本栏的"本月数"和"本年累计"。

上期留抵税额按规定须挂账的纳税人是指试点实施之日前一个税款所属期的申报表第20栏"期末留抵税额""一般货物及劳务"列"本月数"大于零，且兼有营业税改征增值税应税服务的纳税人（下同）。其试点实施之日前一个税款所属期的申报表第20栏"期末留抵税额""一般货物及劳务"列"本月数"，以下称为货物和劳务挂账留抵税额。

①本栏"一般货物、劳务和应税服务"列"本月数"：试点实施之日的税款所属期填"0"；以后各期按上期申报表第20栏"期末留抵税额""一般货物、劳务和应税服务"列"本月数"填写。

② 本栏"一般货物、劳务和应税服务"列"本年累计"：反映货物和劳务挂账留抵税额本期期初余额。试点实施之日的税款所属期按试点实施之日前一个税款所属期的申报表第 20 栏"期末留抵税额""一般货物及劳务"列"本月数"填写；以后各期按上期申报表第 20 栏"期末留抵税额""一般货物、劳务和应税服务"列"本年累计"填写。

③ 本栏"即征即退货物、劳务和应税服务"列"本月数"：按上期申报表第 20 栏"期末留抵税额""即征即退货物、劳务和应税服务"列"本月数"填写。

其他纳税人，按以下要求填写本栏"本月数"和"本年累计"。

二是其他纳税人是指除上期留抵税额按规定须挂账的纳税人之外的纳税人(下同)。

① 本栏"一般货物、劳务和应税服务"列"本月数"：按上期申报表第 20 栏"期末留抵税额""一般货物、劳务和应税服务"列"本月数"填写。

② 本栏"一般货物、劳务和应税服务"列"本年累计"：填写"0"。

③ 本栏"即征即退货物、劳务和应税服务"列"本月数"：按上期申报表第 20 栏"期末留抵税额""即征即退货物、劳务和应税服务"列"本月数"填写。

(28) 第 14 栏"进项税额转出"：填写纳税人已经抵扣，但按税法规定本期应转出的进项税。

本栏"一般货物、劳务和应税服务"列"本月数"＋"即征即退货物、劳务和应税服务"列"本月数"＝"附列资料(二)"第 13 栏"税额"。

(29) 第 15 栏"免、抵、退应退税额"：反映税务机关退税部门按照出口货物、劳务和应税服务免、抵、退办法审批的增值税应退税额。

(30) 第 16 栏"按适用税率计算的纳税检查应补缴税额"：填写税务、财政、审计部门检查，按一般计税方法计算的纳税检查应补缴的增值税额。

本栏"一般货物、劳务和应税服务"列"本月数"≤"附列资料(一)"第 8 列第 1 至 5 行之和＋"附列资料(二)"第 19 栏。

(31) 第 17 栏"应抵扣税额合计"：填写纳税人本期应抵扣进项税额的合计数。按表中所列公式计算填写。

(32) 第 18 栏"实际抵扣税额"。

一是上期留抵税额按规定须挂账的纳税人，按以下要求填写本栏的"本月数"和"本年累计"：

① 本栏"一般货物、劳务和应税服务"列"本月数"：按表中所列公式计算填写。

② 本栏"一般货物、劳务和应税服务"列"本年累计"：填写货物和劳务挂账留抵税额本期实际抵减一般货物和劳务应纳税额的数额。将"货物和劳务挂账留抵税额本期期初余额"与"一般计税方法的一般货物及劳务应纳税额"两个数据相比较，取二者中小的数据。

其中：货物和劳务挂账留抵税额本期期初余额＝第 13 栏"上期留抵税额""一般货物、劳务和应税服务"列"本年累计"。

一般计税方法的一般货物及劳务应纳税额＝(第 11 栏"销项税额""一般货物、劳务和应税服务"列"本月数"－第 18 栏"实际抵扣税额""一般货物、劳务和应税服务"列"本月数")×一般货物及劳务销项税额比例。

一般货物及劳务销项税额比例＝["附列资料(一)"第 10 列第 1,3 行之和－第 10 列第 6 行]÷第 11 栏"销项税额""一般货物、劳务和应税服务"列"本月数"×100%。

③ 本栏"即征即退货物、劳务和应税服务"列"本月数"：按表中所列公式计算填写。

二是其他纳税人，按以下要求填写本栏的"本月数"和"本年累计"：

① 本栏"一般货物、劳务和应税服务"列"本月数"：按表中所列公式计算填写。

② 本栏"一般货物、劳务和应税服务"列"本年累计"：填写"0"。

③ 本栏"即征即退货物、劳务和应税服务"列"本月数"：按表中所列公式计算填写。

(33) 第 19 栏"应纳税额"：反映纳税人本期按一般计税方法计算并应缴纳的增值税额。按以下公式计算填写：

一是本栏"一般货物、劳务和应税服务"列"本月数"＝第 11 栏"销项税额""一般货物、劳务和应税服务"列"本月数"－第 18 栏"实际抵扣税额""一般货物、劳务和应税服务"列"本月数"－第 18 栏"实际抵扣税额""一般货物、劳务和应税服务"列"本年累计"。

二是本栏"即征即退货物、劳务和应税服务"列"本月数"＝第 11 栏"销项税额""即征即退货物、劳务和应税服务"列"本月数"－第 18 栏"实际抵扣税额""即征即退货物、劳务和应税服务"列"本月数"。

(34) 第 20 栏"期末留抵税额"。

一是上期留抵税额按规定须挂账的纳税人，按以下要求填写本栏的"本月数"和"本年累计"。

① 本栏"一般货物、劳务和应税服务"列"本月数"：反映试点实施以后，一般货物、劳务和应税服务共同形成的留抵税

额。按表中所列公式计算填写。

② 本栏"一般货物、劳务和应税服务"列"本年累计":反映货物和劳务挂账留抵税额,在试点实施以后抵减一般货物和劳务应纳税额后的余额。按以下公式计算填写。

本栏"一般货物、劳务和应税服务"列"本年累计"=第13栏"上期留抵税额""一般货物、劳务和应税服务"列"本年累计"—第18栏"实际抵扣税额""一般货物、劳务和应税服务"列"本年累计"。

③ 本栏"即征即退货物、劳务和应税服务"列"本月数":按表中所列公式计算填写。

二是其他纳税人,按以下要求填写本栏"本月数"和"本年累计"。

① 本栏"一般货物、劳务和应税服务"列"本月数":按表中所列公式计算填写。

② 本栏"一般货物、劳务和应税服务"列"本年累计":填写"0"。

③ 本栏"即征即退货物、劳务和应税服务"列"本月数":按表中所列公式计算填写。

(35)第21栏"简易计税办法计算的应纳税额":反映纳税人本期按简易计税方法计算并应缴纳的增值税额,但不包括按简易计税方法计算的纳税检查应补缴税额。按以下公式计算填写:

本栏"一般货物、劳务和应税服务"列"本月数"="附列资料(一)"(第10列第8至11行之和—第10列第14行)+(第14列第12行至13行之和—第14列第15行)。

本栏"即征即退货物、劳务和应税服务"列"本月数"="附列资料(一)"第10列第14行+第14列第15行。

营业税改征增值税的纳税人,应税服务按规定汇总计算缴纳增值税的分支机构,应将预征增值税额填入本栏。预征增值税额=应预征增值税的销售额×预征率。

(36)第22栏"按简易计税办法计算的纳税检查应补缴税额":填写纳税人本期因税务、财政、审计部门检查并按简易计税方法计算的纳税检查应补缴税额。

(37)第23栏"应纳税额减征额":填写纳税人本期按照税法规定减征的增值税应纳税额。包含按照规定可在增值税应纳税额中全额抵减的增值税税控系统专用设备费用以及技术维护费。

当本期减征额小于或等于第19栏"应纳税额"与第21栏"简易计税办法计算的应纳税额"之和时,按本期减征额实际填写;当本期减征额大于第19栏"应纳税额"与第21栏"简易计税办法计算的应纳税额"之和时,按本期第19栏与第21栏之和填写。本期减征额不足抵减部分结转下期继续抵减。

(38)第24栏"应纳税额合计":反映纳税人本期应缴增值税的合计数。按表中所列公式计算填写。

(39)第25栏"期初未缴税额(多缴为负数)":"本月数"按上一税款所属期申报表第32栏"期末未缴税额(多缴为负数)""本月数"填写。"本年累计"按上年度最后一个税款所属期申报表第32栏"期末未缴税额(多缴为负数)""本年累计"填写。

(40)第26栏"实收出口开具专用缴款书退税额":本栏不填写。

(41)第27栏"本期已缴税额":反映纳税人本期实际缴纳的增值税额,但不包本期入库的查补税款。按表中所列公式计算填写。

(42)第28栏"①分次预缴税额":填写纳税人本期已缴纳的准予在本期增值税应纳税额中抵减的税额。

营业税改征增值税的纳税人,应税服务按规定汇总计算缴纳增值税的总机构,其可以从本期增值税应纳税额中抵减的分支机构已缴纳的税款,按当期实际可抵减数填入本栏,不足抵减部分结转下期继续抵减。

(43)第29栏"②出口开具专用缴款书预缴税额":本栏不填写。

(44)第30栏"③本期缴纳上期应纳税额":填写纳税人本期缴纳上一税款所属期应缴未缴的增值税额。"

(45)第31栏"④本期缴纳欠缴税额":反映纳税人本期实际缴纳和留抵税额抵减的增值税欠税额,但不包括缴纳入库的查补增值税额。

(46)第32栏"期末未缴税额(多缴为负数)":"本月数"反映纳税人本期期末应缴未缴的增值税额,但不包括纳税检查应缴未缴的税款。按表中所列公式计算填写。"本年累计"与"本月数"相同。

(47)第33栏"其中:欠缴税额(≥0)":反映纳税人按照税法规定已形成欠税的增值税额。按表中所列公式计算填写。

(48)第34栏"本期应补(退)税额":反映纳税人本期应纳税额中应补缴或应退回的数额。按表中所列公式计算填写。

(49)第35栏"即征即退实际退税额":反映纳税人本期因符合增值税即征即退政策规定,而实际收到的税务机关退回的增值税额。

(50)第36栏"期初未缴查补税额":"本月数"按上一税款所属期申报表第38栏"期末未缴查补税额""本月数"填写。

"本年累计"按上年度最后一个税款所属期申报表第38栏"期末未缴查补税额""本年累计"填写。

(51)第37栏"本期入库查补税额":反映纳税人本期因税务、财政、审计部门检查而实际入库的增值税额,包括按一般计税方法计算并实际缴纳的查补增值税额和按简易计税方法计算并实际缴纳的查补增值税额。

(52)第38栏"期末未缴查补税额":"本月数"反映纳税人接受纳税检查后应在本期期末缴纳而未缴纳的查补增值税额。按表中所列公式计算填写,"本年累计"与"本月数"相同。

3.《增值税纳税申报表附列资料(一)(本期销售情况明细)》填写说明。

第一,"税款所属期""纳税人名称"的填写同主表。

第二,各列说明。

(1)第1至第2列"开具税控增值税专用发票":反映本期开具防伪税控"增值税专用发票""货物运输业增值税专用发票"和税控"机动车销售统一发票"的情况。

(2)第3至第4列"开具其他发票":反映除上述三种发票以外本期开具的其他发票的情况。

(3)第5至第6列"未开具发票":反映本期未开具发票的销售情况。

(4)第7至第8列"纳税检查调整":反映经税务、财政、审计部门检查并在本期调整的销售情况。

(5)第9至第11列"合计":按照表中所列公式填写。

营业税改征增值税的纳税人,应税服务有扣除项目的,第1至第11列应填写扣除之前的征(免)税销售额、销项(应纳)税额和价税合计额。

(6)第12列"应税服务扣除项目本期实际扣除金额":营业税改征增值税的纳税人,应税服务有扣除项目的,按"附列资料(三)"第5列对应各行次数据填写;应税服务无扣除项目的,本列填写"0"。其他纳税人不填写。

营业税改征增值税的纳税人,应税服务按规定汇总计算缴纳增值税的分支机构,当期应税服务有扣除项目的,填入本列第13行。

(7)第13列"扣除后""含税(免税)销售额":营业税改征增值税的纳税人,应税服务有扣除项目的,本列各行次=第11列对应各行次-第12列对应各行次。其他纳税人不填写。

(8)第14列"扣除后""销项(应纳)税额":营业税改征增值税的纳税人,应税服务有扣除项目的,按以下要求填写本列,其他纳税人不填写:

① 应税服务按照一般计税方法计税:

$$本列各行次=第13列÷(100\%+对应行次税率)×对应行次税率$$

本列第7行"按一般计税方法计税的即征即退应税服务"不按本列的说明填写。具体填写要求见"各行说明"第(2)条第②项第3个"·"的说明。

② 应税服务按照简易计税方法计税:

$$本列各行次=第13列÷(100\%+对应行次征收率)×对应行次征收率$$本列第13行"预征率%"不按本列的说明填写。具体填写要求见"各行说明"第(4)条第②项。

③ 应税服务实行免抵退税或免税的,本列不填写。

第三,各行说明。

(1)第1至第5行"一、一般计税方法计税""全部征税项目"各行:按不同税率和项目分别填写按一般计税方法计算增值税的全部征税项目。有即征即退征税项目的纳税人,本部分数据中既包括即征即退征税项目,又包括不享受即征即退政策的一般征税项目。

(2)第6至第7行"一、一般计税方法计税""其中:即征即退项目"各行:只反映按一般计税方法计算增值税的即征即退项目。按照税法规定不享受即征即退政策的纳税人,不填写本行。即征即退项目是全部征税项目的其中数。

① 第6行"即征即退货物及加工修理修配劳务":反映按一般计税方法计算增值税且享受即征即退政策的货物和加工修理修配劳务。本行不包括应税服务的内容。

·本行第9列"合计""销售额"栏:反映按一般计税方法计算增值税且享受即征即退政策的货物及加工修理修配劳务的不含税销售额。该栏不按第9列所列公式计算,应按照税法规定据实填写。

·本行第10列"合计""销项(应纳)税额"栏:反映按一般计税方法计算增值税且享受即征即退政策的货物及加工修理修配劳务的销项税额。该栏不按第10列所列公式计算,应按照税法规定据实填写。

② 第7行"即征即退应税服务":反映按一般计税方法计算增值税且享受即征即退政策的应税服务。本行不包括货物及加工修理修配劳务的内容。

·本行第9列"合计""销售额"栏:反映按一般计税方法计算增值税且享受即征即退政策的应税服务的不含税销售

额。应税服务有扣除项目的,按扣除之前的不含税销售额填写。该栏不按第9列所列公式计算,应按照税法规定据实填写。

• 本行第10列"合计""销项(应纳)税额"栏:反映按一般计税方法计算增值税且享受即征即退政策的应税服务的销项税额。应税服务有扣除项目的,按扣除之前的销项税额填写。该栏不按第10列所列公式计算,应按照税法规定据实填写。

• 本行第14列"扣除后""销项(应纳)税额"栏:反映按一般计税方法征收增值税且享受即征即退政策的应税服务实际应计提的销项税额。应税服务有扣除项目的,按扣除之后的销项税额填写;应税服务无扣除项目的,按本行第10列填写。该栏不按第14列所列公式计算,应按照税法规定据实填写。

(3)第8至第12行"二、简易计税方法计税""全部征税项目"各行:按不同征收率和项目分别填写按简易计税方法计算增值税的全部征税项目。有即征即退征税项目的纳税人,本部分数据中既包括即征即退项目,也包括不享受即征即退政策的一般征税项目。

(4)第13行"二、简易计税方法计税""预征率‰":反映营业税改征增值税的纳税人应税服务按规定汇总计算缴纳增值税的分支机构预征增值税销售额、预征增值税应纳税额。

① 本行第1至第6列按照销售额和销项税额的实际发生数填写。

② 本行第14列,纳税人按"应预征缴纳的增值税=应预征增值税销售额×预征率"公式计算后据实填写。

(5)第14至第15行"二、简易计税方法计税""其中:即征即退项目"各行:只反映按简易计税方法计算增值税的即征即退项目。按照税法规定不享受即征即退政策的纳税人,不填写本行。即征即退项目是全部征税项目的其中数。

① 第14行"即征即退货物及加工修理修配劳务":反映按简易计税方法计算增值税且享受即征即退政策的货物及加工修理修配劳务。本行不包括应税服务的内容。

• 本行第9列"合计""销售额"栏:反映按简易计税方法计算增值税且享受即征即退政策的货物及加工修理修配劳务的不含税销售额。该栏不按第9列所列公式计算,应按照税法规定据实填写。

• 本行第10列"合计""销项(应纳)税额"栏:反映按简易计税方法计算增值税且享受即征即退政策的货物及加工修理修配劳务的应纳税额。该栏不按第10列所列公式计算,应按照税法规定据实填写。

② 第15行"即征即退应税服务":反映按简易计税方法计算增值税且享受即征即退政策的应税服务。本行不包括货物及加工修理修配劳务的内容。

• 本行第9列"合计""销售额"栏:反映按简易计税方法计算增值税且享受即征即退政策的应税服务的不含税销售额。应税服务有扣除项目的,按扣除之前的不含税销售额填写。该栏不按第9列所列公式计算,应按照税法规定据实填写。

• 本行第10列"合计""销项(应纳)税额"栏:反映按简易计税方法计算增值税且享受即征即退政策的应税服务的应纳税额。应税服务有扣除项目的,按扣除之前的应纳税额填写。该栏不按第10列所列公式计算,应按照税法规定据实填写。

• 本行第14列"扣除后""销项(应纳)税额"栏:反映按简易计税方法计算增值税且享受即征即退政策的应税服务实际应计提的应纳税额。应税服务有扣除项目的,按扣除之后的应纳税额填写;应税服务无扣除项目的,按本行第10列填写。

(6)第16行"三、免抵退税""货物及加工修理修配劳务":反映适用免、抵、退税政策的出口货物、加工修理修配劳务。

(7)第17行"三、免抵退税""应税服务":反映适用免、抵、退税政策的应税服务。

(8)第18行"四、免税""货物及加工修理修配劳务":反映按照税法规定免征增值税的货物及劳务和适用零税率的出口货物及劳务,但零税率的销售额中不包括适用免、抵、退税办法的出口货物及劳务。

(9)第19行"四、免税""应税服务":反映按照税法规定免征增值税的应税服务和适用零税率的应税服务,但零税率的销售额中不包括适用免、抵、退税办法的应税服务。

4.《增值税纳税申报表附列资料(二)(本期进项税额明细)》填写说明。

第一,"税款所属期""纳税人名称"的填写同主表。

第二,第1至第12栏"一、申报抵扣的进项税额":分别反映纳税人按税法规定符合抵扣条件,在本期申报抵扣的进项税额。

(1)第1栏"(一)认证相符的税控增值税专用发票":反映纳税人取得的认证相符本期申报抵扣的防伪税控"增值税专用发票""货物运输业增值税专用发票"和税控"机动车销售统一发票"的情况。该栏应等于第2栏"本期认证相符且本期申报抵扣"与第3栏"前期认证相符且本期申报抵扣"数据之和。

（2）第2栏"其中：本期认证相符且本期申报抵扣"：反映本期认证相符且本期申报抵扣的防伪税控"增值税专用发票""货物运输业增值税专用发票"和税控"机动车销售统一发票"的情况。本栏是第1栏的其中数，本栏只填写本期认证相符且本期申报抵扣的部分。

（3）第3栏"前期认证相符且本期申报抵扣"：反映前期认证相符且本期申报抵扣的防伪税控"增值税专用发票""货物运输业增值税专用发票"和税控"机动车销售统一发票"的情况。辅导期纳税人依据税务机关告知的稽核比对结果通知书及明细清单注明的稽核相符的税控增值税专用发票填写本栏。本栏是第1栏的其中数，只填写前期认证相符且本期申报抵扣的部分。

（4）第4栏"（二）其他扣税凭证"：反映本期申报抵扣的除税控增值税专用发票之外的其他扣税凭证的情况。具体包括：海关进口增值税专用缴款书、农产品收购发票或者销售发票（含农产品核定扣除的进项税额）、代扣代缴税收缴款凭证和运输费用结算单据。该栏应等于第5至第8栏之和。

（5）第5栏"海关进口增值税专用缴款书"：反映本期申报抵扣的海关进口增值税专用缴款书的情况。按规定执行海关进口增值税专用缴款书先比对后抵扣的，纳税人需依据税务机关告知的稽核比对结果通知书及明细清单注明的稽核相符的海关进口增值税专用缴款书填写本栏。

（6）第6栏"农产品收购发票或者销售发票"：反映本期申报抵扣的农产品收购发票和农产品销售普通发票的情况。执行农产品增值税进项税额核定扣除办法的，填写当期允许抵扣的农产品增值税进项税额，不填写"份数""金额"。

（7）第7栏"代扣代缴税收缴款凭证"：填写本期按规定准予抵扣的中华人民共和国税收缴款凭证上注明的增值税额。

（8）第8栏"运输费用结算单据"：反映按规定本期可以申报抵扣的交通运输费用结算单据的情况。

（9）第11栏"（三）外贸企业进项税额抵扣证明"：填写本期申报抵扣的税务机关出口退税部门开具的"出口货物转内销证明"列明允许抵扣的进项税额。

（10）第12栏"当期申报抵扣进项税额合计"：反映本期申报抵扣进项税额的合计数。按表中所列公式计算填写。

第三，第13至第23栏"二、进项税额转出额"各栏：分别反映纳税人已经抵扣但按规定应在本期转出的进项税额明细情况。

（1）第13栏"本期进项税额转出额"：反映已经抵扣但按规定应在本期转出的进项税额合计数。按表中所列公式计算填写。

（2）第14栏"免税项目用"：反映用于免征增值税项目，按规定应在本期转出的进项税额。

（3）第15栏"非应税项目、集体福利、个人消费用"：反映用于非增值税应税项目、集体福利或者个人消费，按规定应在本期转出的进项税额。

（4）第16栏"非正常损失"：反映纳税人发生非正常损失，按规定应在本期转出的进项税额。

（5）第17栏"简易计税方法征税项目用"：反映用于按简易计税方法征税项目，按规定应在本期转出的进项税额。

营业税改征增值税的纳税人，应税服务按规定汇总计算缴纳增值税的分支机构，当期应由总机构汇总的进项税额也填入本栏。

（6）第18栏"免抵退税办法不得抵扣的进项税额"：反映按照免、抵、退税办法的规定，由于征税税率与退税税率存在税率差，在本期应转出的进项税额。

（7）第19栏"纳税检查调减进项税额"：反映税务、财政、审计部门检查后而调减的进项税额。

（8）第20栏"红字专用发票通知单注明的进项税额"：填写主管税务机关开具的"开具红字增值税专用发票通知单""开具红字货物运输业增值税专用发票通知单"等注明的在本期应转出的进项税额。

（9）第21栏"上期留抵税额抵减欠税"：填写本期经税务机关同意，使用上期留抵税额抵减欠税的数额。

（10）第22栏"上期留抵税额退税"：填写本期经税务机关批准的上期留抵税额退税额。

（11）第23栏"其他应作进项税额转出的情形"：反映除上述进项税额转出情形外，其他应在本期转出的进项税额。

第四，第24至第34栏"三、待抵扣进项税额"各栏：分别反映纳税人已经取得，但按税法规定不符合抵扣条件，暂不予在本期申报抵扣的进项税额情况及按税法规定不允许抵扣的进项税额情况。

（1）第24至第28栏均包括防伪税控"增值税专用发票""货物运输业增值税专用发票"和税控"机动车销售统一发票"的情况。

（2）第25栏"期初已认证相符但未申报抵扣"：反映前期认证相符，但按照税法规定暂不予抵扣及不允许抵扣，结存至本期的税控增值税专用发票情况。辅导期纳税人填写认证相符但未收到稽核比对结果的税控增值税专用发票期初情况。

（3）第26栏"本期认证相符且本期未申报抵扣"：反映本期认证相符，但按税法规定暂不予抵扣及不允许抵扣，而未申报抵扣的税控增值税专用发票情况。辅导期纳税人填写本期认证相符但未收到稽核比对结果的税控增值税专用发票情况。

（4）第27栏"期末已认证相符但未申报抵扣"：反映截至本期期末，按照税法规定仍暂不予抵扣及不允许抵扣且已认证相符的税控增值税专用发票情况。辅导期纳税人填写截至本期期末已认证相符但未收到稽核比对结果的税控增值税专用发票期末情况。

（5）第28栏"其中：按照税法规定不允许抵扣"：反映截至本期期末仍已认证相符但未申报抵扣的税控增值税专用发票中，按照税法规定不允许抵扣的税控增值税专用发票情况。

（6）第29栏"（二）其他扣税凭证"：反映截至本期期末仍未申报抵扣的除税控增值税专用发票之外的其他扣税凭证情况。具体包括：海关进口增值税专用缴款书、农产品收购发票或者销售发票、代扣代缴税收缴款凭证和运输费用结算单据。该栏应等于第30至第33栏之和。

（7）第30栏"海关进口增值税专用缴款书"：反映已取得但截至本期期末仍未申报抵扣的海关进口增值税专用缴款书情况，包括纳税人未收到稽核比对结果的海关进口增值税专用缴款书情况。

（8）第31栏"农产品收购发票或者销售发票"：反映已取得但截至本期期末仍未申报抵扣的农产品收购发票和农产品销售普通发票情况。

（9）第32栏"代扣代缴税收缴款凭证"：反映已取得但截至本期期末仍未申报抵扣的代扣代缴税收缴款凭证情况。

（10）第33栏"运输费用结算单据"：反映已取得但截至本期期末仍未申报抵扣的运输费用结算单据情况。

第五，第35至第36栏"四、其他"各栏。

（1）第35栏"本期认证相符的税控增值税专用发票"：反映本期认证相符的防伪税控"增值税专用发票""货物运输业增值税专用发票"和税控"机动车销售统一发票"的情况。

（2）第36栏"代扣代缴税额"：填写纳税人根据《中华人民共和国增值税暂行条例》第十八条扣缴的应税劳务增值税额与根据营业税改征增值税有关政策规定扣缴的应税服务增值税额之和。

5.《增值税纳税申报表附列资料（三）（应税服务扣除项目明细）》填写说明。

（1）本表由营业税改征增值税应税服务有扣除项目的纳税人填写。其他纳税人不填写。

（2）"税款所属期""纳税人名称"的填写同主表。

（3）第1列"本期应税服务价税合计额（免税销售额）"：营业税改征增值税的应税服务属于征税项目的，填写扣除之前的本期应税服务价税合计额；营业税改征增值税的应税服务属于免抵退税或免税项目的，填写扣除之前的本期应税服务免税销售额。本列各行次等于"附列资料（一）"第11列对应行次。

营业税改征增值税的纳税人，应税服务按规定汇总计算缴纳增值税的分支机构，本列各行次之和等于"附列资料（一）"第11列第13行。

（4）第2列"应税服务扣除项目""期初余额"：填写应税服务扣除项目上期期末结存的金额，试点实施之日的税款所属期填写"0"。本列各行次等于上期"附列资料（三）"第6列对应行次。

（5）第3列"应税服务扣除项目""本期发生额"：填写本期取得的按税法规定准予扣除的应税服务扣除项目金额。

（6）第4列"应税服务扣除项目""本期应扣除金额"：填写应税服务扣除项目本期应扣除的金额。本列各行次＝第2列对应各行次＋第3列对应各行次。

（7）第5列"应税服务扣除项目""本期实际扣除金额"：填写应税服务扣除项目本期实际扣除的金额。本列各行次＜第4列对应各行次且本列各行次＜第1列对应各行次。

（8）第6列"应税服务扣除项目""期末余额"：填写应税服务扣除项目本期期末结存的金额。本列各行次＝第4列对应各行次－第5列对应各行次。

6.《增值税纳税申报表附列资料（四）（税额抵减情况表）》填写说明。

本表第1行由发生增值税税控系统专用设备费用和技术维护费的纳税人填写，反映纳税人增值税税控系统专用设备费用和技术维护费按规定抵减增值税应纳税额的情况。本表第2行由营业税改征增值税纳税人，应税服务按规定汇总计算缴纳增值税的总机构填写，反映其分支机构预征缴纳税款抵减总机构应纳增值税税额的情况。其他纳税人不填写本表。

7.《固定资产进项税额抵扣情况表》填写说明。

本表反映纳税人在"附列资料（二）""一、申报抵扣的进项税额"中固定资产的进项税额。本表按增值税专用发票、海关进口增值税专用缴款书分别填写。税控"机动车销售统一发票"填入增值税专用发票栏内。

"增值税纳税申报表(小规模纳税人适用)"及其附列资料

增值税纳税申报表

(小规模纳税人适用)

纳税人识别号：□□□□□□□□□□□□□□□□□□□□

纳税人名称(公章)：

税款所属期：　年　月　日至　年　月　日

金额单位:元至角分

填表日期：　年　月　日

项　目	栏　次	本期数		本年累计	
		货物及劳务	服务、不动产和无形资产	货物及劳务	服务、不动产和无形资产
一、计税依据 （一)应征增值税不含税销售额(3％征收率)	1				
税务机关代开的增值税专用发票不含税销售额	2				
税控器具开具的普通发票不含税销售额	3				
(二)应征增值税不含税销售额(5％征收率)	4	—		—	
税务机关代开的增值税专用发票不含税销售额	5	—		—	
税控器具开具的普通发票不含税销售额	6	—		—	
(三)销售使用过的固定资产不含税销售额	7(7≥8)		—		—
其中:税控器具开具的普通发票不含税销售额	8		—		—
(四)免税销售额	9＝10＋11＋12				
其中:小微企业免税销售额	10				
未达起征点销售额	11				
其他免税销售额	12				
(五)出口免税销售额	13(13≥14)				
其中:税控器具开具的普通发票销售额	14				
二、税款计算 本期应纳税额	15				
本期应纳税额减征额	16				
本期免税额	17				
其中:小微企业免税额	18				
未达起征点免税额	19				
应纳税额合计	20＝15－16				
本期预缴税额	21				
本期应补(退)税额	22＝20－21				

（续表）

纳税人或代理人声明：	如纳税人填报，由纳税人填写以下各栏：	
本纳税申报表是根据国家税收法律法规及相关规定填报的，我确定它是真实的、可靠的、完整的。	办税人员：	财务负责人：
	法定代表人：	联系电话：
	如委托代理人填报，由代理人填写以下各栏：	
	代理人名称（公章）：	经办人：
		联系电话：

主管税务机关：　　　　　　　　　　接收人：　　　　　　　　　接收日期：

增值税纳税申报表(小规模纳税人适用)附列资料

税款所属期： 年 月 日至 年 月 日

纳税人名称（公章）：　　　　　　　　　　　　　　　　　　　　填表日期： 年 月 日

应税行为(3%征收率)扣除额计算			
期初余额	本期发生额	本期扣除额	期末余额
1	2	3(3≤1+2之和，且3≤5)	4=1+2-3
应税行为(3%征收率)计税销售额计算			
全部含税收入(适用3%征收率)	本期扣除额	含税销售额	不含税销售额
5	6=3	7=5-6	8=7÷1.03
应税行为(5%征收率)扣除额计算			
期初余额	本期发生额	本期扣除额	期末余额
9	10	11(11≤9+10之和，且11≤13)	12=9+10-11
应税行为(5%征收率)计税销售额计算			
全部含税收入(适用5%征收率)	本期扣除额	含税销售额	不含税销售额
13	14=11	15=13-14	16=15÷1.05

填表说明

1. 名词解释：

(1) 本表及填写说明所称"货物"，是指增值税的应税货物。

(2) 本表及填写说明所称"劳务"，是指增值税的应税加工、修理、修配劳务。

(3) 本表及填写说明所称"服务、不动产和无形资产"，是指销售服务、不动产和无形资产(以下简称应税行为)。

(4) 本表及填写说明所称"扣除项目"，是指纳税人发生应税行为，在确定销售额时，按照有关规定允许其从取得的全部价款和价外费用中扣除价款的项目。

2. 《增值税纳税申报表(小规模纳税人适用)》填写说明：

本表"货物及劳务"与"服务、不动产和无形资产"各项目应分别填写。

(1) "税款所属期"是指纳税人申报的增值税应纳税额的所属时间，应填写具体的起止年、月、日。

（2）"纳税人识别号"栏，填写纳税人的税务登记证件号码。

（3）"纳税人名称"栏，填写纳税人名称全称。

（4）第 1 栏"应征增值税不含税销售额(3%征收率)"：填写本期销售货物及劳务、发生应税行为适用 3%征收率的不含税销售额，不包括应税行为适用 5%征收率的不含税销售额、销售使用过的固定资产和销售旧货的不含税销售额、免税销售额、出口免税销售额、查补销售额。

纳税人发生适用 3%征收率的应税行为且有扣除项目的，本栏填写扣除后的不含税销售额，与当期《增值税纳税申报表(小规模纳税人适用)附列资料》第 8 栏数据一致。

（5）第 2 栏"税务机关代开的增值税专用发票不含税销售额"：填写税务机关代开的增值税专用发票销售额合计。

（6）第 3 栏"税控器具开具的普通发票不含税销售额"：填写税控器具开具的货物及劳务、应税行为的普通发票金额换算的不含税销售额。

（7）第 4 栏"应征增值税不含税销售额(5%征收率)"：填写本期发生应税行为适用 5%征收率的不含税销售额。纳税人发生适用 5%征收率应税行为且有扣除项目的，本栏填写扣除后的不含税销售额，与当期《增值税纳税申报表(小规模纳税人适用)附列资料》第 16 栏数据一致。

（8）第 5 栏"税务机关代开的增值税专用发票不含税销售额"：填写税务机关代开的增值税专用发票销售额合计。

（9）第 6 栏"税控器具开具的普通发票不含税销售额"：填写税控器具开具的发生应税行为的普通发票金额换算的不含税销售额。

（10）第 7 栏"销售使用过的固定资产不含税销售额"：填写销售自己使用过的固定资产(不含不动产，下同)和销售旧货的不含税销售额，销售额＝含税销售额÷(1＋3%)。

（11）第 8 栏"税控器具开具的普通发票不含税销售额"：填写税控器具开具的销售自己使用过的固定资产和销售旧货的普通发票金额换算的不含税销售额。

（12）第 9 栏"免税销售额"：填写销售免征增值税的货物及劳务、应税行为的销售额，不包括出口免税销售额。

应税行为有扣除项目的纳税人，填写扣除之前的销售额。

（13）第 10 栏"小微企业免税销售额"：填写符合小微企业免征增值税政策的免税销售额，不包括符合其他增值税免税政策的销售额。个体工商户和其他个人不填写本栏次。

（14）第 11 栏"未达起征点销售额"：填写个体工商户和其他个人未达起征点(含支持小微企业免征增值税政策)的免税销售额，不包括符合其他增值税免税政策的销售额。本栏次由个体工商户和其他个人填写。

（15）第 12 栏"其他免税销售额"：填写销售免征增值税的货物及劳务、应税行为的销售额，不包括符合小微企业免征增值税和未达起征点政策的免税销售额。

（16）第 13 栏"出口免税销售额"：填写出口免征增值税货物及劳务、出口免征增值税应税行为的销售额。

应税行为有扣除项目的纳税人，填写扣除之前的销售额。

（17）第 14 栏"税控器具开具的普通发票销售额"：填写税控器具开具的出口免征增值税货物及劳务、出口免征增值税应税行为的普通发票销售额。

（18）第 15 栏"本期应纳税额"：填写本期按征收率计算缴纳的应纳税额。

（19）第 16 栏"本期应纳税额减征额"：填写纳税人本期按照税法规定减征的增值税应纳税额。包含可在增值税应纳税额中全额抵减的增值税税控系统专用设备费用以及技术维护费，可在增值税应纳税额中抵免的购置税控收款机的增值税额。

当本期减征额小于或等于第 15 栏"本期应纳税额"时，按本期减征额实际填写；当本期减征额大于第 15 栏"本期应纳税额"时，按本期第 15 栏填写，本期减征额不足抵减部分结转下期继续抵减。

（20）第 17 栏"本期免税额"：填写纳税人本期增值税免税额，免税额根据第 9 栏"免税销售额"和征收率计算。

（21）第 18 栏"小微企业免税额"：填写符合小微企业免征增值税政策的增值税免税额，免税额根据第 10 栏"小微企业免税销售额"和征收率计算。

（22）第 19 栏"未达起征点免税额"：填写个体工商户和其他个人未达起征点(含支持小微企业免征增值税政策)的增值税免税额，免税额根据第 11 栏"未达起征点销售额"和征收率计算。

（23）第 21 栏"本期预缴税额"：填写纳税人本期预缴的增值税额，但不包括查补缴纳的增值税额。

3.《增值税纳税申报表(小规模纳税人适用)附列资料》填写说明：

本附列资料由发生应税行为有扣除项目的纳税人填写，各栏次均不包含免征增值税项目的金额。

（1）"税款所属期"是指纳税人申报的增值税应纳税额的所属时间,应填写具体的起止年、月、日。

（2）"纳税人名称"栏,填写纳税人名称全称。

（3）第1栏"期初余额":填写适用3％征收率的应税行为扣除项目上期期末结存的金额,试点实施之日的税款所属期填写"0"。

（4）第2栏"本期发生额":填写本期取得的按税法规定准予扣除的适用3％征收率的应税行为扣除项目金额。

（5）第3栏"本期扣除额":填写适用3％征收率的应税行为扣除项目本期实际扣除的金额。

第3栏"本期扣除额"≤第1栏"期初余额"+第2栏"本期发生额"之和,且第3栏"本期扣除额"≤第5栏"全部含税收入(适用3％征收率)"。

（6）第4栏"期末余额":填写适用3％征收率的应税行为扣除项目本期期末结存的金额。

（7）第5栏"全部含税收入(适用3％征收率)":填写纳税人适用3％征收率的应税行为取得的全部价款和价外费用数额。

（8）第6栏"本期扣除额":填写本附列资料第3栏"本期扣除额"的数据。

第6栏"本期扣除额"=第3栏"本期扣除额"。

（9）第7栏"含税销售额":填写适用3％征收率的应税行为的含税销售额。

第7栏"含税销售额"=第5栏"全部含税收入(适用3％征收率)"—第6栏"本期扣除额"。

（10）第8栏"不含税销售额":填写适用3％征收率的应税行为的不含税销售额。

第8栏"不含税销售额"=第7栏"含税销售额"÷1.03,与《增值税纳税申报表(小规模纳税人适用)》第1栏"应征增值税不含税销售额(3％征收率)""本期数""服务、不动产和无形资产"栏数据一致。

（11）第9栏"期初余额":填写适用5％征收率的应税行为扣除项目上期期末结存的金额,试点实施之日的税款所属期填写"0"。

（12）第10栏"本期发生额":填写本期取得的按税法规定准予扣除的适用5％征收率的应税行为扣除项目金额。

（13）第11栏"本期扣除额":填写适用5％征收率的应税行为扣除项目本期实际扣除的金额。

第11栏"本期扣除额"≤第9栏"期初余额"+第10栏"本期发生额"之和,且第11栏"本期扣除额"≤第13栏"全部含税收入(适用5％征收率)"。

（14）第12栏"期末余额":填写适用5％征收率的应税行为扣除项目本期期末结存的金额。

（15）第13栏"全部含税收入(适用5％征收率)":填写纳税人适用5％征收率的应税行为取得的全部价款和价外费用数额。

（16）第14栏"本期扣除额":填写本附列资料第11栏"本期扣除额"的数据。

第14栏"本期扣除额"=第11栏"本期扣除额"。

（17）第15栏"含税销售额":填写适用5％征收率的应税行为的含税销售额。

第15栏"含税销售额"=第13栏"全部含税收入(适用5％征收率)"—第14栏"本期扣除额"。

（18）第16栏"不含税销售额":填写适用5％征收率的应税行为的不含税销售额。

第16栏"不含税销售额"=第15栏"含税销售额"÷1.05,与《增值税纳税申报表(小规模纳税人适用)》第4栏"应征增值税不含税销售额(5％征收率)""本期数""服务、不动产和无形资产"栏数据一致。

【实训案例】

案例 3.1.1

资料 企业基本信息如下:

企业名称:上海激浪洗衣机有限公司

注册类型:国有企业

法定代表人:刘达　财务负责人:张力　办税人:钱文

企业经营地址及电话:上海市杨浦区海富路81号　021-92530000

开户银行及账号:交行杨浦支行　8321654878962301

纳税人识别号:3201053253200

纳税人类型:增值税一般纳税人

2017年5月份经济业务如下:

(1) 向上海购物商场销售200台洗衣机,开具增值税专用发票,每台不含税价格为1 000元。

(2) 向华华酒店集团销售100台洗衣机,开具增值税普通发票,注明价款117 000元,发生运输费用,收到运费增值税专用发票,运费为10 000元,税款为1 100元。

(3) 奖励员工3台洗衣机,未开具发票。

(4) 从小规模纳税人处购进零部件30 000元,取得普通发票。

(5) 以旧换新销售洗衣机取得货款300 000元,含收购回来的旧洗衣机抵价款50 000元。

(6) 购进一台设备,取得增值税专用发票,注明价款100 000元,税款17 000元。

(7) 购进原材料一批,取得增值税专用发票,注明价款200 000元,税款34 000元。

(8) 企业建造员工浴室领用上月购进的原材料30 000元,进项税额5 100元,上月已经申报抵扣。

该公司在本月缴纳上月未缴增值税30 000元。该公司本月取得的增值税进项税都已完成认证。

要求　正确填列增值税纳税申报表和附表(附表中企业基本信息和税款所属期限略)。

案例解析

增值税纳税申报表

根据国家税收法律法规及增值税相关规定制定本表。纳税人不论有无销售额,均应按税务机关核定的纳税期限填写本表,并向当地税务机关申报。

税款所属期:自　年　月　日至　年　月　日　　填表日期:　年　月　日　　金额单位:元至角分

纳税人识别号	3201053253200				所属行业		制造业	
纳税人名称	上海激浪洗衣机有限公司	法定代表人姓名	刘达	注册地址	上海市杨浦区海富路81号	生产经营地址	上海市杨浦区海富路81号	
开户银行及账号	交行杨浦支行8321654878962301	登记注册类型		国有企业		电话号码	021-92530000	

	项　目	栏　次	一般货物、劳务和应税服务		即征即退货物、劳务和应税服务	
			本月数	本年累计	本月数	本年累计
销售额	(一)按适用税率计税销售额	1	603 000			
	其中:应税货物销售额	2	603 000			
	应税劳务销售额	3				
	纳税检查调整的销售额	4				
	(二)按简易办法计税销售额	5				
	其中:纳税检查调整的销售额	6				
	(三)免、抵、退办法出口销售额	7		—		—
	(四)免税销售额	8		—		—
	其中:免税货物销售额	9		—		—
	免税劳务销售额	10		—		—

（续表）

项 目	栏 次	一般货物、劳务和应税服务		即征即退货物、劳务和应税服务	
		本月数	本年累计	本月数	本年累计
税款计算 销项税额	11	102 510			
进项税额	12	52 100			
上期留抵税额	13		—		—
进项税额转出	14	5 100			
免、抵、退应退税额	15				—
按适用税率计算的纳税检查应补缴税额	16				—
应抵扣税额合计	17＝12＋13－14－15＋16	47 000	—		—
实际抵扣税额	18（如17＜11，则为17，否则为11）	47 000			
应纳税额	19＝11－18	55 510			
期末留抵税额	20＝17－18				
简易计税办法计算的应纳税额	21				
按简易计税办法计算的纳税检查应补税额	22				—
应纳税额减征额	23				
应纳税额合计	24＝19＋21－23	55 510			
税款缴纳 期初未缴税额（多缴为负数）	25	30 000			—
实收出口开具专用缴款书退税额	26				—
本期已缴税额	27＝28＋29＋30＋31				—
① 分次预缴税额	28			—	—
② 出口开具专用缴款书预缴税额	29			—	—
③ 本期缴纳上期应纳税额	30	30 000			—
④ 本期缴纳欠缴税额	31				—
期末未缴税额（多缴为负数）	32＝24＋25＋26－27	55 510			—
其中：欠缴税额（≥0）	33＝25＋26－27			—	—
本期应补（退）税额	34＝24－28－29	55 510		—	—
即征即退实际退税额	35	—		—	—
期初未缴查补税额	36				—
本期入库查补税额	37				—
期末未缴查补税额	38＝16＋22＋36－37			—	—

授权声明	如果你已委托代理人申报，请填写下列资料： 为代理一切税务事宜，现授权 （地址）　　　　　为本纳税人的代理申报人，任何与本申报表有关的往来文件，都可寄予此人。 　　　　　　　　授权人（签字）：	**申报声明**	本纳税申报表是根据国家税收法律、法规及相关规定填报的，我确定它是真实的、可靠的、完整的。 　　　　　　　　声明人（签字）：

增值税纳税申报表附列资料(一)

(本期销售情况明细)

税款所属期： 年 月 日至 年 月 日

纳税人名称：(公章)　　　　　　　　　　　　　　　　金额单位:元至角分

项目及栏次			开具税控增值税专用发票		开具其他发票		未开具发票		纳税检查调整		合计			应税服务扣除项目本期实际扣除金额	扣除后	
			销售额	销项(应纳)税额	销售额	销项(应纳)税额	销售额	销项(应纳)税额	销售额	销项(应纳)税额	销售额	销项(应纳)税额	价税合计		含税(免税)销售额	销项(应纳)税额
			1	2	3	4	5	6	7	8	9=1+3+5+7	10=2+4+6+8	11=9+10	12	13=11-12	14=13÷(100%+税率或征收率)×税率或征收率
一、一般计税方法计税	其中:即征即退项目	17%税率的货物及加工修理修配劳务 1	200 000	34 000	400 000	68 000	3 000	510			603 000	102 510	705 510	—		—
		17%税率的有形动产租赁服务 2														
		13%税率 3												—	—	—
		11%税率 4														
		6%税率 5														
		即征即退货物及加工修理修配劳务 6												—	—	—
		即征即退应税服务 7														
简易计税方法计税	全部征税项目	6%征收率 8	—											—	—	—
		5%征收率 9	—											—	—	—
		4%征收率 10	—											—	—	—
		3%征收率的货物及加工修理修配劳务 11	—											—	—	—
		3%征收率的应税服务 12	—											—	—	—
		预征率% 13														
	其中:即征即退项目	即征即退货物及加工修理修配劳务 14												—	—	—
		即征即退应税服务 15														

（续表）

免抵退税	货物及加工修理修配劳务	—	—	—	—	—	—	—	—	—
	应税服务17	—	—	—	—	—	—	—	—	—
四、免税	货物及加工修理修配劳务	—	—	—	—	—	—	—	—	—
	应税服务	—	—	—	—	—	—	—	—	—

增值税纳税申报表附列资料(二)

(本期进项税额明细)

税款所属期： 年 月 日至 年 月 日

纳税人名称(公章)： 金额单位:元至角分

一、申报抵扣的进项税额				
项 目	栏 次	份数	金额	税 额
(一)认证相符的税控增值税专用发票	1＝2＋3	3	310 000	52 100
其中:本期认证相符且本期申报抵扣	2		310 000	52 100
前期认证相符且本期申报抵扣	3			
(二)其他扣税凭证	4＝5＋6＋7＋8			
其中:海关进口增值税专用缴款书	5			
农产品收购发票或者销售发票	6			
代扣代缴税收缴款凭证	7		—	
运输费用结算单据	8			
	9	—	—	—
	10	—	—	—
(三)外贸企业进项税额抵扣证明	11	—	—	
当期申报抵扣进项税额合计	12＝1＋4＋11			
二、进项税额转出额				
项 目		栏 次		税 额
本期进项税转出额		13＝14至23之和		5 100
其中:免税项目用		14		
非应税项目用、集体福利、个人消费		15		5 100
非正常损失		16		
简易计税方法征税项目用		17		
免抵退税办法不得抵扣的进项税额		18		
纳税检查调减进项税额		19		
红字专用发票通知单注明的进项税额		20		
上期留抵税额抵减欠税		21		
上期留抵税额退税		22		
其他应作进项税额转出的情形		23		

(续表)

三、待抵扣进项税额				
项　目	栏　次	份数	金　额	税　额
(一)认证相符的税控增值税专用发票	24	3	310 000	52 100
期初已认证相符但未申报抵扣	25			
本期认证相符且本期未申报抵扣	26			
期末已认证相符但未申报抵扣	27			
其中:按照税法规定不允许抵扣	28			
项　目	栏　次	份数	金　额	税　额
(二)其他扣税凭证	29＝30至33之和			
其中:海关进口增值税专用缴款书	30			
农产品收购发票或者销售发票	31			
代扣代缴税收缴款凭证	32			
运输费用结算单据	33			
	34			
四、其他				
项　目	栏　次	份数	金　额	税　额
本期认证相符的税控增值税专用发票	35			
代扣代缴税额	36		—	—

增值税纳税申报表附列资料(三)

(应税服务扣除项目明细)

纳税人名称(公章):　　　税款所属期:　　年　月　日至　年　月　日　　　金额单位:元至角分

项目及栏次	本期应税服务价税合计额(免税销售额)	应税服务扣除项目				
		期初余额	本期发生额	本期应扣除金额	本期实际扣除金额	期末余额
	1	2	3	4＝2＋3	5(5<1且5<4)	6＝4－5
17%税率的有形动产租赁服务						
11%税率的应税服务						
6%税率的应税服务						
3%征收率的应税服务						
免抵退税的应税服务						
免税的应税服务						

增值税纳税申报表附列资料(四)

(税额抵减情况表)

税款所属期：　　　　年　月　日至　年　月　日

纳税人名称(公章)：　　　　　　　　　　　　　　　　　　　　　金额单位:元至角分

序号	抵减项目	期初余额	本期发生额	本期应抵减税额	本期实际抵减税额	期末余额
		1	2	3＝1+2	4＜3	5＝34
1	增值税税控系统专用设备费及技术维护费					
2	分支机构预征缴纳税款					
3						

固定资产进项税额抵扣情况表

纳税人名称(公章)：　　　　填表日期：　年　月　日　日　　　　金额单位:元至角分

项　目	当期申报抵扣的固定资产进项税额	申报抵扣的固定资产进项税额累计
增值税专用发票	17 000	17 000
海关进口增值税专用缴款书		
合　计	17 000	17 000

【实训任务】

资 料 企业基本信息如下：

企业名称:上海明白装潢有限责任公司

注册类型:私营企业

法定代表人:张坤　财务负责人:王力　办税人:邵华

企业经营地址及电话:上海市虹口区红花路 81 号　021-63100000

开户银行及账号:交通银行虹口区支行　　3201533333320511

纳税人识别号:3201287564300

纳税人类型:小规模纳税人

2017 年 5 月份经济业务如下：

(1)为某商场提供装修收入 20.6 万元,税务机关代开增值税专用发票。开票时缴纳 6 000 元。

(2)向某酒店提供装修收入 10.3 万元,开具普通发票。

(3)为个人住房提供装修收入 5.15 万元,未开具发票。

(4)将以上三个工程的水电安装业务分包给水电安装公司,取得安装费发票共计 3.09 万元。

要 求 正确填列增值税纳税申报表和附表(附表中企业基本信息和税款所属期限略)。

增值税纳税申报表

（小规模纳税人适用）

纳税人识别号：□□□□□□□□□□□□□□□□□□□□

纳税人名称（公章）：　　　　　　　　　　　　　　　　金额单位：元至角分

税款所属期：　年　月　日至　年　月　日　　　　　　　填表日期：　年　月　日

项　目	栏　次	本期数		本年累计	
		货物及劳务	服务、不动产和无形资产	货物及劳务	服务、不动产和无形资产
一、计税依据 （一）应征增值税不含税销售额（3％征收率）	1				
税务机关代开的增值税专用发票不含税销售额	2				
税控器具开具的普通发票不含税销售额	3				
（二）应征增值税不含税销售额（5％征收率）	4	—		—	
税务机关代开的增值税专用发票不含税销售额	5	—		—	
税控器具开具的普通发票不含税销售额	6	—		—	
（三）销售使用过的固定资产不含税销售额	7（7≥8）		—		—
其中：税控器具开具的普通发票不含税销售额	8		—		—
（四）免税销售额	9＝10＋11＋12				
其中：小微企业免税销售额	10				
未达起征点销售额	11				
其他免税销售额	12				
（五）出口免税销售额	13（13≥14）				
其中：税控器具开具的普通发票销售额	14				
二、税款计算 本期应纳税额	15				
本期应纳税额减征额	16				
本期免税额	17				
其中：小微企业免税额	18				
未达起征点免税额	19				
应纳税额合计	20＝15－16				
本期预缴税额	21			—	—
本期应补（退）税额	22＝20－21			—	—

（续表）

纳税人或代理人声明：	如纳税人填报,由纳税人填写以下各栏：	
本纳税申报表是根据国家税收法律、法规及相关规定填报的,我确定它是真实的、可靠的、完整的。	办税人员：	财务负责人：
	法定代表人：	联系电话：
	如委托代理人填报,由代理人填写以下各栏：	
	代理人名称(公章)：	经办人：
		联系电话：

主管税务机关：　　　　　　　　　　接收人：　　　　　　接收日期：

增值税纳税申报表(小规模纳税人适用)附列资料

税款所属期： 年 月 日至 年 月 日

纳税人名称(公章)：　　　　　　　　　　　　　　填表日期： 年 月 日

应税行为(3%征收率)扣除额计算			
期初余额	本期发生额	本期扣除额	期末余额
1	2	3(3≤1+2之和,且3≤5)	4=1+2-3
应税行为(3%征收率)计税销售额计算			
全部含税收入(适用3%征收率)	本期扣除额	含税销售额	不含税销售额
5	6=3	7=5-6	8=7÷1.03
应税行为(5%征收率)扣除额计算			
期初余额	本期发生额	本期扣除额	期末余额
9	10	11(11≤9+10之和,且11≤13)	12=9+10-11
应税行为(5%征收率)计税销售额计算			
全部含税收入(适用5%征收率)	本期扣除额	含税销售额	不含税销售额
13	14=11	15=13-14	16=15÷1.05

实训二　企业所得税申报

【实训目标】

学生通过实训,了解企业所得税概念、计税原理、征税对象和适用税率、计税方法;熟悉纳税人企业所得税纳税申报程序;能够正确计税和在报税平台上完成纳税申报。

【知识链接】

3.2.1　企业所得税的概念

企业所得税是指对中华人民共和国境内的企业(居民企业及非居民企业)和其他取得收入的组织以其生产经营所得为课税对象所征收的一种所得税。作为企业所得税纳税人,应依照《中华人民共和国企业所得税法》缴纳企业所得税。但个人独资企业及合伙企业除外。

3.2.2　企业所得税的计税原理

(1)通常以纯所得为征税对象。

(2)通常以经过计算得出的应纳税所得额为计税依据(会计利润不作为计算企业所得税的直接依据)。

(3)纳税人和实际负担人通常是一致的(直接税)。其计算公式如下:

$$所得税=应纳税所得额×税率$$

$$应纳税所得额=收入总额-不征税收入-免税收入-各项扣除-以前年度亏损$$

3.2.3　纳税义务人

居民企业是指依法在中国境内成立,或者依照外国(地区)法律成立但实际管理机构在中国境内的企业。居民企业应当就其来源于中国境内、境外的所得缴纳企业所得税。中国境内成立的企业,包括依照中国法律、行政法规在中国境内成立的企业、事业单位、社会团体以及其他取得收入的组织。依照外国(地区)法律成立的企业,包括依照外国(地区)法律成立的企业和其他取得收入的组织。实际管理机构是指对企业的生产经营、人员、账务、财产等实施实质性全面管理和控制的机构。

非居民企业是指依照外国(地区)法律成立且实际管理机构不在中国境内,但在中国境内设立机构、场所的,或者在中国境内未设立机构、场所,但有来源于中国境内所得的企业。在中国境内设立机构、场所的,应当就其所设机构、场所取得的来源于中国境内的所得以及发生在中国境外但与其所设机构、场所有实际联系的所得,缴纳企业所得税。在中国境内未设立机构、场所的,或者虽设立机构、场所但取得的所得与其所设机构、场所没有实际联系的,应当就其来源于中国境内的所得缴纳企业所得税。机构和场所包括:管理机构、营业机构、办事机构;工厂、农场、开采自然资源的场所;提供劳务的场所;从事建筑、安装、装配、修理、勘探等工程作业的场所;其他从事生产经营活动的机构、场所。非居民企业委托营业代理人在中国境内从事生产经营活动的,包括委托单位或者个人经常代其签订合同,或者储存、交付货物等,该营业代理人视为非居民企业在中国境内设立的机构、场所。

3.2.4 征税对象

企业所得税的征税对象是指企业的生产经营所得、其他所得和清算所得。

1. 居民企业的征税对象

居民企业应就来源于中国境内、境外的所得作为征税对象。

所得,包括销售货物所得、提供劳务所得、转让财产所得、股息红利等权益性投资所得、利息所得、租金所得、特许权使用费所得、接受捐赠所得和其他所得。

2. 非居民企业的征税对象

非居民企业在中国境内设立机构、场所的,应当就其所设机构、场所取得的来源于中国境内的所得,以及发生在中国境外但与其所设机构、场所有实际联系的所得,缴纳企业所得税。非居民企业在中国境内未设立机构、场所的,或者虽设立机构、场所但取得的所得与其所设机构、场所没有实际联系的,应当就其来源于中国境内的所得缴纳企业所得税。

上述实际联系,是指非居民企业在中国境内设立的机构、场所拥有的据以取得所得的股权、债权,以及拥有、管理、控制据以取得所得的财产。

3. 所得来源的确定

(1)销售货物所得,按照交易活动发生地确定。

(2)提供劳务所得,按照劳务发生地确定。

(3)转让财产所得。

① 不动产转让所得按照不动产所在地确定。

② 动产转让所得按照转让动产的企业或者机构、场所所在地确定。

③ 权益性投资资产转让所得按照被投资企业所在地确定。

(4)股息、红利等权益性投资所得,按照分配所得的企业所在地确定。

(5)利息所得、租金所得、特许权使用费所得,按照负担、支付所得的企业或者机构、场所所在地确定,或者按照负担、支付所得的个人的住所地确定。

(6)其他所得,由国务院财政、税务主管部门确定。

3.2.5 税率

税率是体现国家与企业分配关系的核心要素。税率设计的原则是兼顾国家、企业、职工个人三者利益,既要保证财政收入的稳定增长,又要使企业在发展生产、经营方面有一定的财力保证;既要考虑到企业的实际情况和负担能力,又要维护税率的统一性。

企业所得税实行比例税率。比例税率简便易行,透明度高,不会因征税而改变企业间收入分配比例,有利于促进效率的提高。现行规定如下所述。

1. 基本税率为 25%

该税率适用于居民企业和在中国境内设有机构、场所且所得与机构、场所有关联的非居民企业。

2. 低税率为 20%

该税率适用于在中国境内未设立机构、场所的,或者虽设立机构、场所但取得的所得与其所设机构、场所没有实际联系的非居民企业。但实际征税时适用 10% 的税率。

现行企业所得税基本税率设定为 25%,与世界各国(地区)比较而言还是偏低的。据统计,世界上近 160 个实行企业所得税的国家(地区)平均税率为 28.6%,我国周边 18 个国家(地区)的平均税率为 26.7%。现行税率的确定,既考虑了我国财政承受能力,又考虑了企业负担水平。从税收负担的基本原理而言,设立 25% 的企业所得税税率,国家对企业的经营成果分配 1/4,而企业自己得 3/4,但由于计算企业经营成果的方法与企业所得税应纳税所得额的计算方法不完全一致,有可能存在经营成果的实际分配比例与基本原理的分配比例有差异。

3.2.6 应纳税额的计算

1. 居民企业应纳税额的计算

在实际操作中,应纳税所得额的计算一般有两种方法:

第一,直接计算法。在直接计算法下,企业每一纳税年度的收入总额减除不征税收入、免税收入、各项扣除以及允许弥补的以前年度亏损后的余额为应纳税所得额。其计算公式为如下:

$$应纳税所得额 = 收入总额 - 不征税收入 - 免税收入 - 各项扣除金额 - 弥补亏损$$

第二,间接计算法。在间接计算法下,在会计利润总额的基础上加或减按照税法规定调整的项目金额后,即为应纳税所得额。其计算公式为如下:

$$应纳税所得额 = 会计利润总额 \pm 纳税调整项目金额$$

税收调整项目金额包括两方面:一是企业的财务会计处理和税收规定不一致的应予以调整的金额;二是企业按税法规定准予扣除的税收金额。

2. 境外所得抵扣税额的计算

居民企业以及非居民企业在中国境内设立的机构、场所(统称企业)应在其应纳税额中抵免在境外缴纳的所得税额的,按以下规定执行:

第一,企业应按照《企业所得税法》及其实施条例、税收协定以及相关规定,准确计算下列当期与抵免境外所得税有关的项目后,确定当期实际可抵免分国(地区)别的境外所得税额和抵免限额:

(1)境内所得的应纳税所得额(称境内应纳税所得额)和分国(地区)别的境外所得的应纳税所得额(称境外应纳税所得额)。

(2)分国(地区)别的可抵免境外所得税额。

(3)分国(地区)别的境外所得税的抵免限额。

企业不能准确计算上述项目实际可抵免分国(地区)别的境外所得税额的,在相应国家(地区)缴纳的税收均不得在该企业当期应纳税额中抵免,也不得结转以后年度抵免。

第二,企业应就其按照《企业所得税法实施条例》第七条规定确定的中国境外所得(境外税前所得),按以下规定计算实施《企业所得税法条例》第七十八条规定的境外应纳税所得额:

(1)居民企业在境外投资设立不具有独立纳税地位的分支机构,其来源于境外的所得,以境外收入总额扣除与取得境外收入有关的各项合理支出后的余额为应纳税所得额。各项收入、支出按《企业所得税法》及其实施条例的有关规定确定。

居民企业在境外设立不具有独立纳税地位的分支机构取得的各项境外所得,无论是否汇回中国境内,均应计入该企业所属纳税年度的境外应纳税所得额。

(2)居民企业应就其来源于境外的股息、红利等权益性投资收益,以及利息、租金、特许权使用费、转让财产等收入,扣除按照《企业所得税法》及其实施条例等规定计算的与取得该项收入有关的各项合理支出后的余额为应纳税所得额。来源于境外的股息、红利等权益性投资收益,应按被投资方作出利润分配决定的日期确认收入实现;来源于境外的利息、租金、特许权使用费、转让财产等收入,应按有关合同约定应付交易对价款的日期确认收入实现。

(3)非居民企业在境内设立机构、场所的,应就其发生在境外但与境内所设机构、场所有实际联系的各项应税所得,比照上述第(2)项的规定计算相应的应纳税所得额。

(4)在计算境外应纳税所得额时,企业为取得境内外所得而在境内、境外发生的共同支出,与取得境外应税所得有关的、合理的部分,应在境内、境外[分国(地区)别]应税所得之间,按照合理比例进行分摊后扣除。

(5)在汇总计算境外应纳税所得额时,企业在境外同一国家(地区)设立不具有独立纳税地位的分支机构,按照《企业所得税法》及其实施条例的有关规定计算的亏损,不得抵减其境内或他国(地区)的应纳税所得额,但可以用该同一国家(地区)其他项目或以后年度的所得按规定弥补。

第三,可抵免境外所得税额,是指企业来源于中国境外的所得依照中国境外税收法律以及相关规定应当缴纳并已实际缴纳的企业所得税性质的税款。但不包括:

(1)按照境外所得税法律及相关规定属于错缴或错征的境外所得税。

(2)按照税收协定规定不应征收的境外所得税。

(3)因少缴或迟缴境外所得税而追加的利息、滞纳金或罚款。

(4)境外所得税纳税人或者其利害关系人从境外征税主体得到实际返还或补偿的境外所得税。

(5)按照我国《企业所得税法》及其实施条例规定,已经免征我国企业所得税的境外所得负担的境外所得税。

(6)按照国务院财政、税务主管部门有关规定已经从企业境外应纳税所得额中扣除的境外所得税。

第四,居民企业在按照《企业所得税法》第二十四条规定用境外所得间接负担的税额进行税收抵免时,其取得的境外投资收益实际间接负担的税额,是指根据直接或者间接持股方式合计持股20%以上(含20%)的规定层级的外国企业股份,由此应分得的股息、红利等权

益性投资收益中,从最低一层外国企业起逐层计算的属于由上一层企业负担的税额。其计算公式如下:

$$
\begin{array}{l}
\text{本层企业所纳税额} \\
\text{属于由一家上一层} \\
\text{企业负担的税额}
\end{array}
=
\left[
\begin{array}{l}
\text{本层企业就利润} \\
\text{和投资收益所实际} \\
\text{缴纳的税额}
\end{array}
+
\begin{array}{l}
\text{符合本通知规定的} \\
\text{由本层企业间接} \\
\text{负担的税额}
\end{array}
\right]
\times
\begin{array}{l}
\text{本层企业} \\
\text{向一家上一层企业} \\
\text{分配的股息(红利)}
\end{array}
\div
\begin{array}{l}
\text{本层企业} \\
\text{所得税后} \\
\text{利润额}
\end{array}
$$

第五,除国务院财政、税务主管部门另有规定外,按照《企业所得税法实施条例》第八十条规定,由居民企业直接或者间接持有 20% 以上股份的外国企业,限于符合以下持股方式的三层外国企业:

第一层:单一居民企业直接持有 20% 以上股份的外国企业。

第二层:单一第一层外国企业直接持有 20% 以上股份,且由单一居民企业直接持有或通过一个或多个符合本条规定持股条件的外国企业间接持有总和达到 20% 以上股份的外国企业。

第三层:单一第二层外国企业直接持有 20% 以上股份,且由单一居民企业直接持有或通过一个或多个符合本条规定持股条件的外国企业间接持有总和达到 20% 以上股份的外国企业。

第六,居民企业从与我国政府订立税收协定(或安排)的国家(地区)取得的所得,按照该国(地区)税收法律享受了免税或减税待遇,且该免税或减税的数额按照税收协定规定应视同已缴税额在中国的应纳税额中抵免的,该免税或减税数额可作为企业实际缴纳的境外所得税额用于办理税收抵免。

第七,企业应按照《企业所得税法》及其实施条例和《国家税务总局关于发布〈企业境外所得税收抵免操作指南〉的公告》(国家税务总局公告 2010 年第 1 号)的有关规定分国(地区)别计算境外税额的抵免限额。

$$
\begin{array}{l}
\text{某国(地区)} \\
\text{所得税} \\
\text{抵免限额}
\end{array}
=
\begin{array}{l}
\text{中国境内、境外所得依照} \\
\text{《企业所得税法》及其实施条例} \\
\text{的规定计算的应纳税总额}
\end{array}
\times
\begin{array}{l}
\text{来源于某国(地区)} \\
\text{的应纳税} \\
\text{所得额}
\end{array}
\div
\begin{array}{l}
\text{中国境内、境外} \\
\text{应纳税} \\
\text{所得总额}
\end{array}
$$

据以计算上述公式中"中国境内、境外所得依照《企业所得税法》及其实施条例的规定计算的应纳税总额"的税率,除国务院财政、税务主管部门另有规定外,应为《企业所得税法》第四条第一款规定的税率(25%)。

企业按照《企业所得税法》及其实施条例和《国家税务总局关于发布〈企业境外所得税收抵免操作指南〉的公告》的有关规定计算的当期境内、境外应纳税所得总额小于零的,应以零计算当期境内、境外应纳税所得总额,其当期境外所得税的抵免限额也为零。

第八,在计算实际应抵免的境外已缴纳和间接负担的所得税税额时,企业在境外一国(地区)当年缴纳和间接负担的符合规定的所得税税额低于所计算的该国(地区)抵免限额的,应以该项税额作为境外所得税抵免额从企业应纳税总额中据实抵免;超过抵免限额的,当年应以抵免限额作为境外所得税抵免额进行抵免,超过抵免限额的余额允许从次年起在连续 5 个纳税年度内,用每年度抵免限额抵免当年应抵税额后的余额进行抵补。

第九,属于下列情形的,经企业申请,主管税务机关核准,可以采取简易办法对境外所得已纳税额计算抵免：

一是企业从境外取得营业利润所得以及符合境外税额间接抵免条件的股息所得，虽有所得来源国（地区）政府机关核发的具有纳税性质的凭证或证明，但因客观原因无法真实、准确地确认应当缴纳并已经实际缴纳的境外所得税额的，除就该所得直接缴纳及间接负担的税额在所得来源国（地区）的实际有效税率低于我国《企业所得税法》第四条第一款规定税率50％以上的外，可按境外应纳税所得额的12.5％作为抵免限额，企业按该国（地区）税务机关或政府机关核发具有纳税性质凭证或证明的金额，其不超过抵免限额的部分，准予抵免；超过的部分不得抵免。

属于以上规定以外的股息、利息、租金、特许权使用费、转让财产等投资性所得，均应按《国家税务总局关于发布〈企业境外所得税收抵免操作指南〉的公告》的其他规定计算境外税额抵免。

二是企业从境外取得营业利润所得以及符合境外税额间接抵免条件的股息所得，凡就该所得缴纳及间接负担的税额在所得来源国（地区）的法定税率且其实际有效税率明显高于我国的，可直接按《国家税务总局关于发布〈企业境外所得税收抵免操作指南〉的公告》规定计算的境外应纳税所得额和我国《企业所得税法》规定的税率计算的抵免限额作为可抵免的已在境外实际缴纳的企业所得税额。

法定税率明显高于我国的境外所得来源国（地区）名单有：美国、阿根廷、布隆迪、喀麦隆、古巴、法国、日本、巴基斯坦、赞比亚、科威特、孟加拉国、叙利亚、约旦、老挝。

属于以上规定以外的股息、利息、租金、特许权使用费、转让财产等投资性所得，均应按《国家税务总局关于发布〈企业境外所得税收抵免操作指南〉的公告》的其他规定计算境外税额抵免。

第十，企业在境外投资设立不具有独立纳税地位的分支机构，其计算生产、经营所得的纳税年度与我国规定的纳税年度不一致的，与我国纳税年度当年度相对应的境外纳税年度，应为在我国有关纳税年度中任何一日结束的境外纳税年度。

企业取得以上规定以外的境外所得实际缴纳或间接负担的境外所得税，应在该项境外所得实现日所在的我国对应纳税年度的应纳税额中计算抵免。

第十一，企业抵免境外所得税额后实际应纳所得税额的计算公式如下：

$$\text{企业实际应纳所得税额} = \text{企业境内外所得应纳税总额} - \text{企业所得税减免、抵免优惠税额} - \text{境外所得税抵免额}$$

第十二，上述所称不具有独立纳税地位，是指根据企业设立地法律不具有独立法人地位或者按照税收协定规定不认定为对方国家（地区）的税收居民。

第十三，企业取得来源于中国香港、澳门、台湾地区的应税所得，按上述第(2)条的规定计算。

第十四，中华人民共和国政府同外国政府订立的有关税收的协定与国内有关规定有不同规定的，依照协定的规定办理。

3. 居民企业核定征收应纳税额的计算

第一，核定征收企业所得税的范围。居民企业纳税人具有下列情形之一的，核定征收企业所得税：

（1）依照法律、行政法规的规定可以不设置账簿的。

（2）依照法律、行政法规的规定应当设置但未设置账簿的。

（3）擅自销毁账簿或者拒不提供纳税资料的。

（4）虽设置账簿，但账目混乱或者成本资料、收入凭证、费用凭证残缺不全，难以查账的。

（5）发生纳税义务，未按照规定的期限办理纳税申报，经税务机关责令限期申报，逾期仍不申报的。

（6）申报的计税依据明显偏低，又无正当理由的。

特殊行业、特殊类型的纳税人和一定规模以上的纳税人不适用以上规定，由国家税务总局另行明确。

第二，核定征收的办法。税务机关应根据纳税人的具体情况，对核定征收企业所得税的纳税人，核定应税所得率或者核定应纳所得税额。

（1）具有下列情形之一的，核定其应税所得率：

① 能正确核算（查实）收入总额，但不能正确核算（查实）成本费用总额的。

② 能正确核算（查实）成本费用总额，但不能正确核算（查实）收入总额的。

③ 通过合理方法，能计算和推定纳税人收入总额或成本费用总额的。

纳税人不属于以上情形的，核定其应纳所得税额。

（2）税务机关采用下列方法核定征收企业所得税：

① 参照当地同类行业或者类似行业中经营规模和收入水平相近的纳税人的税负水平核定。

② 按照应税收入额或成本费用支出额定率核定。

③ 按照耗用的原材料、燃料、动力等推算或测算核定。

④ 按照其他合理方法核定。

采用前款所列一种方法不足以正确核定应纳税所得额或应纳税额的，可以同时采用两种以上的方法核定。采用两种以上方法测算的应纳税额不一致时，可按测算的应纳税额从高核定。

采用应税所得率方式核定征收企业所得税的，应纳所得税额计算公式如下：

$$应纳所得税额＝应纳税所得额×适用税率$$
$$应纳税所得额＝应税收入额×应税所得率$$

实行应税所得率方式核定征收企业所得税的纳税人，经营多业的，无论其经营项目是否单独核算，均由税务机关根据其主营项目确定适用的应税所得率。

主营项目应为纳税人所有经营项目中，收入总额或者成本（费用）支出额或者耗用原材料、燃料、动力数量所占比重最大的项目。

应税所得率按下表规定的幅度标准确定。

应税所得率的幅度标准

行　业	应税所得率
农、林、牧、渔业	3%～10%
制造业	5%～15%
批发和零售贸易业	4%～15%
交通运输业	7%～15%
建筑业	8%～20%
饮食业	8%～25%
娱乐业	15%～30%
其他行业	10%～30%

纳税人的生产经营范围、主营业务发生重大变化,或者应纳税所得额或应纳税额增减变化达到20%的,应及时向税务机关申报调整已确定的应纳税额或应税所得率。

第三,核定征收企业所得税的管理。

(1)主管税务机关应及时向纳税人送达《企业所得税核定征收鉴定表》,及时完成对其核定征收企业所得税的鉴定工作。具体程序如下:

① 纳税人应在收到《企业所得税核定征收鉴定表》后10个工作日内,填好该表并报送主管税务机关。《企业所得税核定征收鉴定表》一式三联,主管税务机关和县税务机关各执一联,另一联送达纳税人执行。主管税务机关还可根据实际工作需要,适当增加联次备用。

② 主管税务机关应在受理《企业所得税核定征收鉴定表》后20个工作日内,分类逐户审查核实,提出鉴定意见,并报县税务机关复核、认定。

③ 县税务机关应在收到《企业所得税核定征收鉴定表》后30个工作日内,完成复核、认定工作。

纳税人收到《企业所得税核定征收鉴定表》后,未在规定期限内填列、报送的,税务机关视同纳税人已经报送,按上述程序进行复核认定。

(2)税务机关应在每年6月底前对上年度实行核定征收企业所得税的纳税人进行重新鉴定。重新鉴定工作完成前,纳税人可暂按上年度的核定征收方式预缴企业所得税;重新鉴定工作完成后,按重新鉴定的结果进行调整。

(3)主管税务机关应当分类逐户公示核定的应纳所得税额或应税所得率。主管税务机关应当按照便于纳税人及社会各界了解、监督的原则确定公示地点、方式。

纳税人对税务机关确定的企业所得税征收方式、核定的应纳所得税额或应税所得率有异议的,应当提供合法、有效的相关证据,税务机关经核实认定后调整有异议的事项。

(4)纳税人实行核定应税所得率方式的,按下列规定申报纳税:

① 主管税务机关根据纳税人应纳税额的大小确定纳税人按月或者按季预缴,年终汇算清缴。预缴方法一经确定,一个纳税年度内不得改变。

② 纳税人应依照确定的应税所得率计算纳税期间实际应缴纳的税额,进行预缴。按实际数额预缴有困难的,经主管税务机关同意,可按上一年度应纳税额的1/12或1/4预缴,或者按经主管税务机关认可的其他方法预缴。

③ 纳税人预缴税款或年终进行汇算清缴时,应按规定填写《中华人民共和国企业所得税月(季)度预缴纳税申报表(B类)》,在规定的纳税申报时限内报送主管税务机关。

(5)纳税人实行核定应纳所得税额方式的,按下列规定申报纳税:

① 纳税人在应纳所得税额尚未确定之前,可暂按上年度应纳所得税额的 1/12 或 1/4 预缴,或者按经主管税务机关认可的其他方法,按月或按季分期预缴。

② 在应纳所得税额确定以后,减除当年已预缴的所得税额,余额按剩余月份或季度均分,以此确定以后各月或各季的应纳税额,由纳税人按月或按季填写《中华人民共和国企业所得税月(季)度预缴纳税申报表(B类)》,在规定的纳税申报期限内进行纳税申报。

③ 纳税人年度终了后,在规定的时限内按照实际经营额或实际应纳税额向税务机关申报纳税。申报额超过核定经营额或应纳税额的,按申报额缴纳税款;申报额低于核定经营额或应纳税额的,按核定经营额或应纳税额缴纳税款。

(6)对违反上述规定的行为,按照《税收征收管理法》及其实施细则的有关规定处理。

4. 非居民企业应纳税额的计算

对于在中国境内未设立机构、场所的,或者虽设立机构、场所但取得的所得与其所设机构、场所没有实际联系的非居民企业的所得,按照下列方法计算应纳税所得额:

① 股息、红利等权益性投资收益和利息、租金、特许权使用费所得,以收入全额为应纳税所得额。

② 转让财产所得,以收入全额减除财产净值后的余额为应纳税所得额。

③ 其他所得,参照前两项规定的方法计算应纳税所得额。

财产净值是指财产的计税基础减去已经按照规定扣除的折旧、折耗、摊销、准备金等之后的余额。

具体征收管理规定如下:

(1)扣缴义务人在每次向非居民企业支付或者到期应支付所得时,应从支付或者到期应支付的款项中扣缴企业所得税。

到期应支付的款项,是指支付人按照权责发生制原则应当计入相关成本、费用的应付款项。

扣缴义务人每次代扣代缴税款时,应当向其主管税务机关报送“中华人民共和国扣缴企业所得税报告表”(简称扣缴表)及相关资料,并自代扣之日起 7 日内缴入国库。

(2)扣缴企业所得税应纳税额计算公式如下:

$$扣缴企业所得税应纳税额 = 应纳税所得额 \times 实际征收率$$

应纳税所得额的计算,按上述①~③项的规定为标准;实际征收率是指《企业所得税法》及其实施条例等相关法律、法规规定的税率,或者税收协定规定的更低的税率。

(3)扣缴义务人对外支付或者到期应支付的款项为人民币以外货币的,在申报扣缴企业所得税时,应当按照扣缴当日国家公布的人民币汇率中间价,折合成人民币计算应纳税所得额。

(4)扣缴义务人与非居民企业签订应税所得有关的业务合同时,凡合同中约定由扣缴义务人负担应纳税款的,应将非居民企业取得的不含税所得换算为含税所得后计算征税。

(5)按照《企业所得税法》及其实施条例和相关税收法规规定,给予非居民企业减免税优惠的,应按相关税收减免管理办法和行政审批程序的规定办理。对未经审批或者减免税申请未得到批准之前,扣缴义务人发生支付款项的,应按规定代扣代缴企业所得税。

(6)非居民企业可以适用的税收协定与国内相关法规有不同规定的,可申请执行税收协定规定;非居民企业未提出执行税收协定规定申请的,按国内税收法律法规的有关规定执行。

(7)非居民企业已按国内税收法律法规的有关规定征税后,提出享受减免税或税收协定待遇申请的,主管税务机关经审核确认应享受减免税或税收协定待遇的,对多缴纳的税款应依据《税收征管法》及其实施细则的有关规定予以退税。

(8)非居民企业拒绝代扣税款的,扣缴义务人应当暂停支付相当于非居民企业应纳税款的款项,并在1天之内向其主管税务机关报告,并报送书面情况说明。

(9)扣缴义务人未依法扣缴或者无法履行扣缴义务的,非居民企业应于扣缴义务人支付或者到期应支付之日起7日内,到所得发生地主管税务机关申报缴纳企业所得税。

股权转让交易双方为非居民企业且在境外交易的,由取得所得的非居民企业自行或委托代理人向被转让股权的境内企业所在地主管税务机关申报纳税。被转让股权的境内企业应协助税务机关向非居民企业征缴税款。

扣缴义务人所在地与所得发生地不在一地的,扣缴义务人所在地主管税务机关应自确定扣缴义务人未依法扣缴或者无法履行扣缴义务之日起5个工作日内,向所得发生地主管税务机关发送"非居民企业税务事项联络函",告知非居民企业的申报纳税事项。

(10)非居民企业依照有关规定申报缴纳企业所得税,但在中国境内存在多处所得发生地,并选定其中之一申报缴纳企业所得税的,应向申报纳税所在地主管税务机关如实报告有关情况。申报纳税所在地主管税务机关在受理申报纳税后,应将非居民企业申报缴纳所得税情况书面通知扣缴义务人所在地和其他所得发生地主管税务机关。

(11)非居民企业未依照有关规定申报缴纳企业所得税,由申报纳税所在地主管税务机关责令限期缴纳,逾期仍未缴纳的,申报纳税所在地主管税务机关可以收集、查实该非居民企业在中国境内其他收入项目及其支付人(以下简称其他支付人)的相关信息,并向其他支付人发出"税务事项通知书",从其他支付人应付的款项中,追缴该非居民企业的应纳税款和滞纳金。

其他支付人所在地与申报纳税所在地不在一地的,其他支付人所在地主管税务机关应给予配合和协助。

(12)对多次付款的合同项目,扣缴义务人应当在履行合同最后一次付款前15日内,向主管税务机关报送合同全部付款明细、前期扣缴表和完税凭证等资料,办理扣缴税款清算手续。

3.2.7　应纳税所得额的计算

应纳税所得额是企业每一个纳税年度的收入总额,减除不征税收入、免税收入、各项扣除以及允许弥补的以前年度亏损后的余额。企业应纳税所得额的计算以权责发生制为原则，属于当期的收入和费用，不论款项是否收付，均作为当期的收入和费用；不属于当期的收入和费用，即使款项已经在当期收付，均不作为当期的收入和费用。

应纳税所得额的基本公式如下：

应纳税所得额＝收入总额－不征税收入－免税收入－各项扣除－以前年度亏损

1. 收入总额

企业的收入总额包括以货币形式和非货币形式从各种来源取得的收入，具体有：销售货物收入，提供劳务收入，转让财产收入，股息、红利等权益性投资收益，利息收入，租金收入，特许权使用费收入，接受捐赠收入，其他收入。

企业取得收入的货币形式，包括现金、存款、应收账款、应收票据、准备持有至到期的债券投资以及债务的豁免等；纳税人以非货币形式取得的收入，包括固定资产、生物资产、无形资产、股权投资、存货、不准备持有至到期的债券投资、劳务以及有关权益等，这些非货币资产应当按照公允价值确定收入额。公允价值是指按照市场价格确定的价值。收入的具体构成如下：

（1）销售货物收入，是指企业销售商品、产品、原材料、包装物、低值易耗品以及其他存货取得的收入。

（2）劳务收入，是指企业从事建筑安装、修理修配、交通运输、仓储租赁、金融保险、邮电通信、咨询经纪、文化体育、科学研究、技术服务、教育培训、餐饮住宿、中介代理、卫生保健、社区服务、旅游、娱乐、加工以及其他劳务服务活动取得的收入。

（3）转让财产收入，是指企业转让固定资产、生物资产、无形资产、股权、债权等财产取得的收入。

（4）股息、红利等权益性投资收益，是指企业因权益性投资从被投资方取得的收入。股息、红利等权益性投资收益，除国务院财政、税务主管部门另有规定外，按照被投资方作出利润分配决定的日期确认收入的实现。

（5）利息收入，是指企业将资金提供他人使用但不构成权益性投资，或者因他人占用本企业资金取得的收入，包括存款利息、贷款利息、债券利息、欠款利息等收入。利息收入，按照合同约定的债务人应付利息的日期确认收入的实现。

（6）租金收入，是指企业提供固定资产、包装物或者其他有形资产的使用权取得的收入。租金收入，按照合同约定的承租人应付租金的日期确认收入的实现。

（7）特许权使用费收入，是指企业提供专利权、非专利技术、商标权、著作权以及其他特许权的使用权取得的收入。特许权使用费收入，按照合同约定的应付特许权使用费的日期确认收入的实现。

（8）接受捐赠收入，是指企业接受的来自其他企业、组织或者个人无偿给予的货币性资产、非货币性资产。接受捐赠收入，按照实际收到捐赠资产的日期确认收入的实现。

（9）其他收入，是指企业取得的除以上收入外的其他收入，包括企业资产溢余收入、逾期未退包装物押金收入、确实无法偿付的应付款项、已作坏账损失处理后又收回的应收款项、债务重组收入、补贴收入、违约金收入、汇兑收益等。

2. 不征税收入和免税收入

1) 不征税收入

（1）财政拨款，是指各级人民政府对纳入预算管理的事业单位、社会团体等组织拨付的财政资金，但国务院和国务院财政、税务主管部门另有规定的除外。

（2）依法收取并纳入财政管理的行政事业性收费、政府性基金，是指依照法律、法规等有关规定，按照国务院规定程序批准，在实施社会公共管理，以及在向公民、法人或者其他组织提供特定公共服务过程中，向特定对象收取并纳入财政管理的费用。政府性基金是指企业依照法律、行政法规等有关规定，代政府收取的具有专项用途的财政资金。

（3）国务院规定的其他不征税收入，是指企业取得的，由国务院财政、税务主管部门规定专项用途并经国务院批准的财政性资金。

财政性资金是指企业取得的来源于政府及其有关部门的财政补助、补贴、贷款贴息，以及其他各类财政专项资金，包括直接减免的增值税和即征即退、先征后退、先征后返的各种税收，但不包括企业按规定取得的出口退税款。

2) 免税收入

（1）国债利息收入。为鼓励企业积极购买国债，支援国家建设，税法规定，企业因购买国债所得的利息收入，免征企业所得税。

（2）符合条件的居民企业之间的股息、红利等权益性收益，是指居民企业直接投资于其他居民企业取得的投资收益。

（3）在中国境内设立机构、场所的非居民企业从居民企业取得与该机构、场所有实际联系的股息、红利等权益性投资收益。该收益都不包括连续持有居民企业公开发行并上市流通的股票不足 12 个月取得的投资收益。

（4）符合条件的非营利组织的收入。符合条件的非营利组织是指：

① 依法履行非营利组织登记手续。

② 从事公益性或者非营利性活动。

③ 取得的收入除用于与该组织有关的、合理的支出外，全部用于登记核定或者章程规定的公益性或者非营利性事业。

④ 财产及其孳生息不用于分配。

⑤ 按照登记核定或者章程规定，该组织注销后的剩余财产用于公益性或者非营利性目的，或者由登记管理机关转赠给予该组织性质、宗旨相同的组织，并向社会公告。

⑥ 投入人对投入该组织的财产不保留或者享有任何财产权利。

⑦ 工作人员工资福利开支控制在规定的比例内，不变相分配该组织的财产。

⑧ 国务院财政、税务主管部门规定的其他条件。

《企业所得税法》第二十六条第四项所称符合条件的非营利组织的收入，不包括非营利组织从事营利性活动取得的收入，但国务院财政、税务主管部门另有规定的除外。

（5）非营利组织的下列收入为免税收入：

① 接受其他单位或者个人捐赠的收入。

② 除《企业所得税法》第七条规定的财政拨款以外的其他政府补助收入,但不包括因政府购买服务取得的收入。

③ 按照省级以上民政、财政部门规定收取的会费。

④ 不征税收入和免税收入孳生的银行存款利息收入。

⑤ 财政部、国家税务总局规定的其他收入。

3. 扣除原则和范围

1) 税前扣除项目的原则

企业申报的扣除项目和金额要真实、合法。所谓真实,是指能提供证明有关支出确属已经实际发生;所谓合法,是指符合国家税法的规定,若其他法规规定与税收法规规定不一致,以税收法规的规定为标准。除税收法规另有规定外,税前扣除一般应遵循以下原则:

(1) 权责发生制原则,是指企业费用应在发生的所属期扣除,而不是在实际支付时确认扣除。

(2) 配比原则,是指企业发生的费用应当与收入配比扣除。除特殊规定外,企业发生的费用不得提前或滞后申报扣除。

(3) 相关性原则,企业可扣除的费用从性质和根源上必须与取得应税收入直接相关。

(4) 确定性原则,即企业可扣除的费用不论何时支付,其金额必须是确定的。

(5) 合理性原则,符合生产经营活动常规,应当计入当期损益或者有关资产成本的必要和正常的支出。

2) 扣除项目的范围

(1) 成本,是指企业在生产经营活动中发生的销售成本、销货成本、业务支出以及其他耗费,即企业销售商品(产品、材料、下脚料、废料、废旧物资等),提供劳务,转让固定资产、无形资产(包括技术转让)的成本。

(2) 费用,是指企业每一个纳税年度为生产、经营商品和提供劳务等所发生的销售(经营)费用、管理费用和财务费用。已经计入成本的有关费用除外。

① 销售费用,是指应由企业负担的为销售商品而发生的费用,包括广告费、运输费、装卸费、包装费、展览费、保险费、销售佣金(能直接认定的进口佣金调整商品进价成本)、代销手续费、经营性租赁费及销售部门发生的差旅费、工资、福利费等费用。

② 管理费用,是指企业的行政管理部门为管理组织经营活动提供各项支援性服务而发生的费用。

③ 财务费用,是指企业筹集经营性资金而发生的费用,包括利息净支出、汇总净损失、金融机构手续费以及其他非资本化支出。

(3) 税金,是指企业发生的除企业所得税和允许抵扣的增值税以外的企业缴纳的各项税金及其附加。即企业按规定缴纳的消费税、城市维护建设税、关税、资源税、土地增值税、房产税、车船税、土地使用税、印花税、教育费附加等产品销售税金及附加。这些已纳税金准予税前扣除。准许扣除的税金有两种方式:一是在发生当期扣除;二是在发生当期计入相关资产的成本,在以后各期分摊扣除。

(4) 损失,是指企业在生产经营活动中发生的固定资产和存货的盘亏、毁损、报废损失,转让财产损失,呆账损失,坏账损失,自然灾害等不可抗力因素造成的损失以及其他损失。

企业发生的损失,减除责任人赔偿和保险赔款后的余额,依照国务院财政、税务主管部门的规定扣除。

企业已经作为损失处理的资产,在以后纳税年度又全部收回或者部分收回时,应当计入当期收入。

(5) 扣除的其他支出,是指除成本、费用、税金、损失外,企业在生产经营活动中发生的与生产经营活动有关的、合理的支出。

3) 扣除项目及其标准

在计算应纳税所得额时,下列项目可按照实际发生额或规定的标准扣除。

(1) 工资、薪金支出。企业发生的合理的工资、薪金支出准予据实扣除。工资、薪金支出是企业每一纳税年度支付给本企业任职或与其有雇佣关系的员工的所有现金或非现金形式的劳动报酬,包括基本工资、奖金、津贴、补贴、年终加薪、加班工资,以及与任职或者是受雇有关的其他支出。

合理的工资、薪金,是指企业按照股东大会、董事会、薪酬委员会或相关管理机构制定的工资、薪金制度规定实际发放给员工的工资、薪金。

(2) 职工福利费、工会经费、职工教育经费。企业发生的职工福利费、工会经费、职工教育经费按标准扣除,未超过标准的按实际数扣除,超过标准的只能按标准扣除。

① 企业发生的职工福利费支出,不超过工资、薪金总额14%的部分准予扣除。

② 企业拨缴的工会经费,不超过工资、薪金总额2%的部分准予扣除。

③ 除国务院财政、税务主管部门另有规定外,企业发生的职工教育经费支出,不超过工资、薪金总额2.5%的部分准予扣除,超过部分准予结转以后纳税年度扣除。

软件生产企业发生的职工教育经费中的职工培训费用,根据《财政部、国家税务总局关于企业所得税若干优惠政策的通知》(财税〔2008〕1号)规定,可以全额在企业所得税前扣除。软件生产企业应准确划分职工教育经费中的职工培训费支出,对于不能准确划分的,以及准确划分后职工教育经费中扣除职工培训费用的余额,一律按照工资、薪金总额2.5%的比例扣除。

上述计算职工福利费、工会经费、职工教育经费的"工资、薪金总额",是指企业按照上述第(1)条规定实际发放的工资、薪金总和,不包括企业的职工福利费、职工教育经费、工会经费以及养老保险费、医疗保险费、失业保险费、工伤保险费、生育保险费等社会保险费和住房公积金。属于国有性质的企业,其工资、薪金,不得超过政府有关部门给予的限定数额;超过部分,不得计入企业工资、薪金总额,也不得在计算企业应纳税所得额时扣除。

(3) 社会保险费。

① 企业依照国务院有关主管部门或者省级人民政府规定的范围和标准为职工缴纳的"五险一金",即基本养老保险费、基本医疗保险费、失业保险费、工伤保险费、生育保险费等基本社会保险费和住房公积金,准予扣除。

② 企业为投资者或者职工支付的补充养老保险费、补充医疗保险费,在国务院财政、税务主管部门规定的范围和标准内,准予扣除。企业依照国家有关规定为特殊工种职工支付

的人身安全保险费和符合国务院财政、税务主管部门规定可以扣除的商业保险费准予扣除。

③ 企业参加财产保险，按照规定缴纳的保险费，准予扣除。企业为投资者或者职工支付的商业保险费，不得扣除。

（4）利息费用。企业在生产、经营活动中发生的利息费用，按下列规定扣除。

① 非金融企业向金融企业借款的利息支出、金融企业的各项存款利息支出和同业拆借利息支出、企业经批准发行债券的利息支出可据实扣除。

② 非金融企业向非金融企业借款的利息支出，不超过按照金融企业同期同类贷款利率计算的数额的部分可据实扣除，超过部分不许扣除。

③ 关联企业利息费用的扣除。企业从其关联方接受的债权性投资与权益性投资的比例超过规定标准而发生的利息支出，不得在计算应纳税所得额时扣除。

④ 企业向自然人借款的利息支出在企业所得税税前的扣除。

（5）借款费用。

① 企业在生产经营活动中发生的合理的不需要资本化的借款费用，准予扣除。

② 企业为购置、建造固定资产、无形资产和经过 12 个月以上的建造才能达到预定可销售状态的存货发生借款的，在有关资产购置、建造期间发生的合理的借款费用，应予以资本化，作为资本性支出计入有关资产的成本；有关资产交付使用后发生的借款利息，可在发生当期扣除。

（6）汇兑损失。企业在货币交易中，以及纳税年度终了时将人民币以外的货币性资产、负债按照期末即期人民币汇率中间价折算为人民币时产生的汇兑损失，除已经计入有关资产成本以及与向所有者进行利润分配相关的部分外，准予扣除。

（7）业务招待费。企业发生的与生产经营活动有关的业务招待费支出，按照发生额的 60% 扣除，但最高不得超过当年销售（营业）收入的 5‰。当年销售（营业）收入还包括《企业所得税法实施条例》第二十五条规定的视同销售（营业）收入额。

（8）广告费和业务宣传费。企业发生的符合条件的广告费和业务宣传费支出，除国务院财政、税务主管部门另有规定外，不超过当年销售（营业）收入 15% 的部分，准予扣除；超过部分，准予结转以后纳税年度扣除。

企业申报扣除的广告费支出应与赞助支出严格区分。企业申报扣除的广告费支出，必须符合下列条件：广告是通过工商部门批准的专门机构制作的；已实际支付费用，并已取得相应发票；通过一定的媒体传播。

（9）环境保护专项资金。企业依照法律、行政法规有关规定提取的用于环境保护、生态恢复等方面的专项资金，准予扣除。上述专项资金提取后改变用途的，不得扣除。

（10）保险费。企业参加财产保险，按照规定缴纳的保险费，准予扣除。

（11）租赁费。企业根据生产经营活动的需要租入固定资产支付的租赁费，按照以下方法扣除：

① 以经营租赁方式租入固定资产发生的租赁费支出，按照租赁期限均匀扣除。经营性租赁是指所有权不转移的租赁。

② 以融资租赁方式租入固定资产发生的租赁费支出，按照规定构成融资租入固定资产

价值的部分应当提取折旧费用,分期扣除。融资租赁,是指在实质上转移与一项资产所有权有关的全部风险和报酬的一种租赁。

(12)劳动保护费。企业发生的合理的劳动保护支出,准予扣除。

(13)公益性捐赠支出。公益性捐赠是指企业通过公益性社会团体、公益性群众团体或者县级(含县级)以上人民政府及其部门,用于《公益事业捐赠法》规定的公益事业的捐赠。

企业发生的公益性捐赠支出,不超过年度利润总额12%的部分,准予扣除。年度利润总额,是指企业依照国家统一会计制度的规定计算的年度会计利润。

(14)有关资产的费用。企业转让各类固定资产发生的费用,允许扣除。企业按规定计算的固定资产折旧费、无形资产和递延资产的摊销费,准予扣除。

(15)总机构分摊的费用。非居民企业在中国境内设立的机构、场所,就其中国境外总机构发生的与该机构、场所生产经营有关的费用,能够提供总机构出具的费用汇集范围、定额、分配依据和方法等证明文件,并合理分摊的,准予扣除。

(16)资产损失。企业当期发生的固定资产和流动资产盘亏、毁损净损失,由其提供清查盘存资料经主管税务机关审核后,准予扣除;企业因存货盘亏、毁损、报废等原因不得从销项税金中抵扣的进项税额,应视同企业财产损失,准予与存货损失一起在所得税前按规定扣除。

(17)依照有关法律、行政法规和国家有关税法规定准予扣除的其他项目。如会员费、合理的会议费、差旅费、违约金、诉讼费用等。

(18)手续费及佣金支出。

① 企业发生与生产经营有关的手续费及佣金支出,不超过规定计算限额以内的部分,准予扣除;超过部分,不得扣除。

② 企业应与具有合法经营资格中介服务企业或个人签订代办协议或合同,并按国家有关规定支付手续费及佣金。除委托个人代理外,企业以现金等非转账方式支付的手续费及佣金不得在税前扣除。企业为发行权益性证券支付给有关证券承销机构的手续费及佣金不得在税前扣除。

③ 企业不得将手续费及佣金支出计入回扣、业务提成、返利、进场费等费用。

④ 企业已计入固定资产、无形资产等相关资产的手续费及佣金支出,应当通过折旧、摊销等方式分期扣除,不得在发生当期直接扣除。

⑤ 企业支付的手续费及佣金不得直接冲减服务协议或合同金额,并如实入账。

⑥ 企业应当如实向当地主管税务机关提供当年手续费及佣金计算分配表和其他相关资料,并依法取得合法真实凭证。

4. 不得扣除的项目

在计算应纳税所得额时,下列支出不得扣除:

(1)向投资者支付的股息、红利等权益性投资收益款项。

(2)企业所得税款。

(3)税收滞纳金,是指纳税人违反税收法规,被税务机关处以的滞纳金。

（4）罚金、罚款和被没收财物的损失，是指纳税人违反国家有关法律、法规规定，被有关部门处以的罚款，以及被司法机关处以的罚金和被没收财物。

（5）超过规定标准的捐赠支出。

（6）赞助支出，是指企业发生的与生产经营活动无关的各种非广告性质支出。

（7）未经核定的准备金支出，是指不符合国务院财政、税务主管部门规定的各项资产减值准备、风险准备等准备金支出。

（8）企业之间支付的管理费、企业内营业机构之间支付的租金和特许权使用费，以及非银行企业内营业机构之间支付的利息，不得扣除。

（9）与取得收入无关的其他支出。

5. 亏损弥补

亏损是指企业依照《企业所得税法》及其暂行条例的规定，将每一纳税年度的收入总额减除不征税收入、免税收入和各项扣除后小于零的数额。税法规定，企业某一纳税年度发生的亏损可以用下一年度的所得弥补，下一年度的所得不足以弥补的，可以逐年延续弥补，但最长不得超过 5 年。而且，企业在汇总计算缴纳企业所得税时，其境外营业机构的亏损不得抵减境内营业机构的盈利。

3.2.8　资产的税务处理

纳入税务处理范围的资产形式主要有固定资产、生物资产、无形资产、长期待摊费用、投资资产、存货等，均以历史成本为计税基础。历史成本，是指企业取得该项资产时实际发生的支出。企业持有各项资产期间资产增值或者减值，除国务院财政、税务主管部门规定可以确认损益外，不得调整该资产的计税基础。

1. 固定资产的税务处理

固定资产是指企业为生产产品、提供劳务、出租或者经营管理而持有的、使用时间超过 12 个月的非货币性资产，包括房屋、建筑物、机器、机械、运输工具以及其他与生产经营活动有关的设备、器具、工具等。

1）固定资产计税基础

（1）外购的固定资产，以购买价款和支付的相关税费以及直接归属于使该资产达到预定用途发生的其他支出为计税基础。

（2）自行建造的固定资产，以竣工结算前发生的支出为计税基础。

（3）融资租入的固定资产，以租赁合同约定的付款总额和承租人在签订租赁合同过程中发生的相关费用为计税基础，租赁合同未约定付款总额的，以该资产的公允价值和承租人在签订租赁合同过程中发生的相关费用为计税基础。

（4）盘盈的固定资产，以同类固定资产的重置完全价值为计税基础。

（5）通过捐赠、投资、非货币性资产交换、债务重组等方式取得的固定资产，以该资产的公允价值和支付的相关税费为计税基础。

（6）改建的固定资产，除已足额提取折旧的固定资产和租入的固定资产以外的其他固定资产，以改建过程中发生的改建支出增加计税基础。

2）固定资产折旧的范围

在计算应纳税所得额时，企业按照规定计算的固定资产折旧，准予扣除。下列固定资产不得计算折旧扣除：

（1）房屋、建筑物以外未投入使用的固定资产。

（2）以经营租赁方式租入的固定资产。

（3）以融资租赁方式租出的固定资产。

（4）已足额提取折旧仍继续使用的固定资产。

（5）与经营活动无关的固定资产。

（6）单独估价作为固定资产入账的土地。

（7）其他不得计算折旧扣除的固定资产。

3）固定资产折旧的计提方法

（1）企业应当自固定资产投入使用月份的次月起计算折旧；停止使用的固定资产，应当自停止使用月份的次月起停止计算折旧。

（2）企业应当根据固定资产的性质和使用情况，合理确定固定资产的预计净残值。固定资产的预计净残值一经确定，不得变更。

（3）固定资产按照直线法计算的折旧，准予扣除。

4）固定资产折旧的计提年限

除国务院财政、税务主管部门另有规定外，固定资产计算折旧的最低年限如下：

（1）房屋、建筑物，为 20 年。

（2）飞机、火车、轮船、机器、机械和其他生产设备，为 10 年。

（3）与生产经营活动有关的器具、工具、家具等，为 5 年。

（4）飞机、火车、轮船以外的运输工具，为 4 年。

（5）电子设备，为 3 年。

从事开采石油、天然气等矿产资源的企业，在开始商业性生产前发生的费用和有关固定资产的折耗、折旧方法，由国务院财政、税务主管部门另行规定。

2. 生物资产的税务处理

生物资产是指有生命的动物和植物。生物资产分为消耗性生物资产、生产性生物资产和公益性生物资产。

（1）消耗性生物资产，是指为出售而持有的，或在将来收获为农产品的生物资产，包括生长中的农田作物、蔬菜、用材林以及存栏待售的牲畜等。

（2）生产性生物资产，是指为产出农产品、提供劳务或出租等目的而持有的生物资产，包括经济林、薪炭林、产畜和役畜等。

（3）公益性生物资产，是指以防护、环境保护为主要目的的生物资产，包括防风固沙林、水土保持林和水源涵养林等。

1）生物资产的计税基础

生产性生物资产按照以下方法确定计税基础：

（1）外购的生产性生物资产，以购买价款和支付的相关税费为计税基础。

（2）通过捐赠、投资、非货币性资产交换、债务重组等方式取得的生产性生物资产，以该资产的公允价值和支付的相关税费为计税基础。

2）生物资产的折旧方法和折旧年限

生产性生物资产按照直线法计算的折旧，准予扣除。企业应当自生产性生物资产投入使用月份的次月起计算折旧；停止使用的生产性生物资产，应当自停止使用月份的次月起停止计算折旧。

企业应当根据生产性生物资产的性质和使用情况，合理确定生产性生物资产的预计净残值。生产性生物资产的预计净残值一经确定，不得变更。

生产性生物资产计算折旧的最低年限如下：

（1）林木类生产性生物资产，为 10 年。

（2）畜类生产性生物资产，为 3 年。

3. 无形资产的税务处理

无形资产是指企业长期使用、但没有实物形态的资产，包括专利权、商标权、著作权、土地使用权、非专利技术、商誉等。

1）无形资产的计税基础

无形资产按照以下方法确定计税基础：

（1）外购的无形资产，以购买价款和支付的相关税费以及直接归属于使该资产达到预定用途发生的其他支出为计税基础。

（2）自行开发的无形资产，以开发过程中该资产符合资本化条件后至达到预定用途前发生的支出为计税基础。

（3）通过捐赠、投资、非货币性资产交换、债务重组等方式取得的无形资产，以该资产的公允价值和支付的相关税费为计税基础。

2）无形资产摊销的范围

在计算应纳税所得额时，企业按照规定计算的无形资产摊销费用，准予扣除。下列无形资产不得计算摊销费用扣除：

（1）自行开发的支出已在计算应纳税所得额时扣除的无形资产。

（2）自创商誉。

（3）与经营活动无关的无形资产。

（4）其他不得计算摊销费用扣除的无形资产。

3）无形资产的摊销方法及年限

无形资产的摊销，采取直线法计算。无形资产的摊销年限不得低于 10 年。作为投资或者受让的无形资产，有关法律规定或者合同约定了使用年限的，可以按照规定或者约定的使用年限分期摊销。外购商誉的支出，在企业整体转让或者清算时，准予扣除。

4. 长期待摊费用的税务处理

长期待摊费用是指企业发生的应在一个年度以上或几个年度进行摊销的费用。在计算应纳税所得额时，企业发生的下列支出作为长期待摊费用，按照规定摊销的，准予扣除。

（1）已足额提取折旧的固定资产的改建支出。

（2）租入固定资产的改建支出。

（3）固定资产的大修理支出。

（4）其他应当作为长期待摊费用的支出。

企业的固定资产修理支出可在发生当期直接扣除。企业的固定资产改良支出，如果有关固定资产尚未提足折旧，可增加固定资产价值；如有关固定资产已提足折旧，可作为长期待摊费用，在规定的期间内平均摊销。

固定资产的改建支出，是指改变房屋或者建筑物结构、延长使用年限等发生的支出。已足额提取折旧的固定资产的改建支出，按照固定资产预计尚可使用年限分期摊销；租入固定资产的改建支出，按照合同约定的剩余租赁期限分期摊销；改建的固定资产延长使用年限的，除已足额提取折旧的固定资产、租入固定资产的改建支出外，其他的固定资产发生改建支出，应当适当延长折旧年限。

大修理支出按照固定资产尚可使用年限分期摊销。

《企业所得税法》所指固定资产的大修理支出，是指同时符合下列条件的支出：

（1）修理支出达到取得固定资产时的计税基础 50％ 以上。

（2）修理后固定资产的使用年限延长 2 年以上。

其他应当作为长期待摊费用的支出，自支出发生月份的次月起，分期摊销，摊销年限不得低于 3 年。

5. 存货的税务处理

存货是指企业持有以备出售的产品或者商品、处在生产过程中的产品、在生产或者提供劳务过程中耗用的材料和物料等。

存货按照以下方法确定成本：

（1）通过支付现金方式取得的存货，以购买价款和支付的相关税费为成本。

（2）通过支付现金以外的方式取得的存货，以该存货的公允价值和支付的相关税费为成本。

（3）生产性生物资产收获的农产品，以产出或者采收过程中发生的材料费、人工费和分摊的间接费用等必要支出为成本。

（4）存货的成本计算方法。企业使用或者销售的存货的成本计算方法，可以在先进先出法、加权平均法、个别计价法中选用一种。计价方法一经选用，不得随意变更。

企业转让以上资产，在计算企业应纳税所得额时，资产的净值允许扣除。其中，资产的净值是指有关资产、财产的计税基础减除已经按照规定扣除的折旧、折耗、摊销、准备金等后的余额。

除国务院财政、税务主管部门另有规定外，企业在重组过程中，应当在交易发生时确认有关资产的转让所得或者损失，相关资产应当按照交易价格重新确定计税基础。

6. 投资资产的税务处理

投资资产是指企业对外进行权益性投资和债权性投资而形成的资产。

1）投资资产的成本

投资资产按以下方法确定投资成本：

（1）通过支付现金方式取得的投资资产，以购买价款为成本。

（2）通过支付现金以外的方式取得的投资资产，以该资产的公允价值和支付的相关税费为成本。

2）投资资产成本的扣除方法

企业对外投资期间，投资资产的成本在计算应纳税所得额时不得扣除，企业在转让或者处置投资资产时，投资资产的成本准予扣除。

3.2.9 所得税税收优惠

1. 免征与减征优惠

1）企业的下列收入为免税收入

（1）国债利息收入。所称国债利息收入，是指企业持有国务院财政部门发行的国债取得的利息收入。

（2）符合条件的居民企业之间的股息、红利等权益性投资收益。所称符合条件的居民企业之间的股息、红利等权益性投资收益，是指居民企业直接投资于其他居民企业取得的投资收益，不包括连续持有居民企业公开发行并上市流通的股票不足 12 个月取得的投资收益。

（3）在中国境内设立机构、场所的非居民企业从居民企业取得与该机构、场所有实际联系的股息、红利等权益性投资收益。所称股息、红利等权益性投资收益，不包括连续持有居民企业公开发行并上市流通的股票不足 12 个月取得的投资收益。

（4）符合条件的非营利组织的收入。所称符合条件的非营利组织，是指同时符合下列条件的组织：

① 依法履行非营利组织登记手续。

② 从事公益性或者非营利性活动。

③ 取得的收入除用于与该组织有关的、合理的支出外，全部用于登记核定或者章程规定的公益性或者非营利性事业。

④ 财产及其孳息不用于分配。

⑤ 按照登记核定或者章程规定，该组织注销后的剩余财产用于公益性或者非营利性目的，或者由登记管理机关转赠给与该组织性质、宗旨相同的组织，并向社会公告。

⑥ 投入人对投入该组织的财产不保留或者享有任何财产权利。

⑦ 工作人员工资福利开支控制在规定的比例内，不变相分配该组织的财产。

上述非营利组织的认定管理办法由国务院财政、税务主管部门会同国务院有关部门制定。

以上所称符合条件的非营利组织的收入，不包括非营利组织从事营利性活动取得的收入，但国务院财政、税务主管部门另有规定的除外。

2）从事农、林、牧、渔业项目的所得

略。

3）从事国家重点扶持的公共基础设施项目投资经营的所得

企业从事国家重点扶持的公共基础设施项目的投资经营的所得,自项目取得第一笔生产经营收入所属纳税年度起,第一年至第三年免征企业所得税,第四年至第六年减半征收企业所得税。

企业承包经营、承包建设和内部自建自用本条规定的项目,不得享受本条规定的企业所得税优惠。

4）从事符合条件的环境保护、节能节水项目的所得

环境保护、节能节水项目的所得,自项目取得第一笔生产经营收入所属纳税年度起,第一年至第三年免征企业所得税,第四年至第六年减半征收企业所得。

5）符合条件的技术转让所得

企业所得税法所称符合条件的技术转让所得免征、减征企业所得税,是指一个纳税年度内,居民企业转让技术所有权所得不超过 500 万元的部分,免征企业所得税;超过 500 万元的部分,减半征收企业所得税。

2. 高新技术企业优惠

国家需要重点扶持的高新技术企业减按 15% 的所得税税率征收企业所得税。

3. 小型微利企业优惠

小型微利企业减按 20% 的所得税税率征收企业所得税。小型微利企业的条件如下:

（1）工业企业,年度应纳税所得额不超过 30 万元,从业人数不超过 100 人,资产总额不超过 3 000 万元。

（2）其他企业,年度应纳税所得额不超过 30 万元,从业人数不超过 80 人,资产总额不超过 1 000 万元。

4. 加计扣除优惠

加计扣除优惠包括以下两项内容:

（1）研究开发费,是指企业为开发新技术、新产品、新工艺发生的研究开发费用,未形成无形资产计入当期损益的,在按照规定据实扣除的基础上,按照研究开发费用的 50% 加计扣除;形成无形资产的,按照无形资产成本的 150% 摊销。

（2）企业安置残疾人员所支付的工资,是指企业安置残疾人员的,在按照支付给残疾职工工资据实扣除的基础上,按照支付给残疾职工工资的 100% 加计扣除。

5. 创投企业优惠

创投企业从事国家需要重点扶持和鼓励的创业投资,可以按投资额的一定比例抵扣应纳税所得额。

创投企业是指创业投资企业采取股权投资方式投资于未上市的中小高新技术企业 2 年以上的,可以按照其投资额的 70% 在股权持有满 2 年的当年抵扣该创业投资企业的应纳税所得额;当年不足抵扣的,可以在以后纳税年度结转抵扣。例如,甲企业 2008 年 1 月 1 日向乙企业（未上市的中小高新技术企业）投资 100 万元,股权持有到 2009 年 12 月 31 日。甲企业 2009 年度可抵扣的应纳税所得额为 70 万元。

6. 加速折旧优惠

企业的固定资产由于技术进步等原因,确需加速折旧的,可以缩短折旧年限或者采取加速折旧的方法。可采用以上折旧方法的固定资产是指:

(1) 由于技术进步,产品更新换代较快的固定资产。

(2) 常年处于强震动、高腐蚀状态的固定资产。

采取缩短折旧年限方法的,最低折旧年限不得低于规定折旧年限的60%;采取加速折旧方法的,可以采取双倍余额递减法或者年数总和法。

7. 减计收入优惠

减计收入优惠是企业综合利用资源,生产符合国家产业政策规定的产品所取得的收入,可以在计算应纳税所得额时减计收入。

综合利用资源是指企业以《资源综合利用企业所得税优惠目录》规定的资源作为主要原材料,生产国家非限制和禁止并符合国家和行业相关标准的产品取得的收入,减按90%计入收入总额。

8. 税额抵免优惠

税额抵免是指企业购置并实际使用《环境保护专用设备企业所得税优惠目录》《节能节水专用设备企业所得税优惠目录》和《安全生产专用设备企业所得税优惠目录》规定的环境保护、节能节水、安全生产等专用设备的,该专用设备的投资额的10%可以从企业当年的应纳税额中抵免;当年不足抵免的,可以在以后5个纳税年度结转抵免。

9. 非居民企业优惠

非居民企业减按10%的所得税税率征收企业所得税。

10. 其他优惠

1)"两免三减半""五免五减半"过渡政策

自2008年1月1日起,原享受企业所得税"两免三减半""五免五减半"等定期减免税优惠的企业,新税法施行后继续按原税收法律、行政法规及相关文件规定的优惠办法及年限享受至期满为止。

但因未获利而尚未享受税收优惠的,其优惠期限从2008年度起计算。

2)西部大开发税收优惠

根据国务院实施西部大开发有关文件精神,财政部、税务总局和海关总署联合下发的《财政部、国家税务总局、海关总署关于西部大开发税收优惠政策问题的通知》(财税〔2001〕202号)中规定的西部大开发企业所得税优惠政策继续执行。

企业所得税的税率即据以计算企业所得税应纳税额的法定比率。根据《中华人民共和国企业所得税法》(2007年3月16日第十届全国人民代表大会第五次会议通过)的规定,我国企业所得税采用25%的比例税率。另外:

(1) 非居民企业取得《企业所得税法》第三条第三款规定的所得,适用税率为20%征收企业所得税。

(2) 符合条件的小型微利企业,减按20%的税率征收企业所得税。

(3) 国家需要重点扶持的高新技术企业,减按 15% 的税率征收企业所得税。

3.2.10　企业所得税纳税地点

1. 居民企业的纳税地点

除税收法律、行政法规另有规定外,居民企业以企业登记注册地为纳税地点;但登记注册地在境外的,以实际管理机构所在地为纳税地点(一个是优先标准,一个是附加标准)。

2. 非居民企业的纳税地点

非居民企业在中国境内设立机构、场所的,应当就其所设机构、场所取得的来源于中国境内的所得,以及发生在中国境外但与其所设机构、场所有实际联系的所得,以机构、场所所在地为纳税地点。非居民企业在中国境内设立两个或两个以上机构、场所的,经税务机关审核批准,可以选择由其主要机构、场所汇总缴纳企业所得税。

在中国境内未设立机构、场所的,或者虽设立机构、场所但取得的所得与其所设机构、场所没有实际联系的非居民企业,以扣缴义务人所在地为纳税地点。

3.2.11　企业所得税纳税期限

企业所得税按年计征,分月或者分季预缴,年终汇算清缴,多退少补。

企业所得税的纳税年度,自公历 1 月 1 日起至 12 月 31 日止。企业在一个纳税年度的中间开业,或者由于合并、关闭等原因终止经营活动,使该纳税年度的实际经营期不足 12 个月的,应当以其实际经营期为 1 个纳税年度。企业清算时,应当以清算期间作为 1 个纳税年度。自年度终了之日起 5 个月内,向税务机关报送年度企业所得税纳税申报表,并汇算清缴,结清应缴应退税款。

企业在年度中间终止经营活动的,应当自实际经营终止之日起 60 日内,向税务机关办理当期企业所得税汇算清缴。

【实训指导】

1. 企业所得税纳税申报流程

按月或按季预缴的,应当自月份或者季度终了之日起 15 日内,向税务机关报送预缴企业所得税纳税申报表,预缴税款。

企业在报送企业所得税纳税申报表时,应当按照规定附送财务会计报告和其他有关资料。企业应当在办理注销登记前,就其清算所得向税务机关申报并依法缴纳企业所得税。

依照《企业所得税法》缴纳的企业所得税,以人民币计算。所得以人民币以外的货币计算的,应当折合成人民币计算并缴纳税款。

企业在纳税年度内无论盈利或者亏损,都应当依照《企业所得税法》第五十四条规定的期限,向税务机关报送预缴企业所得税纳税申报表、年度企业所得税纳税申报表、财务会计报告和税务机关规定应当报送的其他有关资料。

2. 企业所得税纳税申报表及填表说明

A100000

中华人民共和国企业所得税年度纳税申报表（A类）

行次	类别	项　目	金　额
1	利润总额计算	一、营业收入（填写 A101010\101020\103000）	
2		减：营业成本（填写 A102010\102020\103000）	
3		税金及附加	
4		销售费用（填写 A104000）	
5		管理费用（填写 A104000）	
6		财务费用（填写 A104000）	
7		资产减值损失	
8		加：公允价值变动收益	
9		投资收益	
10		二、营业利润（1－2－3－4－5－6－7＋8＋9）	
11		加：营业外收入（填写 A101010\101020\103000）	
12		减：营业外支出（填写 A102010\102020\103000）	
13		三、利润总额（10＋11－12）	
14	应纳税所得额计算	减：境外所得（填写 A108010）	
15		加：纳税调整增加额（填写 A105000）	
16		减：纳税调整减少额（填写 A105000）	
17		减：免税、减计收入及加计扣除（填写 A107010）	
18		加：境外应税所得抵减境内亏损（填写 A108000）	
19		四、纳税调整后所得（13－14＋15－16－17＋18）	
20		减：所得减免（填写 A107020）	
21		减：抵扣应纳税所得额（填写 A107030）	
22		减：弥补以前年度亏损（填写 A106000）	
23		五、应纳税所得额（19－20－21－22）	
24	应纳税额计算	税率（25%）	
25		六、应纳所得税额（23×24）	
26		减：减免所得税额（填写 A107040）	
27		减：抵免所得税额（填写 A107050）	
28		七、应纳税额（25－26－27）	
29		加：境外所得应纳所得税额（填写 A108000）	
30		减：境外所得抵免所得税额（填写 A108000）	
31		八、实际应纳所得税额（28＋29－30）	
32		减：本年累计实际已预缴的所得税额	
33		九、本年应补（退）所得税额（31－32）	
34		其中：总机构分摊本年应补（退）所得税额（填写 A109000）	
35		财政集中分配本年应补（退）所得税额（填写 A109000）	
36		总机构主体生产经营部门分摊本年应补（退）所得税额（填写 A109000）	
37	附列资料	以前年度多缴的所得税额在本年抵减额	
38		以前年度应缴未缴在本年入库所得税额	

填表说明

本表为年度纳税申报表主表,企业应该根据《中华人民共和国企业所得税》及其实施条例(以下简称税法)、相关税收政策,以及国家统一会计制度(企业会计准则、小企业会计准则、企业会计制度、事业单位会计准则和民间非营利组织会计制度等)的规定,计算填报纳税人利润总额、应纳税所得额、应纳税额和附列资料等有关项目。

企业在计算应纳税所得额及应纳所得税时,企业财务、会计处理办法与税法规定不一致的,应当按照税法规定计算。税法规定不明确的,在没有明确规定之前,暂按企业财务、会计规定计算。

一、有关项目填报说明。

(一)表体项目。

本表是在纳税人会计利润总额的基础上,加减纳税调整等金额后计算出"纳税调整后所得"(应纳税所得额)。会计与税法的差异(包括收入类、扣除类、资产类等差异)通过《纳税调整项目明细表》(A105000)集中填报。

本表包括利润总额计算、应纳税所得额计算、应纳税额计算、附列资料四个部分。

1. "利润总额计算"中的项目,按照国家统一会计制度口径计算填报。实行企业会计准则、小企业会计准则、企业会计制度、分行业会计制度纳税人其数据直接取自利润表;实行事业单位会计准则的纳税人其数据取自收入支出表;实行民间非营利组织会计制度纳税人其数据取自业务活动表;实行其他国家统一会计制度的纳税人,根据本表项目进行分析填报。

2. "应纳税所得额计算"和"应纳税额计算"中的项目,除根据主表逻辑关系计算的外,通过附表相应栏次填报。

(二)行次说明。

第1~13行参照企业会计准则利润表的说明编写。

1. 第1行"营业收入":填报纳税人主要经营业务和其他经营业务取得的收入总额。本行根据"主营业务收入"和"其他业务收入"的数额填报。一般企业纳税人通过《一般企业收入明细表》(A101010)填报;金融企业纳税人通过《金融企业收入明细表》(A101020)填报;事业单位、社会团体、民办非企业单位、非营利组织等纳税人通过《事业单位、民间非营利组织收入、支出明细表》(A103000)填报。

2. 第2行"营业成本"项目:填报纳税人主要经营业务和其他经营业务发生的成本总额。本行根据"主营业务成本"和"其他业务成本"的数额填报。一般企业纳税人通过《一般企业成本支出明细表》(A102010)填报;金融企业纳税人通过《金融企业支出明细表》(A102020)填报;事业单位、社会团体、民办非企业单位、非营利组织等纳税人,通过《事业单位、民间非营利组织收入、支出明细表》(A103000)填报。

3. 第3行"税金及附加":填报纳税人经营活动发生的营业税、消费税、城市维护建设税、资源税、土地增值税和教育费附加等相关税费。本行根据纳税人相关会计科目填报。纳税人在其他会计科目核算的本行不得重复填报。

4. 第4行"销售费用":填报纳税人在销售商品和材料、提供劳务的过程中发生的各种费用。本行通过《期间费用明细表》(A104000)中对应的"销售费用"填报。

5. 第5行"管理费用":填报纳税人为组织和管理企业生产经营发生的管理费用。本行通过《期间费用明细表》(A104000)中对应的"管理费用"填报。

6. 第6行"财务费用":填报纳税人为筹集生产经营所需资金等发生的筹资费用。本行通过《期间费用明细表》(A104000)中对应的"财务费用"填报。

7. 第7行"资产减值损失":填报纳税人计提各项资产准备发生的减值损失。本行根据企业"资产减值损失"科目上的数额填报。实行其他会计准则等的比照填报。

8. 第8行"公允价值变动收益":填报纳税人在初始确认时划分为以公允价值计量且其变动计入当期损益的金融资产或金融负债(包括交易性金融资产或负债,直接指定为以公允价值计量且其变动计入当期损益的金融资产或金融负债),以及采用公允价值模式计量的投资性房地产、衍生工具和套期业务中公允价值变动形成的应计入当期损益的利得或损失。本行根据企业"公允价值变动损益"科目的数额填报。(损失以"-"号填列)

9. 第9行"投资收益":填报纳税人以各种方式对外投资确认所取得的收益或发生的损失。根据企业"投资收益"科目的数额计算填报;实行事业单位会计准则的纳税人根据"其他收入"科目中的投资收益金额分析填报(损失以"-"号填列)。实行其他会计准则等的比照填报。

10. 第10行"营业利润":填报纳税人当期的营业利润。根据上述项目计算填列。

11. 第11行"营业外收入":填报纳税人取得的与其经营活动无直接关系的各项收入的金额。一般企业纳税人通过

《一般企业收入明细表》(A101010)填报;金融企业纳税人通过《金融企业收入明细表》(A101020)填报;实行事业单位会计准则或民间非营利组织会计制度的纳税人通过《事业单位、民间非营利组织收入、支出明细表》(A103000)填报。

12. 第12行"营业外支出":填报纳税人发生的与其经营活动无直接关系的各项支出的金额。一般企业纳税人通过《一般企业成本支出明细表》(A102010)填报;金融企业纳税人通过《金融企业支出明细表》(A102020)填报;实行事业单位会计准则或民间非营利组织会计制度的纳税人通过《事业单位、民间非营利组织收入、支出明细表》(A103000)填报。

13. 第13行"利润总额":填报纳税人当期的利润总额。根据上述项目计算填列。

14. 第14行"境外所得":填报纳税人发生的分国(地区)别取得的境外税后所得计入利润总额的金额。填报《境外所得纳税调整后所得明细表》(A108010)第14列减去第11列的差额。

15. 第15行"纳税调整增加额":填报纳税人会计处理与税收规定不一致,进行纳税调整增加的金额。本行通过《纳税调整项目明细表》(A105000)"调增金额"列填报。

16. 第16行"纳税调整减少额":填报纳税人会计处理与税收规定不一致,进行纳税调整减少的金额。本行通过《纳税调整项目明细表》(A105000)"调减金额"列填报。

17. 第17行"免税、减计收入及加计扣除":填报属于税法规定免税收入、减计收入、加计扣除金额。本行通过《免税、减计收入及加计扣除优惠明细表》(A107010)填报。

18. 第18行"境外应税所得抵减境内亏损":填报纳税人根据税法规定,选择用境外所得抵减境内亏损的数额。本行通过《境外所得税收抵免明细表》(A108000)填报。

19. 第19行"纳税调整后所得":填报纳税人经过纳税调整、税收优惠、境外所得计算后的所得额。

20. 第20行"所得减免":填报属于税法规定所得减免金额。本行通过《所得减免优惠明细表》(A107020)填报,本行<0时,填写负数。

21. 第21行"抵扣应纳税所得额":填报根据税法规定应抵扣的应纳税所得额。本行通过《抵扣应纳税所得额明细表》(A107030)填报。

22. 第22行"弥补以前年度亏损":填报纳税人按照税法规定可在税前弥补的以前年度亏损的数额,本行根据《企业所得税弥补亏损明细表》(A106000)填报。

23. 第23行"应纳税所得额":金额等于本表第19-20-21-22行计算结果。本行不得为负数。本表第19行或者按照上述行次顺序计算结果本行为负数,本行金额填零。

24. 第24行"税率":填报税法规定的税率25%。

25. 第25行"应纳所得税额":金额等于本表第23×24行。

26. 第26行"减免所得税额":填报纳税人按税法规定实际减免的企业所得税额。本行通过《减免所得税优惠明细表》(A107040)填报。

27. 第27行"抵免所得税额":填报企业当年的应纳所得税额中抵免的金额。本行通过《税额抵免优惠明细表》(A107050)填报。

28. 第28行"应纳税额":金额等于本表第25-26-27行。

29. 第29行"境外所得应纳所得税额":填报纳税人来源于中国境外的所得,按照我国税法规定计算的应纳所得税额。本行通过《境外所得税收抵免明细表》(A108000)填报。

30. 第30行"境外所得抵免所得税额":填报纳税人来源于中国境外所得依照中国境外税收法律以及相关规定应缴纳并实际缴纳(包括视同已实际缴纳)的企业所得税性质的税款(准予抵免税款)。本行通过《境外所得税收抵免明细表》(A108000)填报。

31. 第31行"实际应纳所得税额":填报纳税人当期的实际应纳所得税额。金额等于本表第28+29-30行。

32. 第32行"本年累计实际已预缴的所得税额":填报纳税人按照税法规定本纳税年度已在月(季)度累计预缴的所得税额,包括按照税法规定的特定业务已预缴(征)的所得税额,建筑企业总机构直接管理的跨地区设立的项目部按规定向项目所在地主管税务机关预缴的所得税额。

33. 第33行"本年应补(退)的所得税额":填报纳税人当期应补(退)的所得税额。金额等于本表第31-32行。

34. 第34行"总机构分摊本年应补(退)所得税额":填报汇总纳税的总机构按照税收规定在总机构所在地分摊本年

应补(退)所得税款。本行根据《跨地区经营汇总纳税企业年度分摊企业所得税明细表》(A109000)填报。

35. 第 35 行"财政集中分配本年应补(退)所得税额":填报汇总纳税的总机构按照税收规定财政集中分配本年应补(退)所得税款。本行根据《跨地区经营汇总纳税企业年度分摊企业所得税明细表》(A109000)填报。

36. 第 36 行"总机构主体生产经营部门分摊本年应补(退)所得税额":填报汇总纳税的总机构所属的具有主体生产经营职能的部门按照税收规定应分摊的本年应补(退)所得税额。本行根据《跨地区经营汇总纳税企业年度分摊企业所得税明细表》(A109000)填报。

37. 第 37 行"以前年度多缴的所得税额在本年抵减额":填报纳税人以前纳税年度汇算清缴多缴的税款尚未办理退税、并在本纳税年度抵缴的所得税额。

38. 第 38 行"以前年度应缴未缴在本年入库所得额":填报纳税人以前纳税年度应缴未缴在本纳税年度入库所得税额。

二、表内、表间关系。

(一)表内关系。

1. 第 10 行＝第 1－2－3－4－5－6－7＋8＋9 行。

2. 第 13 行＝第 10＋11－12 行。

3. 第 19 行＝第 13－14＋15－16－17＋18 行。

4. 第 23 行＝第 19－20－21－22 行。

5. 第 25 行＝第 23×24 行。

6. 第 28 行＝第 25－26－27 行。

7. 第 31 行＝第 28＋29－30 行。

8. 第 33 行＝第 31－32 行。

(二)表间关系。

1. 第 1 行＝表 A101010 第 1 行或表 A101020 第 1 行或表 A103000 第 2＋3＋4＋5＋6 行或表 A103000 第 11＋12＋13＋14＋15 行。

2. 第 2 行＝表 A102010 第 1 行或表 A102020 第 1 行或表 A103000 第 19＋20＋21＋22 行或表 A103000 第 25＋26＋27 行。

3. 第 4 行＝表 A104000 第 25 行第 1 列。

4. 第 5 行＝表 A104000 第 25 行第 3 列。

5. 第 6 行＝表 A104000 第 25 行第 5 列。

6. 第 11 行＝表 A101010 第 16 行或表 A101020 第 35 行或表 A103000 第 9 行或第 17 行。

7. 第 12 行＝表 A102010 第 16 行或表 A102020 第 33 行或表 A103000 第 23 行或第 28 行。

8. 第 14 行＝表 A108010 第 10 行第 14 列－第 11 列。

9. 第 15 行＝表 A105000 第 43 行第 3 列。

10. 第 16 行＝表 A105000 第 43 行第 4 列。

11. 第 17 行＝表 A107010 第 27 行。

12. 第 18 行＝表 A108000 第 10 行第 6 列。(当本表第 13－14＋15－16－17 行≥0 时,本行＝0)。

13. 第 20 行＝表 A107020 第 40 行第 7 列。

14. 第 21 行＝表 A107030 第 7 行。

15. 第 22 行＝表 A106000 第 6 行第 10 列。

16. 第 26 行＝表 A107040 第 29 行。

17. 第 27 行＝表 A107050 第 7 行第 11 列。

18. 第 29 行＝表 A108000 第 10 行第 9 列。

19. 第 30 行＝表 A108000 第 10 行第 19 列。

20. 第 34 行＝表 A109000 第 12＋16 行。

21. 第 35 行＝表 A109000 第 13 行。

22. 第 36 行＝表 A109000 第 15 行。

A101010

一般企业收入明细表

行次	项 目	金 额
1	一、营业收入(2＋9)	
2	(一)主营业务收入(3＋5＋6＋7＋8)	
3	1. 销售商品收入	
4	其中:非货币性资产交换收入	
5	2. 提供劳务收入	
6	3. 建造合同收入	
7	4. 让渡资产使用权收入	
8	5. 其他	
9	(二)其他业务收入(10＋12＋13＋14＋15)	
10	1. 销售材料收入	
11	其中:非货币性资产交换收入	
12	2. 出租固定资产收入	
13	3. 出租无形资产收入	
14	4. 出租包装物和商品收入	
15	5. 其他	
16	二、营业外收入(17＋18＋19＋20＋21＋22＋23＋24＋25＋26)	
17	(一)非流动资产处置利得	
18	(二)非货币性资产交换利得	
19	(三)债务重组利得	
20	(四)政府补助利得	
21	(五)盘盈利得	
22	(六)捐赠利得	
23	(七)罚没利得	
24	(八)确实无法偿付的应付款项	
25	(九)汇兑收益	
26	(十)其他	

填表说明

本表适用于执行除事业单位会计准则、非营利企业会计制度以外的其他国家统一会计制度的非金融居民纳税人填报。纳税人应根据国家统一会计制度的规定,填报"主营业务收入""其他业务收入"和"营业外收入"。

一、有关项目填报说明。

1. 第 1 行"营业收入":根据主营业务收入、其他业务收入的数额计算填报。

2. 第2行"主营业务收入"：根据不同行业的业务性质分别填报纳税人核算的主营业务收入。

3. 第3行"销售商品收入"：填报从事工业制造、商品流通、农业生产以及其他商品销售的纳税人取得的主营业务收入。房地产开发企业销售开发产品(销售未完工开发产品除外)取得的收入也在此行填报。

4. 第4行"其中：非货币性资产交换收入"：填报纳税人发生的非货币性资产交换按照国家统一会计制度应确认的主营业务收入。

5. 第5行"提供劳务收入"：填报纳税人从事建筑安装、修理修配、交通运输、仓储租赁、邮电通信、咨询经纪、文化体育、科学研究、技术服务、教育培训、餐饮住宿、中介代理、卫生保健、社区服务、旅游、娱乐、加工以及其他劳务活动取得的主营业务收入。

6. 第6行"建造合同收入"：填报纳税人建造房屋、道路、桥梁、水坝等建筑物，以及生产船舶、飞机、大型机械设备等取得的主营业务收入。

7. 第7行"让渡资产使用权收入"：填报纳税人在主营业务收入核算的，让渡无形资产使用权而取得的使用费收入以及出租固定资产、无形资产、投资性房地产取得的租金收入。

8. 第8行"其他"：填报纳税人按照国家统一会计制度核算、上述未列举的其他主营业务收入。

9. 第9行"其他业务收入"：填报根据不同行业的业务性质分别填报纳税人核算的其他业务收入。

10. 第10行"材料销售收入"：填报纳税人销售材料、下脚料、废料、废旧物资等取得的收入。

11. 第11行"其中：非货币性资产交换收入"：填报纳税人发生的非货币性资产交换按照国家统一会计制度应确认的其他业务收入。

12. 第12行"出租固定资产收入"：填报纳税人将固定资产使用权让与承租人获取的其他业务收入。

13. 第13行"出租无形资产收入"：填报纳税人让渡无形资产使用权取得的其他业务收入。

14. 第14行"出租包装物和商品收入"：填报纳税人出租、出借包装物和商品取得的其他业务收入。

15. 第15行"其他"：填报纳税人按照国家统一会计制度核算、上述未列举的其他业务收入。

16. 第16行"营业外收入"：填报纳税人计入本科目核算的与生产经营无直接关系的各项收入。

17. 第17行"非流动资产处置利得"：填报纳税人处置固定资产、无形资产等取得的净收益。

18. 第18行"非货币性资产交换利得"：填报纳税人发生非货币性资产交换应确认的净收益。

19. 第19行"债务重组利得"：填报纳税人发生的债务重组业务确认的净收益。

20. 第20行"政府补助利得"：填报纳税人从政府无偿取得货币性资产或非货币性资产应确认的净收益。

21. 第21行"盘盈利得"：填报纳税人在清查财产过程中查明的各种财产盘盈应确认的净收益。

22. 第22行"捐赠利得"：填报纳税人接受的来自企业、组织或个人无偿给予的货币性资产、非货币性资产捐赠应确认的净收益。

23. 第23行"罚没利得"：填报纳税人在日常经营管理活动中取得的罚款、没收收入应确认的净收益。

24. 第24行"确实无法偿付的应付款项"：填报纳税人因确实无法偿付的应付款项而确认的收入。

25. 第25行"汇兑收益"：填报纳税人取得企业外币货币性项目因汇率变动形成的收益应确认的收入。(该项目为执行小企业准则企业填报)

26. 第26行"其他"：填报纳税人取得的上述项目未列举的其他营业外收入，包括执行企业会计准则纳税人按权益法核算长期股权投资对初始投资成本调整确认的收益，执行小企业会计准则纳税人取得的出租包装物和商品的租金收入、逾期未退包装物押金收益等。

二、表内、表间关系。

(一)表内关系。

1. 第1行＝第2＋9行。

2. 第2行＝第3＋5＋6＋7＋8行。

3. 第9行＝第10＋12＋13＋14＋15行。

4. 第16行＝第17＋18＋19＋20＋21＋22＋23＋24＋25＋26行。

(二)表间关系。

1. 第1行＝表A100000第1行。

2. 第16行＝表A100000第11行。

A102010

一般企业成本支出明细表

行次	项　目	金　额
1	一、营业成本(2+9)	
2	（一）主营业务成本(3+5+6+7+8)	
3	1. 销售商品成本	
4	其中:非货币性资产交换成本	
5	2. 提供劳务成本	
6	3. 建造合同成本	
7	4. 让渡资产使用权成本	
8	5. 其他	
9	（二）其他业务成本(10+12+13+14+15)	
10	1. 材料销售成本	
11	其中:非货币性资产交换成本	
12	2. 出租固定资产成本	
13	3. 出租无形资产成本	
14	4. 包装物出租成本	
15	5. 其他	
16	二、营业外支出(17+18+19+20+21+22+23+24+25+26)	
17	（一）非流动资产处置损失	
18	（二）非货币性资产交换损失	
19	（三）债务重组损失	
20	（四）非常损失	
21	（五）捐赠支出	
22	（六）赞助支出	
23	（七）罚没支出	
24	（八）坏账损失	
25	（九）无法收回的债券股权投资损失	
26	（十）其他	

填表说明

本表适用于执行除事业单位会计准则、非营利企业会计制度以外的其他国家统一会计制度的查账征收企业所得税非金融居民纳税人填报。纳税人应根据国家统一会计制度的规定,填报"主营业务成本""其他业务成本"和"营业外支出"。

一、有关项目填报说明。

1. 第 1 行"营业成本":填报纳税人主要经营业务和其他经营业务发生的成本总额。本行根据"主营业务成本"和"其他业务成本"的数额计算填报。

2. 第2行"主营业务成本"：根据不同行业的业务性质分别填报纳税人核算的主营业务成本。

3. 第3行"销售商品成本"：填报从事工业制造、商品流通、农业生产以及其他商品销售企业发生的主营业务成本。房地产开发企业销售开发产品(销售未完工开发产品除外)发生的成本也在此行填报。

4. 第4行其中："非货币性资产交换成本"：填报纳税人发生的非货币性资产交换按照国家统一会计制度应确认的主营业务成本。

5. 第5行"提供劳务成本"：填报纳税人从事建筑安装、修理修配、交通运输、仓储租赁、邮电通信、咨询经纪、文化体育、科学研究、技术服务、教育培训、餐饮住宿、中介代理、卫生保健、社区服务、旅游、娱乐、加工以及其他劳务活动发生的主营业务成本。

6. 第6行"建造合同成本"：填报纳税人建造房屋、道路、桥梁、水坝等建筑物，以及生产船舶、飞机、大型机械设备等发生的主营业务成本。

7. 第7行"让渡资产使用权成本"：填报纳税人在主营业务成本核算的，让渡无形资产使用权而发生的使用费成本以及出租固定资产、无形资产、投资性房地产发生的租金成本。

8. 第8行"其他"：填报纳税人按照国家统一会计制度核算，上述未列举的其他主营业务成本。

9. 第9行："其他业务成本"：根据不同行业的业务性质分别填报纳税人按照国家统一会计制度核算的其他业务成本。

10. 第10行"材料销售成本"：填报纳税人销售材料、下脚料、废料、废旧物资等发生的成本。

11. 第11行"非货币性资产交换成本"：填报纳税人发生的非货币性资产交换按照国家统一会计制度应确认的其他业务成本。

12. 第12行"出租固定资产成本"：填报纳税人将固定资产使用权让与承租人形成的出租固定资产成本。

13. 第13行"出租无形资产成本"：填报纳税人让渡无形资产使用权形成的出租无形资产成本。

14. 第14行"包装物出租成本"：填报纳税人出租、出借包装物形成的包装物出租成本。

15. 第15行"其他"：填报纳税人按照国家统一会计制度核算，上述未列举的其他业务成本。

16. 第16行"营业外支出"：填报纳税人计入本科目核算的与生产经营无直接关系的各项支出。

17. 第17行"非流动资产处置损失"：填报纳税人处置非流动资产形成的净损失。

18. 第18行"非货币性资产交换损失"：填报纳税人发生非货币性资产交换应确认的净损失。

19. 第19行"债务重组损失"：填报纳税人进行债务重组应确认的净损失。

20. 第20行"非常损失"：填报纳税人在营业外支出中核算的各项非正常的财产损失。

21. 第21行"捐赠支出"：填报纳税人无偿给予其他企业、组织或个人的货币性资产、非货币性资产的捐赠支出。

22. 第22行"赞助支出"：填报纳税人发生的货币性资产、非货币性资产赞助支出。

23. 第23行"罚没支出"：填报纳税人在日常经营管理活动中对外支付的各项罚没支出。

24. 第24行"坏账损失"：填报纳税人发生的各项坏账损失(该项目为使用小企业准则企业填报)。

25. 第25行"无法收回的债券股权投资损失"：填报纳税人各项无法收回的债券股权投资损失(该项目为使用小企业准则企业填报)。

26. 第26行"其他"：填报纳税人本期实际发生的在营业外支出核算的其他损失及支出。

二、表内、表间关系。

(一)表内关系。

1. 第1行＝第2＋9行。

2. 第2行＝第3＋5＋6＋7＋8行。

3. 第9行＝第10＋12＋13＋14＋15行。

4. 第16行＝第17＋18＋…＋26行。

(二)表间关系。

1. 第1行＝表A100000第2行。

2. 第16行＝表A100000第12行。

A104000

<h2 style="text-align:center">期间费用明细表</h2>

行次	项　目	销售费用	其中：境外支付	管理费用	其中：境外支付	财务费用	其中：境外支付
		1	2	3	4	5	6
1	一、职工薪酬		*		*	*	*
2	二、劳务费					*	*
3	三、咨询顾问费					*	*
4	四、业务招待费	*		*		*	*
5	五、广告费和业务宣传费						
6	六、佣金和手续费						
7	七、资产折旧摊销费	*		*		*	*
8	八、财产损耗、盘亏及毁损损失	*		*		*	*
9	九、办公费	*		*			
10	十、董事会费			*			
11	十一、租赁费					*	*
12	十二、诉讼费	*		*			
13	十三、差旅费	*		*			
14	十四、保险费					*	*
15	十五、运输、仓储费					*	*
16	十六、修理费					*	*
17	十七、包装费	*		*			*
18	十八、技术转让费						*
19	十九、研究费用					*	
20	二十、各项税费	*		*		*	
21	二十一、利息收支	*	*	*	*		
22	二十二、汇兑差额	*	*	*	*		
23	二十三、现金折扣	*	*	*			*
24	二十四、其他						
25	合计(1＋2＋3＋…24)						

填表说明

本表适用于执行企业会计准则、小企业会计准则、企业会计制度、分行业会计制度的查账征收居民纳税人填报。纳税人应根据企业会计准则、小企业会计准则、企业会计制度、分行业会计制度规定,填报"销售费用""管理费用"和"财务费用"等项目。

一、有关项目填报说明。

1. 第1列"销售费用":填报在"销售费用"科目进行核算的相关明细项目的金额,其中金融企业填报在"业务及管理费"科目进行核算的相关明细项目的金额。

2. 第2列"其中:境外支付":填报在"销售费用"科目进行核算的向境外支付的相关明细项目的金额,其中金融企业填报在"业务及管理费"科目进行核算的相关明细项目的金额。

3. 第 3 列"管理费用"：填报在"管理费用"科目进行核算的相关明细项目的金额。

4. 第 4 列"其中：境外支付"：填报在"管理费用"科目进行核算的向境外支付的相关明细项目的金额。

5. 第 5 列"财务费用"：填报在"财务费用"科目进行核算的有关明细项目的金额。

6. 第 6 列"其中：境外支付"：填报在"财务费用"科目进行核算的向境外支付的有关明细项目的金额。

7. 1 至 24 行：根据费用科目核算的具体项目金额进行填报，如果贷方发生额大于借方发生额，应填报负数。

8. 第 25 行第 1 列：填报第 1 行至 24 行第 1 列的合计数。

9. 第 25 行第 2 列：填报第 1 行至 24 行第 2 列的合计数。

10. 第 25 行第 3 列：填报第 1 行至 24 行第 3 列的合计数。

11. 第 25 行第 4 列：填报第 1 行至 24 行第 4 列的合计数。

12. 第 25 行第 5 列：填报第 1 行至 24 行第 5 列的合计数。

13. 第 25 行第 6 列：填报第 1 行至 24 行第 6 列的合计数。

二、表内、表间关系。

（一）表内关系。

1. 第 25 行第 1 列＝第 1 列第 1＋2＋…＋20＋24 行。

2. 第 25 行第 2 列＝第 2 列第 2＋3＋6＋11＋15＋16＋18＋19＋24 行。

3. 第 25 行第 3 列＝第 3 列第 1＋2＋…＋20＋24 行。

4. 第 25 行第 4 列＝第 4 列第 2＋3＋6＋11＋15＋16＋18＋19＋24 行。

5. 第 25 行第 5 列＝第 5 列第 6＋21＋22＋23＋24 行。

6. 第 25 行第 6 列＝第 6 列第 6＋21＋22＋24 行。

（二）表间关系。

1. 第 25 行第 1 列＝表 A100000 第 4 行。

2. 第 25 行第 3 列＝表 A100000 第 5 行。

3. 第 25 行第 5 列＝表 A100000 第 6 行。

A105000

纳税调整项目明细表

行次	项　目	账载金额	税收金额	调增金额	调减金额
		1	2	3	4
1	一、收入类调整项目(2＋3＋4＋5＋6＋7＋8＋10＋11)	*	*		
2	（一）视同销售收入(填写 A105010)	*			*
3	（二）未按权责发生制原则确认的收入(填写 A105020)				
4	（三）投资收益(填写 A105030)				
5	（四）按权益法核算长期股权投资对初始投资成本调整确认收益	*	*	*	
6	（五）交易性金融资产初始投资调整	*	*		*
7	（六）公允价值变动净损益		*		
8	（七）不征税收入	*	*		
9	其中：专项用途财政性资金(填写 A105040)	*	*		
10	（八）销售折扣、折让和退回				
11	（九）其他				
12	二、扣除类调整项目(13＋14＋15＋16＋17＋18＋19＋20＋21＋22＋23＋24＋26＋27＋28＋29)	*	*		

行次	项　目	账载金额	税收金额	调增金额	调减金额
		1	2	3	4
13	（一）视同销售成本（填写 A105010）	＊		＊	
14	（二）职工薪酬（填写 A105050）				
15	（三）业务招待费支出				＊
16	（四）广告费和业务宣传费支出（填写 A105060）	＊	＊		
17	（五）捐赠支出（填写 A105070）				＊
18	（六）利息支出				
19	（七）罚金、罚款和被没收财物的损失		＊		
20	（八）税收滞纳金、加收利息		＊		
21	（九）赞助支出		＊		
22	（十）与未实现融资收益相关在当期确认的财务费用				
23	（十一）佣金和手续费支出				＊
24	（十二）不征税收入用于支出所形成的费用	＊	＊		
25	其中：专项用途财政性资金用于支出所形成的费用（填写 A105040）	＊	＊		
26	（十三）跨期扣除项目				
27	（十四）与取得收入无关的支出		＊		＊
28	（十五）境外所得分摊的共同支出	＊	＊		＊
29	（十六）其他				
30	三、资产类调整项目（31＋32＋33＋34）	＊	＊		
31	（一）资产折旧、摊销（填写 A105080）				
32	（二）资产减值准备金		＊		
33	（三）资产损失（填写 A105090）				
34	（四）其他				
35	四、特殊事项调整项目（36＋37＋38＋39＋40）	＊	＊		
36	（一）企业重组（填写 A105100）				
37	（二）政策性搬迁（填写 A105110）	＊	＊		
38	（三）特殊行业准备金（填写 A105120）				
39	（四）房地产开发企业特定业务计算的纳税调整额（填写 A105010）	＊			
40	（五）其他	＊	＊		
41	五、特别纳税调整应税所得	＊	＊		
42	六、其他	＊	＊		
43	合计（1＋12＋30＋35＋41＋42）	＊	＊		

填表说明

本表适用于会计处理与税法规定不一致需纳税调整的纳税人填报。纳税人根据税法、相关税收政策,以及国家统一会计制度的规定,填报会计处理、税法规定,以及纳税调整情况。

一、有关项目填报说明。

本表纳税调整项目按"收入类调整项目""扣除类调整项目""资产类调整项目""特殊事项调整项目""特别纳税调整应税所得""其他"六大项分类填报汇总,并计算出纳税"调增金额"和"调减金额"的合计数。

数据栏分别设置"账载金额""税收金额""调增金额""调减金额"四个栏次。"账载金额"是指纳税人按照国家统一会计制度规定核算的项目金额。"税收金额"是指纳税人按照税法规定计算的项目金额。

"收入类调整项目":"税收金额"减"账载金额"后余额为正数的,填报在"调增金额";余额为负数的,将绝对值填报在"调减金额"。

"扣除类调整项目""资产类调整项目":"账载金额"减"税收金额"后余额为正数的,填报在"调增金额";余额为负数的,将其绝对值填报在"调减金额"。

"特殊事项调整项目""其他"分别填报税法规定项目的"调增金额""调减金额"。

"特别纳税调整应税所得":填报经特别纳税调整后的"调增金额"。

对需填报下级明细表的纳税调整项目,其"账载金额""税收金额""调增金额""调减金额"根据相应附表进行计算填报。

(一)收入类调整项目。

1. 第1行"一、收入类调整项目":根据第2行至第11行进行填报。

2. 第2行"(一)视同销售收入":填报会计处理不确认为销售收入,税法规定确认应税收入的收入。根据《视同销售和房地产开发企业特定业务纳税调整明细表》(A105010)填报,第2列"税收金额"为表A105010第1行第1列金额;第3列"调增金额"为表A105010第1行第2列金额。

3. 第3行"(二)未按权责发生制原则确认的收入":根据《未按权责发生制确认收入纳税调整明细表》(A105020)填报,第1列"账载金额"为表A105020第14行第2列金额;第2列"税收金额"为表A105020第14行第4列金额;表A105020第14行第6列,若≥0,填入本行第3列"调增金额";若<0,将绝对值填入本行第4列"调减金额"。

4. 第4行"(三)投资收益":根据《投资收益纳税调整明细表》(A105030)填报,第1列"账载金额"为表A105030第10行第1+8列的金额;第2列"税收金额"为表A105030第10行第2+9列的金额;表A105030第10行第11列,若≥0,填入本行第3列"调增金额";若<0,将绝对值填入本行第4列"调减金额"。

5. 第5行"(四)按权益法核算长期股权投资对初始投资成本调整确认收益":第4列"调减金额"填报纳税人采取权益法核算,初始投资成本小于取得投资时应享有被投资单位可辨认净资产公允价值份额的差额计入取得投资当期的营业外收入的金额。

6. 第6行"(五)交易性金融资产初始投资调整":第3列"调增金额"填报纳税人根据税法规定确认交易性金融资产初始投资金额与会计核算的交易性金融资产初始投资账面价值的差额。

7. 第7行"(六)公允价值变动净损益":第1列"账载金额"填报纳税人会计核算的以公允价值计量的金融资产、金融负债以及投资性房地产类项目,计入当期损益的公允价值变动金额;第1列<0,将绝对值填入第3列"调增金额";若第1列≥0,填入第4列"调减金额"。

8. 第8行"(七)不征税收入":填报纳税人计入收入总额但属于税法规定不征税的财政拨款、依法收取并纳入财政管理的行政事业性收费以及政府性基金和国务院规定的其他不征税收入。第3列"调增金额"填报纳税人以前年度取得财政性资金且已作为不征税收入处理,在5年(60个月)内未发生支出且未缴回财政部门或其他拨付资金的政府部门,应计入应税收入额的金额;第4列"调减金额"填报符合税法规定不征税收入条件并作为不征税收入处理,且已计入当期损益的金额。

9. 第9行"其中:专项用途财政性资金":根据《专项用途政财政性资金纳税调整明细表》(A105040)填报。第3列

"调增金额"为表 A105040 第 7 行第 14 列金额;第 4 列"调减金额"为表 A105040 第 7 行第 4 列金额。

10. 第 10 行"(八)销售折扣、折让和退回":填报不符合税法规定的销售折扣和折让应进行纳税调整的金额,和发生的销售退回因会计处理与税法规定有差异需纳税调整的金额。第 1 列"账载金额"填报纳税人会计核算的销售折扣和折让金额及销货退回的追溯处理的净调整额。第 2 列"税收金额"填报根据税法规定可以税前扣除的折扣和折让的金额及销货退回业务影响当期损益的金额。第 1 列减第 2 列,若余额≥0,填入第 3 列"调增金额";若余额<0,将绝对值填入第 4 列"调减金额",第 4 列仅为销货退回影响损益的跨期时间性差异。

11. 第 11 行"(九)其他":填报其他因会计处理与税法规定有差异需纳税调整的收入类项目金额。若第 2 列≥第 1 列,将第 2-1 列的余额填入第 3 列"调增金额",若第 2 列<第 1 列,将第 2-1 列余额的绝对值填入第 4 列"调减金额"。

(二)扣除类调整项目。

12. 第 12 行"二、扣除类调整项目":根据第 13 行至第 29 行填报。

13. 第 13 行"(一)视同销售成本":填报会计处理不作为销售核算,税法规定作为应税收入的同时,确认的销售成本金额。根据《视同销售和房地产开发企业特定业务纳税调整明细表》(A105010)填报,第 2 列"税收金额"为表 A105010 第 11 行第 1 列金额;第 4 列"调减金额"为表 A105010 第 11 行第 2 列金额的绝对值。

14. 第 14 行"(二)职工薪酬":根据《职工薪酬纳税调整明细表》(A105050)填报,第 1 列"账载金额"为表 A105050 第 13 行第 1 列金额;第 2 列"税收金额"为表 A105050 第 13 行第 4 列金额;表 A105050 第 13 行第 5 列,若≥0,填入本行第 3 列"调增金额";若<0,将绝对值填入本行第 4 列"调减金额"。

15. 第 15 行"(三)业务招待费支出":第 1 列"账载金额"填报纳税人会计核算计入当期损益的业务招待费金额;第 2 列"税收金额"填报按照税法规定允许税前扣除的业务招待费支出的金额,即:"本行第 1 列×60%"与当年销售(营业收入)×5‰的孰小值;第 3 列"调增金额"为第 1-2 列金额。

16. 第 16 行"(四)广告费和业务宣传费支出":根据《广告费和业务宣传费跨年度纳税调整明细表》(A105060)填报,表 A105060 第 12 行,若≥0,填入第 3 列"调增金额";若<0,将绝对值填入第 4 列"调减金额"。

17. 第 17 行"(五)捐赠支出":根据《捐赠支出纳税调整明细表》(A105070)填报。第 1 列"账载金额"为表 A105070 第 20 行第 2+6 列金额;第 2 列"税收金额"为表 A105070 第 20 行第 4 列金额;第 3 列"调增金额"为表 A105070 第 20 行第 7 列金额。

18. 第 18 行"(六)利息支出":第 1 列"账载金额"填报纳税人向非金融企业借款,会计核算计入当期损益的利息支出的金额;第 2 列"税收金额"填报按照税法规定允许税前扣除的利息支出的金额;若第 1 列≥第 2 列,将第 1 列减第 2 列余额填入第 3 列"调增金额",若第 1 列<第 2 列,将第 1 列减第 2 列余额的绝对值填入第 4 列"调减金额"。

19. 第 19 行"(七)罚金、罚款和被没收财物的损失":第 1 列"账载金额"填报纳税人会计核算计入当期损益的罚金、罚款和被罚没财物的损失,不包括纳税人按照经济合同规定支付的违约金(包括银行罚息)、罚款和诉讼费;第 3 列"调增金额"等于第 1 列金额。

20. 第 20 行"(八)税收滞纳金、加收利息":第 1 列"账载金额"填报纳税人会计核算计入当期损益的税收滞纳金、加收利息。第 3 列"调增金额"等于第 1 列金额。

21. 第 21 行"(九)赞助支出":第 1 列"账载金额"填报纳税人会计核算计入当期损益的不符合税法规定的公益性捐赠的赞助支出的金额,包括直接向受赠人的捐赠、赞助支出等(不含广告性的赞助支出,广告性的赞助支出在表 A105060 中调整);第 3 列"调增金额"等于第 1 列金额。

22. 第 22 行"(十)与未实现融资收益相关在当期确认的财务费用":第 1 列"账载金额"填报纳税人会计核算的与未实现融资收益相关并在当期确认的财务费用的金额;第 2 列"税收金额"填报按照税法规定允许税前扣除的金额;若第 1 列≥第 2 列,将第 1-2 列余额填入第 3 列,"调增金额";若第 1 列<第 2 列,将第 1-2 列余额的绝对值填入第 4 列"调减金额"。

23. 第 23 行"(十一)佣金和手续费支出":第 1 列"账载金额"填报纳税人会计核算计入当期损益的佣金和手续费金额;第 2 列"税收金额"填报按照税法规定允许税前扣除的佣金和手续费支出金额;第 3 列"调增金额"为第 1-2 列的金额。

24. 第24行"(十二)不征税收入用于支出所形成的费用"：第3列"调增金额"填报符合条件的不征税收入用于支出所形成的计入当期损益的费用化支出金额。

25. 第25行"其中：专项用途财政性资金用于支出所形成的费用"：根据《专项用途财政性资金纳税调整明细表》(A105040)填报。第3列"调增金额"为表A105040第7行第11列金额。

26. 第26行"(十三)跨期扣除项目"：填报维简费、安全生产费用、预提费用、预计负债等跨期扣除项目调整情况。第1列"账载金额"填报纳税人会计核算计入当期损益的跨期扣除项目金额；第2列"税收金额"填报按照税法规定允许税前扣除的金额；若第1列≥第2列，将第1—2列余额填入第3列"调增金额"；若第1列＜第2列，将第1—2列余额的绝对值填入第4列"调减金额"。

27. 第27行"(十四)与取得收入无关的支出"：第1列"账载金额"填报纳税人会计核算计入当期损益的与取得收入无关的支出的金额。第3列"调增金额"等于第1列金额。

28. 第28行"(十五)境外所得分摊的共同支出"：第3列"调增金额"，为《境外所得纳税调整后所得明细表》(A108010)第10行第16＋17列的金额。

29. 第29行"(十六)其他"：填报其他因会计处理与税法规定有差异需纳税调整的扣除类项目金额。若第1列≥第2列，将第1—2列余额填入第3列"调增金额"；若第1列＜第2列，将第1—2列余额的绝对值填入第4列"调减金额"。

(三)资产类调整项目。

30. 第30行"三、资产类调整项目"：填报资产类调整项目第31至34行的合计数。

31. 第31行"(一)资产折旧、摊销"：根据《资产折旧、摊销情况及纳税调整明细表》(A105080)填报。第1列"账载金额"为表A105080第27行第2列金额；第2列"税收金额"为表A105080第27行第5+6列金额；表A105080第27行第9列，若≥0，填入本行第3列"调增金额"；若＜0，将绝对值填入本行第4列"调减金额"。

32. 第32行"(二)资产减值准备金"：填报坏账准备、存货跌价准备、理赔费用准备金等不允许税前扣除的各类资产减值准备金纳税调整情况。第1列"账载金额"填报纳税人会计核算计入当期损益的资产减值准备金金额(因价值恢复等原因转回的资产减值准备金应予以冲回)；第1列，若≥0，填入第3列"调增金额"；若＜0，将绝对值填入第4列"调减金额"。

33. 第33行"(三)资产损失"：根据《资产损失税前扣除及纳税调整明细表》(A105090)填报。第1列"账载金额"为表A105090第14行第1列金额；第2列"税收金额"为表A105090第14行第2列金额；表A105090第14行第3列，若≥0，填入本行第3列"调增金额"；若＜0，将绝对值填入本行第4列"调减金额"。

34. 第34行"(四)其他"：填报其他因会计处理与税法规定有差异需纳税调整的资产类项目金额。若第1列≥第2列，将第1—2列余额填入第3列"调增金额"；若第1列＜第2列，将第1—2列余额的绝对值填入第4列"调减金额"。

(四)特殊事项调整项目。

35. 第35行"四、特殊事项调整项目"：填报特殊事项调整项目第36行至第40行的合计数。

36. 第36行"(一)企业重组"：根据《企业重组纳税调整明细表》(A105100)填报。第1列"账载金额"为表A105100第14行第1+4列金额；第2列"税收金额"为表A105100第14行第2+5列金额；表A105100第14行第7列，若≥0，填入本行第3列"调增金额"；若＜0，将绝对值填入本行第4列"调减金额"。

37. 第37行"(二)政策性搬迁"：根据《政策性搬迁纳税调整明细表》(A105110)填报。表A105110第24行，若≥0，填入本行第3列"调增金额"；若＜0，将绝对值填入本行第4列"调减金额"。

38. 第38行"(三)特殊行业准备金"：根据《特殊行业准备金纳税调整明细表》(A105120)填报。第1列"账载金额"为表A105120第30行第1列金额；第2列"税收金额"为表A105120第30行第2列金额；表A105120第30行第3列，若≥0，填入本行第3列"调增金额"；若＜0，将绝对值填入本行第4列"调减金额"。

39. 第39行"(四)房地产开发企业特定业务计算的纳税调整额"：根据《视同销售和房地产开发企业特定业务纳税调整明细表》(A105010)填报。第2列"税收金额"为表A105010第21行第1列金额；表A105010第21行第2列，若≥0，填入本行第3列"调增金额"；若＜0，将绝对值填入本行第4列"调减金额"。

40. 第40行"(五)其他"：填报其他因会计处理与税法规定有差异需纳税调整的特殊事项金额。

（五）特殊纳税调整所得项目。

41. 第41行"五、特别纳税调整应税所得"：第3列"调增金额"填报纳税人按特别纳税调整规定自行调增的当年应税所得；第4列"调减金额"填报纳税人依据双边预约定价安排或者转让定价相应调整磋商结果的通知，需要调减的当年应税所得。

（六）其他。

42. 第42行"六、其他"：其他会计处理与税法规定存在差异需纳税调整的项目金额。

43. 第43行"合计"：填报第1＋12＋30＋35＋41＋42行的金额。

二、表内、表间关系。

（一）表内关系。

1. 第1行＝第2＋3＋4＋5＋6＋7＋8＋10＋11行。

2. 第12行＝第13＋14＋15…24＋26＋27＋…＋29行。

3. 第30行＝第31＋32＋33＋34行。

4. 第35行＝第36＋37＋38＋39＋40行。

5. 第43行＝第1＋12＋30＋35＋41＋42行。

（二）表间关系。

1. 第2行第2列＝表A105010第1行第1列；第2行第3列＝表A105010第1行第2列。

2. 第3行第1列＝表A105020第14行第2列；第3行第2列＝表A105020第14行第4列；若表A105020第14行第6列≥0，填入第3行第3列；若表A105020第14行第6列＜0，将绝对值填入第3行第4列。

3. 第4行第1列＝表A105030第10行第1＋8列；第4行第2列＝表A105030第10行第2＋9列；若表A105030第10行第11列≥0，填入第4行第3列；若表A105030第10行第11列＜0，将绝对值填入第4行第4列。

4. 第9行第3列＝表A105040第7行第14列；第9行第4列＝表A105040第7行第4列。

5. 第13行第2列＝表A105010第11行第1列；第13行第4列＝表A105010第11行第2列的绝对值。

6. 第14行第1列＝表A105050第13行第1列；第14行第2列＝表A105050第13行第4列；若表A105050第13行第5列≥0，填入第14行第3列；若表A105050第13行第5列＜0，将绝对值填入第14行第4列。

7. 若表A105060第12行≥0，填入第16行第3列，若表A105060第12行＜0，将绝对值填入第16行第4列。

8. 第17行第1列＝表A105070第20行第2＋6列；第17行第2列＝表A105070第20行第4列；第17行第3列＝表A105070第20行第7列。

9. 第25行第3列＝表A105040第7行第11列。

10. 第31行第1列＝表A105080第27行第2列；第31行第2列＝表A105080第27行第5＋6列；若表A105080第27行第9列≥0，填入第31行第3列，若表A105080第27行第9列＜0，将绝对值填入第31行第4列。

11. 第33行第1列＝表A105090第14行第1列；第33行第2列＝表A105090第14行第2列；若表A105090第14行第3列≥0，填入第33行第3列，若表A105090第14行第3列＜0，将绝对值填入第33行第4列。

12. 第36行第1列＝表A105100第14行第1＋4列；第36行第2列＝表A105100第14行第2＋5列；若表A105100第14行第7列≥0，填入第36行第3列，若表A105100第14行第7列＜0，将绝对值填入第36行第4列。

13. 若表A105110第24行≥0，填入第37行第3列，若表A105110第24行＜0，将绝对值填入第37行第4列。

14. 第38行第1列＝表A105120第30行第1列；第38行第2列＝表A105120第30行第2列；若表A105120第30行第3列≥0，填入第38行第3列，若表A105120第30行第3列＜0，将绝对值填入第38行第4列。

15. 第39行第2列＝表A105010第21行第1列；若表A105010第21行第2列≥0，填入第39行第3列，若表A105010第21行第2列＜0，将绝对值填入第39行第4列。

16. 第43行第3列＝表A100000第15行；第43行第4列＝表A100000第16行。

17. 第28行第3列＝表A108010第10行第16＋17列。

A105010

视同销售和房地产开发企业特定业务纳税调整明细表

行次	项 目	税收金额 1	纳税调整金额 2
1	一、视同销售(营业)收入(2+3+4+5+6+7+8+9+10)		
2	(一)非货币性资产交换视同销售收入		
3	(二)用于市场推广或销售视同销售收入		
4	(三)用于交际应酬视同销售收入		
5	(四)用于职工奖励或福利视同销售收入		
6	(五)用于股息分配视同销售收入		
7	(六)用于对外捐赠视同销售收入		
8	(七)用于对外投资项目视同销售收入		
9	(八)提供劳务视同销售收入		
10	(九)其他		
11	二、视同销售(营业)成本(12+13+14+15+16+17+18+19+20)		
12	(一)非货币性资产交换视同销售成本		
13	(二)用于市场推广或销售视同销售成本		
14	(三)用于交际应酬视同销售成本		
15	(四)用于职工奖励或福利视同销售成本		
16	(五)用于股息分配视同销售成本		
17	(六)用于对外捐赠视同销售成本		
18	(七)用于对外投资项目视同销售成本		
19	(八)提供劳务视同销售成本		
20	(九)其他		
21	三、房地产开发企业特定业务计算的纳税调整额(22-26)		
22	(一)房地产企业销售未完工开发产品特定业务计算的纳税调整额(24-25)		
23	1.销售未完工产品的收入		*
24	2.销售未完工产品预计毛利额		
25	3.实际发生的税金及附加、土地增值税		
26	(二)房地产企业销售的未完工产品转完工产品特定业务计算的纳税调整额(28-29)		
27	1.销售未完工产品转完工产品确认的销售收入		*
28	2.转回的销售未完工产品预计毛利额		
29	3.转回实际发生的税金及附加、土地增值税		

填表说明

本表适用于发生视同销售、房地产企业特定业务纳税调整项目的纳税人填报。纳税人根据税法、《国家税务总局关于企业处置资产所得税处理问题的通知》(国税函〔2008〕828号)、《国家税务总局关于印发〈房地产开发经营业务企业所得税处理办法〉的通知》(国税发〔2009〕31号)等相关规定,以及国家统一企业会计制度,填报视同销售行为、房地产企业销售未完工产品、未完工产品转完工产品特定业务的税法规定及纳税调整情况。

一、有关项目填报说明。

1. 第1行"一、视同销售收入":填报会计处理不确认销售收入,而税法规定确认为应税收入的金额,本行为第2至10行小计数。第1列"税收金额"填报税收确认的应税收入金额;第2列"纳税调整金额"等于第1列"税收金额"。

2. 第2行"(一)非货币性资产交换视同销售收入":填报发生非货币性资产交换业务,会计处理不确认销售收入,而税法规定确认为应税收入的金额。第1列"税收金额"填报税收确认的应税收入金额;第2列"纳税调整金额"等于第1列"税收金额"。

3. 第3行"(二)用于市场推广或销售视同销售收入":填报发生将货物、财产用于市场推广、广告、样品、集资、销售等,会计处理不确认销售收入,而税法规定确认为应税收入的金额。列填方法同第2行。

4. 第4行"(三)用于交际应酬视同销售收入":填报发生将货物、财产用于交际应酬,会计处理不确认销售收入,而税法规定确认为应税收入的金额。填列方法同第2行。

5. 第5行"(四)用于职工奖励或福利视同销售收入":填报发生将货物、财产用于职工奖励或福利,会计处理不确认销售收入,而税法规定确认为应税收入的金额。企业外购资产或服务不以销售为目的,用于替代职工福利费用支出,且购置后在一个纳税年度内处置的,可以按照购入价格确认视同销售收入。填列方法同第2行。

6. 第6行"(五)用于股息分配视同销售收入":填报发生将货物、财产用于股息分配,会计处理不确认销售收入,而税法规定确认为应税收入的金额。填列方法同第2行。

7. 第7行"(六)用于对外捐赠视同销售收入":填报发生将货物、财产用于对外捐赠或赞助,会计处理不确认销售收入,而税法规定确认为应税收入的金额。填列方法同第2行。

8. 第8行"(七)用于对外投资项目视同销售收入":填报发生将货物、财产用于对外投资,会计处理不确认销售收入,而税法规定确认为应税收入的金额。填列方法同第2行。

9. 第9行"(八)提供劳务视同销售收入":填报发生对外提供劳务,会计处理不确认销售收入,而税法规定确认为应税收入的金额。填列方法同第2行。

10. 第10行"(九)其他":填报发生除上述列举情形外,会计处理不作为销售收入核算,而税法规定确认为应税收入的金额。填列方法同第2行。

11. 第11行"一、视同销售成本":填报会计处理不确认销售收入,税法规定确认为应税收入的同时,确认的视同销售成本金额。本行为第12至20行小计数。第1列"税收金额"填报予以税前扣除的视同销售成本金额;将第1列税收金额以负数形式填报第2列"纳税调整金额"。

12. 第12行"(一)非货币性资产交换视同销售成本":填报发生非货币性资产交换业务,会计处理不确认销售收入,税法规定确认为应税收入所对应的予以税前扣除视同销售成本金额。第1列"税收金额"填报予以扣除的视同销售成本金额;将第1列税收金额以负数形式填报第2列"纳税调整金额"。

13. 第13行"(二)用于市场推广或销售视同销售成本":填报发生将货物、财产用于市场推广、广告、样品、集资、销售等,会计处理不确认销售收入,税法规定确认为应税收入时,其对应的予以税前扣除视同销售成本金额。填列方法同第12行。

14. 第14行"(三)用于交际应酬视同销售成本":填报发生将货物、财产用于交际应酬,会计处理不确认销售收入,税法规定确认为应税收入时,其对应的予以税前扣除视同销售成本金额。填列方法同第12行。

15. 第15行"(四)用于职工奖励或福利视同销售成本":填报发生将货物、财产用于职工奖励或福利,会计处理不确认销售收入,税法规定确认为应税收入时,其对应的予以税前扣除视同销售成本金额。填列方法同第12行。

16. 第16行"(五)用于股息分配视同销售成本":填报发生将货物、财产用于股息分配,会计处理不确认销售收入,税法规定确认为应税收入时,其对应的予以税前扣除视同销售成本金额。填列方法同第12行。

17. 第17行"(六)用于对外捐赠视同销售成本":填报发生将货物、财产用于对外捐赠或赞助,会计处理不确认销售收入,税法规定确认为应税收入时,其对应的予以税前扣除视同销售成本金额。填列方法同第12行。

18. 第18行"（七）用于对外投资项目视同销售成本"：填报会计处理发生将货物、财产用于对外投资，会计处理不确认销售收入，税法规定确认为应税收入时，其对应的予以税前扣除视同销售成本金额。填列方法同第12行。

19. 第19行"（八）提供劳务视同销售成本"：填报会计处理发生对外提供劳务，会计处理不确认销售收入，税法规定确认为应税收入时，其对应的予以税前扣除视同销售成本金额。填列方法同第12行。

20. 第20行"（九）其他"：填报发生除上述列举情形外，会计处理不确认销售收入，税法规定确认为应税收入的同时，予以税前扣除视同销售成本金额。填列方法同第12行。

21. 第21行"三、房地产开发企业特定业务计算的纳税调整额"：填报房地产企业发生销售未完工产品、未完工产品结转完工产品业务，按照税法规定计算的特定业务的纳税调整。第1列"税收金额"填报第22行第1列减去第26行第1列的余额；第2列"纳税调整金额"等于第1列"税收金额"。

22. 第22行"（一）房地产企业销售未完工开发产品特定业务计算的纳税调整额"：填报房地产企业销售未完工开发产品取得销售收入，按税收规定计算的纳税调整额。第1列"税收金额"填报第24行第1列减去第25行第1列的余额；第2列"纳税调整金额"等于第1列"税收金额"。

23. 第23行"1.销售未完工产品的收入"：第1列"税收金额"填报房地产企业销售未完工开发产品，会计核算未进行收入确认的销售收入金额。

24. 第24行"2.销售未完工产品预计毛利额"：第1列"税收金额"填报房地产企业销售未完工产品取得的销售收入按税法规定预计计税毛利率计算的金额；第2列"纳税调整金额"等于第1列"税收金额"。

25. 第25行"3.实际发生的税金及附加、土地增值税"：第1列"税收金额"填报房地产企业销售未完工产品实际发生的税金及附加、土地增值税，且在会计核算中未计入当期损益的金额；第2列"纳税调整金额"等于第1列"税收金额"。

26. 第26行"（二）房地产企业销售的未完工产品转完工产品特定业务计算的纳税调整额"：填报房地产企业销售的未完工产品转完工产品，按税法规定计算的纳税调整额。第1列"税收金额"填报第28行第1列减去第29行第1列的余额；第2列"纳税调整金额"等于第1列"税收金额"。

27. 第27行"1.销售未完工产品转完工产品确认的销售收入"：第1列"税收金额"填报房地产企业销售的未完工产品，此前年度已按预计毛利额征收所得税，本年度结转为完工产品，会计上符合收入确认条件，当年会计核算确认的销售收入金额。

28. 第28行"2.转回的销售未完工产品预计毛利额"：第1列"税收金额"填报房地产企业销售的未完工产品，此前年度已按预计毛利额征收所得税，本年结转完工产品，会计核算确认为销售收入，转回原按税法规定预计计税毛利率计算的金额；第2列"纳税调整金额"等于第1列"税收金额"。

29. 第29行"3.转回实际发生的税金及附加、土地增值税"：填报房地产企业销售的未完工产品结转完工产品后，会计核算确认为销售收入，同时将对应实际发生的税金及附加、土地增值税转入当期损益的金额；第2列"纳税调整金额"等于第1列"税收金额"。

二、表内、表间关系。

（一）表内关系。

1. 第1行＝第2＋3＋…＋10行。

2. 第11行＝第12＋13＋…＋20行。

3. 第21行＝第22－26行。

4. 第22行＝第24－25行。

5. 第26行＝第28－29行。

（二）表间关系。

1. 第1行第1列＝表A105000第2行第2列。

2. 第1行第2列＝表A105000第2行第3列。

3. 第11行第1列＝表A105000第13行第2列。

4. 第11行第2列的绝对值＝表A105000第13行第4列。

5. 第21行第1列＝表A105000第39行第2列。

6. 第21行第2列，若≥0，填入表A105000第39行第3列；若＜0，将绝对值填入表A105000第39行第4列。

A105020

未按权责发生制确认收入纳税调整明细表

行次	项 目	合同金额（或交易金额）	账载金额		税收金额		纳税调整金额
			本年	累计	本年	累计	
		1	2	3	4	5	6(4−2)
1	一、跨期收取的租金、利息、特许权使用费收入(2＋3＋4)						
2	（一）租金						
3	（二）利息						
4	（三）特许权使用费						
5	二、分期确认收入(6＋7＋8)						
6	（一）分期收款方式销售货物收入						
7	（二）持续时间超过12个月的建造合同收入						
8	（三）其他分期确认收入						
9	三、政府补助递延收入(10＋11＋12)						
10	（一）与收益相关的政府补助						
11	（二）与资产相关的政府补助						
12	（三）其他						
13	四、其他未按权责发生制确认收入						
14	合计(1＋5＋9＋13)						

填表说明

本表适用于会计处理按权责发生制确认收入、税法规定未按权责发生制确认收入需纳税调整项目的纳税人填报。纳税人根据税法、《国家税务总局关于贯彻落实企业所得税法若干税收问题的通知》(国税函〔2010〕79号)、《国家税务总局关于确认企业所得税收入若干问题的通知》(国税函〔2008〕875号)等相关规定，以及国家统一企业会计制度，填报会计处理按照权责发生制确认收入、税法规定未按权责发生制确认收入的会计处理、税法规定，以及纳税调整情况。符合税法规定不征税收入条件的政府补助收入，本表不作调整，在《专项用途财政性资金纳税调整明细表》(A105040)中纳税调整。

一、有关项目填报说明。

1. 第1列"合同金额(或交易金额)"：填报会计处理按照权责发生制确认收入、税法规定未按权责发生制确认收入的项目的合同总额或交易总额。

2. 第2列"账载金额—本年"：填报纳税人会计处理按权责发生制在本期确认金额。

3. 第3列"账载金额—累计"：填报纳税人会计处理按权责发生制历年累计确认金额。

4. 第4列"税收金额—本年"：填报纳税人按税法规定未按权责发生制本期确认金额。

5. 第5列"税收金额—累计"：填报纳税人按税法规定未按权责发生制历年累计确认金额。

6. 第6列"纳税调整金额"：填报纳税人会计处理按权责发生制确认收入、税法规定未按权责发生制确认收入的差异需纳税调整金额，为第4−2列的余额。

二、表内、表间关系。

（一）表内关系。

1. 第1行＝第2＋3＋4行。

2. 第5行＝第6＋7＋8行。

3. 第9行＝第10＋11＋12行。

4. 第14行＝第1＋5＋9＋13行。

5. 第 6 列＝第 4－2 列。

（二）表间关系。

1. 第 14 行第 2 列＝表 A105000 第 3 行第 1 列。

2. 第 14 行第 4 列＝表 A105000 第 3 行第 2 列。

3. 第 14 行第 6 列，若≥0，填入表 A105000 第 3 行第 3 列；若＜0，将绝对值填入表 A105000 第 3 行第 4 列。

A105030

投资收益纳税调整明细表

行次	项 目	持有收益			处置收益						纳税调整金额
		账载金额	税收金额	纳税调整金额	会计确认的处置收入	税收计算的处置收入	处置投资的账面价值	处置投资的计税基础	会计确认的处置所得或损失	税收计算的处置所得	纳税调整金额	
		1	2	3(2-1)	4	5	6	7	8(4-6)	9(5-7)	10(9-8)	11(3+10)
1	一、交易性金融资产											
2	二、可供出售金融资产											
3	三、持有至到期投资											
4	四、衍生工具											
5	五、交易性金融负债											
6	六、长期股权投资											
7	七、短期投资											
8	八、长期债券投资											
9	九、其他											
10	合计(1+2+3+4+5+6+7+8+9)											

填表说明

本表适用于发生投资收益纳税调整项目的纳税人填报。纳税人根据税法、《国家税务总局关于贯彻落实企业所得税法若干税收问题的通知》(国税函〔2010〕79 号)等相关规定，以及国家统一企业会计制度，填报投资收益的会计处理、税法规定，以及纳税调整情况。发生持有期间投资收益，并按税法规定为减免税收入的(如国债利息收入等)，本表不作调整。处置投资项目按税法规定确认为损失的，本表不作调整，在《资产损失税前扣除及纳税调整明细表》(A105090)进行纳税调整。

一、有关项目填报说明。

1. 第 1 列"账载金额"：填报纳税人持有投资项目，会计核算确认的投资收益。

2. 第 2 列"税收金额"：填报纳税人持有投资项目，按照税法规定确认的投资收益。

3. 第 3 列"纳税调整金额"：填报纳税人持有投资项目，会计核算确认投资收益与税法规定投资收益的差异需纳税调整金额，为第 2－1 列的余额。

4. 第 4 列"会计确认的处置收入"：填报纳税人收回、转让或清算处置投资项目，会计核算确认的扣除相关税费后的处置收入金额。

5. 第 5 列"税收计算的处置收入"：填报纳税人收回、转让或清算处置投资项目，按照税法规定计算的扣除相关税费后的处置收入金额。

6. 第 6 列"处置投资的账面价值"：填报纳税人收回、转让或清算处置的投资项目，会计核算的投资处置成本的金额。

7. 第 7 列"处置投资的计税基础"：填报纳税人收回、转让或清算处置的投资项目，按税法规定计算的投资处置成本的金额。

8. 第8列"会计确认的处置所得或损失"：填报纳税人收回、转让或清算处置投资项目,会计核算确认的处置所得或损失,为第4—6列的余额。

9. 第9列"税收计算的处置所得"：填报纳税人收回、转让或清算处置投资项目,按照税法规定计算的处置所得,为第5—7列的余额,税收计算为处置损失的,本表不作调整,在《资产损失税前扣除及纳税调整明细表》(A105090)进行纳税调整。

10. 第10列"纳税调整金额"：填报纳税人收回、转让或清算处置投资项目,会计处理与税法规定不一致需纳税调整金额,为第9—8列的余额。

11. 第11列"纳税调整金额"：填报第3+10列金额。

二、表内、表间关系。

(一)表内关系。

1. 第10行=第1+2+3+4+5+6+7+8+9行。

2. 第3列=第2—1列。

3. 第8列=第4—6列。

4. 第9列=第5—7列。

5. 第10列=第9—8列。

6. 第11列=第3+10列。

(二)表间关系。

1. 第10行1+8列=表A105000第4行第1列。

2. 第10行2+9列=表A105000第4行第2列。

3. 第10行第11列,若≥0,填入表A105000第4行第3列;若<0,将绝对值填入表A105000第4行第4列。

A105050

职工薪酬纳税调整明细表

行次	项　　目	账载金额	税收规定扣除率	以前年度累计结转扣除额	税收金额	纳税调整金额	累计结转以后年度扣除额
		1	2	3	4	5(1—4)	6(1+3—4)
1	一、工资薪金支出		*	*			*
2	其中:股权激励		*	*			*
3	二、职工福利费支出			*			
4	三、职工教育经费支出		*				
5	其中:按税收规定比例扣除的职工教育经费						
6	按税收规定全额扣除的职工培训费用			*			*
7	四、工会经费支出			*			*
8	五、各类基本社会保障性缴款		*	*			*
9	六、住房公积金		*	*			*
10	七、补充养老保险			*			*
11	八、补充医疗保险			*			*
12	九、其他		*				
13	合计(1+3+4+7+8+9+10+11+12)		*				

填表说明

本表适用于发生职工薪酬纳税调整项目的纳税人填报。纳税人根据税法、《国家税务总局关于企业工资薪金及职工福利费扣除问题的通知》(国税函〔2009〕3号)、《财政部 国家税务总局关于扶持动漫产业发展有关税收政策问题的通知》(财税〔2009〕65号)、《财政部 国家税务总局 商务部 科技部 国家发展改革委 关于技术先进型服务企业有关企业所得税政策问题的通知》(财税〔2010〕65号)、《财政部 国家税务总局关于进一步鼓励软件产业和集成电路产业发展企业所得税政策的通知》(财税〔2012〕27号)等相关规定,以及国家统一企业会计制度,填报纳税人职工薪酬会计处理、税法规定,以及纳税调整情况。

一、有关项目填报说明。

1. 第1行"一、工资薪金支出":第1列"账载金额"填报纳税人会计核算计入成本费用的职工工资、奖金、津贴和补贴金额;第4列"税收金额"填报按照税法规定允许税前扣除的金额;第5列"纳税调整金额"为第1—4列的余额。

2. 第2行"其中:股权激励":第1列"账载金额"填报纳税人按照国家有关规定建立职工股权激励计划,会计核算计入成本费用的金额;第4列"税收金额"填报行权时按照税法规定允许税前扣除的金额;第5列"纳税调整金额"为第1—4列的余额。

3. 第3行"二、职工福利费支出":第1列"账载金额"填报纳税人会计核算计入成本费用的职工福利费的金额;第2列"税收规定扣除率"填报税法规定的扣除比例(14%);第4列"税收金额"填报按照税法规定允许税前扣除的金额,按第1行第4列"工资薪金支出—税收金额"×14%的孰小值填报;第5列"纳税调整金额"为第1—4列的余额。

4. 第4行"三、职工教育经费支出":根据第5行或者第5+6行之和填报。

5. 第5行"其中:按税收规定比例扣除的职工教育经费":适用于按税法规定职工教育经费按比例税前扣除的纳税人填报。第1列"账载金额"填报纳税人会计核算计入成本费用的金额,不包括第6行可全额扣除的职工培训费用金额;第2列"税收规定扣除率"填报税法规定的扣除比例;第3列"以前年度累计结转扣除额"填报以前年度累计结转准予扣除的职工教育经费支出余额;第4列"税收金额"填报按照税法规定允许税前扣除的金额,按第1行第4列"工资薪金支出—税收金额"×扣除比例与本行第1+3列之和的孰小值填报;第5列"纳税调整金额",为第1—4列的余额;第6列"累计结转以后年度扣除额",为第1+3—4列的金额。

6. 第6行"其中:按税收规定全额扣除的职工培训费用":适用于按照税法规定职工培训费用允许全额税前扣除的纳税人填报。第1列"账载金额"填报纳税人会计核算计入成本费用,且按税法规定允许全额扣除的职工培训费用金额;第2列"税收规定扣除率"填报税法规定的扣除比例(100%);第4列"税收金额"填报按照税法规定允许税前扣除的金额;第5列"纳税调整金额"为第1—4列的余额。

7. 第7行"四、工会经费支出":第1列"账载金额"填报纳税人会计核算计入成本费用的工会经费支出金额;第2列"税收规定扣除率"填报税法规定的扣除比例(2%);第4列"税收金额"填报按照税法规定允许税前扣除的金额,按第1行第4列"工资薪金支出—税收金额"×2%与本行第1列的孰小值填报;第5列"纳税调整金额"为第1—4列的余额。

8. 第8行"五、各类基本社会保障性缴款":第1列"账载金额"填报纳税人会计核算的各类基本社会保障性缴款的金额;第4列"税收金额"填报按照税法规定允许税前扣除的各类基本社会保障性缴款的金额。第5列"纳税调整金额"为第1—4列的余额。

9. 第9行"六、住房公积金":第1列"账载金额"填报纳税人会计核算的住房公积金金额;第4列"税收金额"填报按照税法规定允许税前扣除的住房公积金金额;第5列"纳税调整金额"为第1—4列的余额。

10. 第10行"七、补充养老保险":第1列"账载金额"填报纳税人会计核算的补充养老保险金额;第4列"税收金额"填报按照税法规定允许税前扣除的补充养老保险的金额,按第1行第4列"工资薪金支出—税收金额"×5%与本行第1列的孰小值填报;第5列"纳税调整金额"为第1—4列的余额。

11. 第11行"八、补充医疗保险":第1列"账载金额"填报纳税人会计核算的补充医疗保险金额;第4列"税收金额"填报按照税法规定允许税前扣除的金额,按第1行第4列"工资薪金支出—税收金额"×5%与本行第1列的孰小值填报;第5列"纳税调整金额"为第1—4列的余额。

12. 第12行"九、其他":填报其他职工薪酬支出会计处理、税法规定情况及纳税调整金额。

13. 第13行"合计":填报第1+3+4+7+8+9+10+11+12行的金额。

二、表内、表间关系。

(一)表内关系。

1. 第4行=第5行或第5+6行。

2. 第13行=第1+3+4+7+8+9+10+11+12行。

3. 第5列＝第1－4列。

4. 第6列＝第1+3－4列。

（二）表间关系

1. 第13行第1列＝表A105000第14行第1列。

2. 第13行第4列＝表A105000第14行第2列。

3. 第13行第5列，若≥0，填入表A105000第14行第3列；若<0，将其绝对值填入表A105000第14行第4列。

A105060

广告费和业务宣传费跨年度纳税调整明细表

行次	项 目	金 额
1	一、本年广告费和业务宣传费支出	
2	减：不允许扣除的广告费和业务宣传费支出	
3	二、本年符合条件的广告费和业务宣传费支出（1－2）	
4	三、本年计算广告费和业务宣传费扣除限额的销售（营业）收入	
5	税收规定扣除率	
6	四、本企业计算的广告费和业务宣传费扣除限额（4×5）	
7	五、本年结转以后年度扣除额（3>6，本行＝3－6；3≤6，本行＝0）	
8	加：以前年度累计结转扣除额	
9	减：本年扣除的以前年度结转额[3>6，本行＝0；3≤6，本行＝8或（6－3）孰小值]	
10	六、按照分摊协议归集至其他关联方的广告费和业务宣传费（10≤3或6孰小值）	
11	按照分摊协议从其他关联方归集至本企业的广告费和业务宣传费	
12	七、本年广告费和业务宣传费支出纳税调整金额（3>6，本行＝2+3－6+10－11；3≤6，本行＝2+10－11－9）	
13	八、累计结转以后年度扣除额（7+8－9）	

填表说明

本表适用于发生广告费和业务宣传费纳税调整项目的纳税人填报。纳税人根据税法、《财政部 国家税务总局关于广告费和业务宣传费支出税前扣除政策的通知》（财税〔2012〕48号）等相关规定，以及国家统一企业会计制度，填报广告费和业务宣传费会计处理、税法规定，以及跨年度纳税调整情况。

一、有关项目填报说明。

1. 第1行"一、本年广告费和业务宣传费支出"：填报纳税人会计核算计入本年损益的广告费和业务宣传费用金额。

2. 第2行"减：不允许扣除的广告费和业务宣传费支出"：填报税法规定不允许扣除的广告费和业务宣传费支出金额。

3. 第3行"二、本年符合条件的广告费和业务宣传费支出"：填报第1－2行的金额。

4. 第4行"三、本年计算广告费和业务宣传费扣除限额的销售（营业）收入"：填报按照税法规定计算广告费和业务宣传费扣除限额的当年销售（营业）收入。

5. 第5行"税收规定扣除率"：填报税法规定的扣除比例。

6. 第6行"四、本企业计算的广告费和业务宣传费扣除限额"：填报第4×5的金额。

7. 第7行"五、本年结转以后年度扣除额"：若第3行>第6行，填报第3－6行的金额；若第3行≤第6行，填0。

8. 第8行"加：以前年度累计结转扣除额"：填报以前年度允许税前扣除但超过扣除限额未扣除、结转扣除的广告费和业务宣传费的金额。

9. 第9行"减：本年扣除的以前年度结转额"：若第3行>第6行，填0；若第3行≤第6行，填报第6－3行或第8行的孰小值。

10. 第10行"六、按照分摊协议归集至其他关联方的广告费和业务宣传费"：填报签订广告费和业务宣传费分摊协议

(以下简称分摊协议)的关联企业的一方,按照分摊协议,将其发生的不超过当年销售(营业)收入税前扣除限额比例内的广告费和业务宣传费支出归集至其他关联方扣除的广告费和业务宣传费,本行应≤第3行或第6行的孰小值。

11. 第11行"按照分摊协议从其他关联方归集至本企业的广告费和业务宣传费":填报签订广告费和业务宣传费分摊协议(以下简称分摊协议)的关联企业的一方,按照分摊协议,从其他关联方归集至本企业的广告费和业务宣传费。

12. 第12行"七、本年广告费和业务宣传费支出纳税调整金额":若第3行＞第6行,填报第2+3-6+10-11行的金额;若第3行≤第6行,填报第2+10-11-9行的金额。

13. 第13行"八、累计结转以后年度扣除额":填报第7+8-9行的金额。

二、表内、表间关系。

(一)表内关系。

1. 第3行=第1-2行。

2. 第6行=第4×5行。

3. 若第3＞6行,第7行=第3-6行;若第3≤6行,第7行=0。

4. 若第3＞6行,第9行=0;若第3≤6行,第9行=第8行或第6-3行的孰小值。

5. 若第3＞6行,第12行=2+3-6+10-11行;若第3≤6行,第12行=第2-9+10-11行。

6. 第13行=第7+8-9行。

(二)表间关系。

第12行,若≥0,填入表A105000第16行第3列,若＜0,将第12行的绝对值填入表A105000第16行第4列。

A105070

捐赠支出纳税调整明细表

行次	受赠单位名称	公益性捐赠				非公益性捐赠	纳税调整金额
		账载金额	按税收规定计算的扣除限额	税收金额	纳税调整金额	账载金额	
		1	2	3	4	5(2-4)	6	7(5+6)
1			*	*	*		*
2			*	*	*		*
3			*	*	*		*
4			*	*	*		*
5			*	*	*		*
6			*	*	*		*
7			*	*	*		*
8			*	*	*		*
9			*	*	*		*
10			*	*	*		*
11			*	*	*		*
12			*	*	*		*
13			*	*	*		*
14			*	*	*		*
15			*	*	*		*
16			*	*	*		*
17	合计		*	*	*		*

填表说明

本表适用于发生捐赠支出纳税调整项目的纳税人填报。纳税人根据税法、《财政部 国家税务总局关于公益性捐赠税前扣除有关问题的通知》(财税〔2008〕160号)等相关规定,以及国家统一企业会计制度,填报捐赠支出会计处理、税法规定,以及纳税调整情况。税法规定予以全额税前扣除的公益性捐赠不在本表填报。

一、有关项目填报说明。

1. 第1列"受赠单位名称":填报捐赠支出的具体受赠单位,按受赠单位进行明细填报。

2. 第2列"公益性捐赠—账载金额":填报纳税人会计核算计入本年损益的公益性捐赠支出金额。

3. 第3列"公益性捐赠—按税收规定计算的扣除限额":填报年度利润总额×12%。

4. 第4列"公益性捐赠—税收金额":填报税法规定允许税前扣除的公益性捐赠支出金额,不得超过当年利润总额的12%,按第2列与第3列孰小值填报。

5. 第5列"公益性捐赠—纳税调整金额":填报第2-4列的金额。

6. 第6列"非公益性捐赠—账载金额":填报会计核算计入本年损益的税法规定公益性捐赠以外其他捐赠金额。

7. 第7列"纳税调整金额":填报第5+6列的金额。

二、表内、表间关系。

(一)表内关系。

1. 第20行第5列=第20行第2-4列。

2. 第20行第7列=第20行第5+6列。

(二)表间关系。

1. 第20行第2+6列=表A105000第17行第1列。

2. 第20行第4列=表A105000第17行第2列。

3. 第20行第7列=表A105000第17行第3列。

A105080

资产折旧、摊销情况及纳税调整明细表

行次	项目	账载金额			税收金额					纳税调整	
		资产账载金额	本年折旧、摊销额	累计折旧、摊销额	资产计税基础	按税收一般规定计算的本年折旧、摊销额	本年加速折旧额	其中:2014年及以后年度新增固定资产加速折旧额(填写A105081)	累计折旧、摊销额	金额	调整原因
		1	2	3	4	5	6	7	8	9(2-5-6)	10
1	一、固定资产(2+3+4+5+6+7)										
2	(一)房屋、建筑物										
3	(二)飞机、火车、轮船、机器、机械和其他生产设备										
4	(三)与生产经营活动有关的器具、工具、家具等										
5	(四)飞机、火车、轮船以外的运输工具										
6	(五)电子设备										
7	(六)其他										
8	二、生产性生物资产(9+10)						*				
9	(一)林木类						*				
10	(二)畜类						*				

（续表）

行次	项 目	账载金额			税收金额					纳税调整	
		资产账载金额	本年折旧、摊销额	累计折旧、摊销额	资产计税基础	按税收一般规定计算的本年折旧、摊销额	本年加速折旧额	其中：2014年及以后年度新增固定资产加速折旧额(填写A105081)	累计折旧、摊销额	金 额	调整原因
		1	2	3	4	5	6	7	8	9(2－5－6)	10
11	三、无形资产(12＋13＋14＋15＋16＋17＋18)						＊	＊			
12	（一）专利权						＊	＊			
13	（二）商标权						＊	＊			
14	（三）著作权						＊	＊			
15	（四）土地使用权						＊	＊			
16	（五）非专利技术						＊	＊			
17	（六）特许权使用费						＊	＊			
18	（七）其他						＊	＊			
19	四、长期待摊费用(20＋21＋22＋23＋24)						＊	＊			
20	（一）已足额提取折旧的固定资产的改建支出						＊	＊			
21	（二）租入固定资产的改建支出						＊	＊			
22	（三）固定资产的大修理支出						＊	＊			
23	（四）开办费						＊	＊			
24	（五）其他						＊	＊			
25	五、油气勘探投资						＊	＊			
26	六、油气开发投资						＊	＊			
27	合计(1＋8＋11＋19＋25＋26)										＊

填表说明

本表适用于发生资产折旧、摊销及存在资产折旧、摊销纳税调整的纳税人填报。纳税人根据税法、《国家税务总局关于企业固定资产加速折旧所得税处理有关问题的通知》(国税发〔2009〕81号)、《国家税务总局关于融资性售后回租业务中承租方出售资产行为有关税收问题的公告》(国家税务总局公告2010年第13号)、《国家税务总局关于企业所得税若干问题的公告》(国家税务总局公告2011年第34号)、《国家税务总局关于发布〈企业所得税政策性搬迁所得税管理办法〉的公告》(国家税务总局公告2012年第40号)、《国家税务总局关于企业所得税应纳税所得额若干问题的公告》(国家税务总局公告2014年第29号)等相关规定，以及国家统一企业会计制度，填报资产折旧、摊销的会计处理、税法规定，以及纳税调整情况。

一、有关项目填报说明。

1. 第1列"资产账载金额"：填报纳税人会计处理计提折旧、摊销的资产原值(或历史成本)的金额。

2. 第2列"本年折旧、摊销额"：填报纳税人会计核算的本年资产折旧、摊销额。

3. 第3列"累计折旧、摊销额"：填报纳税人会计核算的历年累计资产折旧、摊销额。

4. 第4列"资产计税基础"：填报纳税人按照税法规定据以计算折旧、摊销的资产原值(或历史成本)的金额。

5. 第5列"按税收一般规定计算的本年折旧、摊销额"：填报纳税人按照税法一般规定计算的允许税前扣除的本年资产折旧、摊销额，不含加速折旧部分。

对于不征税收入形成的资产，其折旧、摊销额不得税前扣除。第5至8列税收金额应剔除不征税收入所形成资产的折旧、摊销额。

6. 第6列"加速折旧额"：填报纳税人按照税法规定的加速折旧政策计算的折旧额。

7. 第7列"其中：2014年及以后年度新增固定资产加速折旧额"：根据《固定资产加速折旧、扣除明细表》(A105081)

填报，为表 A105081 相应固定资产类别的金额。

8. 第 8 列"累计折旧、摊销额"：填报纳税人按照税法规定计算的历年累计资产折旧、摊销额。

9. 第 9 列"金额"：填报第 2－5－6 列的余额。

10. 第 10 列"调整原因"：根据差异原因进行填报，A、折旧年限，B、折旧方法，C、计提原值，对多种原因造成差异的，按实际原因可多项填报。

二、表内、表间关系。

（一）表内关系。

1. 第 1 行＝第 2＋3＋…＋7 行。

2. 第 8 行＝第 9＋10 行。

3. 第 11 行＝第 12＋13＋…＋18 行。

4. 第 19 行＝第 20＋21＋…＋24 行。

5. 第 27 行＝第 1＋8＋11＋19＋25＋26 行。

6. 第 9 列＝第 2－5－6 列。

（二）表间关系。

1. 第 27 行第 2 列＝表 A105000 第 31 行第 1 列。

2. 第 27 行第 5＋6 列＝表 A105000 第 31 行第 2 列。

3. 第 27 行第 9 列，若≥0，填入表 A105000 第 31 行第 3 列；若＜0，将绝对值填入表 A105000 第 31 行第 4 列。

4. 第 1 行第 7 列＝表 A105081 第 1 行第 18 列。

5. 第 2 行第 7 列＝表 A105081 第 1 行第 2 列。

6. 第 3 行第 7 列＝表 A105081 第 1 行第 5 列。

7. 第 4 行第 7 列＝表 A105081 第 1 行第 8 列。

8. 第 5 行第 7 列＝表 A105081 第 1 行第 11 列。

9. 第 6 行第 7 列＝表 A105081 第 1 行第 14 列。

A105090

资产损失税前扣除及纳税调整明细表

行次	项　目	账载金额	税收金额	纳税调整金额
1	一、清单申报资产损失(2+3+4+5+6+7+8)	1	2	3(1-2)
2	（一）正常经营管理活动中，按照公允价格销售、转让、变卖非货币资产的损失			
3	（二）存货发生的正常损耗			
4	（三）固定资产达到或超过使用年限而正常报废清理的损失			
5	（四）生产性生物资产达到或超过使用年限而正常死亡发生的资产损失			
6	（五）按照市场公平交易原则，通过各种交易场所、市场等买卖债券、股票、期货、基金以及金融衍生产品等发生的损失			
7	（六）分支机构上报的资产损失			
8	（七）其他			
9	二、专项申报资产损失(填写 A105091)			
10	（一）货币资产损失(填写 A105091)			
11	（二）非货币资产损失(填写 A105091)			
12	（三）投资损失(填写 A105091)			
13	（四）其他(填写 A105091)			
14	合计(1+9)			

填表说明

本表适用于发生资产损失税前扣除项目及纳税调整项目的纳税人填报。纳税人根据税法、《财政部 国家税务总局关于企业资产损失税前扣除政策的通知》(财税〔2009〕57号)、《国家税务总局关于发布〈企业资产损失所得税税前扣除管理办法〉的公告》(国家税务总局公告2011年第25号)等相关规定,以及国家统一企业会计制度,填报资产损失的会计处理、税法规定,以及纳税调整情况。

一、有关项目填报说明。

1. 第1行"一、清单申报资产损失":填报以清单申报的方式向税务机关申报扣除的资产损失项目账载金额、税收金额以及纳税调整金额。填报第2行至第8行的合计数。

2. 第2行至第8行,分别填报相应资产损失类型的会计处理、税法规定及纳税调整情况。第1列"账载金额"填报纳税人会计核算计入当期损益的资产损失金额,已经计入存货成本的正常损耗除外;第2列"税收金额"填报根据税法规定允许税前扣除的资产损失金额;第3列"纳税调整金额"为第1—2列的余额。

3. 第9行"二、专项申报资产损失":填报以专项申报的方式向税务机关申报扣除的资产损失项目的账载金额、税收金额以及纳税调整金额。本行根据《资产损失(专项申报)税前扣除及纳税调整明细表》(A105091)填报,第1列"账载金额"为表A105091第20行第2列金额;第2列"税收金额"为表A105091第20行第6列金额;第3列"纳税调整金额"为表A105091第20行第7列金额。

4. 第10行"(一)货币资产损失":填报企业当年发生的货币资产损失(包括现金损失、银行存款损失和应收及预付款项损失等)的账载金额、税收金额以及纳税调整金额,根据《资产损失(专项申报)税前扣除及纳税调整明细表》(A105091)第1行相应数据列填报。

5. 第11行"(二)非货币资产损失":填报非货币资产损失的账载金额、税收金额以及纳税调整金额,根据《资产损失(专项申报)税前扣除及纳税调整明细表》(A105091)第6行相应数据列填报。

6. 第12行"(三)投资损失":填报应进行专项申报扣除的投资损失账载金额、税收金额以及纳税调整金额,根据《资产损失(专项申报)税前扣除及纳税调整明细表》(A105091)第11行相应数据列填报。

7. 第13行"(四)其他":填报应进行专项申报扣除的其他资产损失情况,根据《资产损失(专项申报)税前扣除及纳税调整明细表》(A105091)第16行相应数据列填报。

8. 第14行"合计":填报第1+9行的金额。

二、表内、表间关系。

(一)表内关系。

1. 第3列=第1-2列。

2. 第1行=第2+3+…+8行。

3. 第14行=第1+9行。

(二)表间关系。

1. 第14行第1列=表A105000第33行第1列。

2. 第14行第2列=表A105000第33行第2列。

3. 第14行第3列,若≥0,填入表A105000第33行第3列;若<0,将绝对值填入表A105000第33行第4列。

4. 第9行第1列=表A105091第20行第2列。

5. 第9行第2列=表A105091第20行第6列。

6. 第9行第3列=表A105091第20行第7列。

7. 第10行第1列=表A105091第1行第2列。

8. 第10行第2列=表A105091第1行第6列。

9. 第10行第3列=表A105091第1行第7列。

10. 第11行第1列=表A105091第6行第2列。

11. 第11行第2列=表A105091第6行第6列。

12. 第11行第3列=表A105091第6行第7列。

13. 第12行第1列=表A105091第11行第2列。

14. 第12行第2列=表A105091第11行第6列。

15. 第12行第3列=表A105091第11行第7列。

16. 第13行第1列=表A105091第16行第2列。

17. 第13行第2列=表A105091第16行第6列。

18. 第13行第3列=表A105091第16行第7列。

A106000

<h2 style="text-align:center">企业所得税弥补亏损明细表</h2>

行次	项目	年度	纳税调整后所得	合并、分立转入(转出)可弥补的亏损额	当年可弥补的亏损额	以前年度亏损已弥补额					本年度实际弥补的以前年度亏损额	可结转以后年度弥补的亏损额
						前四年度	前三年度	前二年度	前一年度	合计		
		1	2	3	4	5	6	7	8	9	10	11
1	前五年度											*
2	前四年度					*						
3	前三年度					*	*					
4	前二年度					*	*	·				
5	前一年度					*	*	*	*			
6	本年度					*	*	*	*			
7	可结转以后年度弥补的亏损额合计											

填表说明

本表填报纳税人根据税法,在本纳税年度及本纳税年度前5年度的纳税调整后所得、合并、分立转入(转出)可弥补的亏损额、当年可弥补的亏损额、以前年度亏损已弥补额、本年度实际弥补的以前年度亏损额、可结转以后年度弥补的亏损额。

一、有关项目填报说明。

1. 第1列"年度":填报公历年度。纳税人应首先填报第6行本年度,再依次从第5行往第1行倒推填报以前年度。纳税人发生政策性搬迁事项,如停止生产经营活动年度可以从法定亏损结转弥补年限中减除,则按可弥补亏损年度进行填报。

2. 第2列"纳税调整后所得",第6行按以下情形填写:

(1) 表A100000第19行"纳税调整后所得">0,第20行"所得减免">0,则本表第2列第6行=本年度表A100000第19—20—21行,且减至0止。

第20行"所得减免"<0,填报此处时,以0计算。

(2) 表A100000第19行"纳税调整后所得"<0,则本表第2列第6行=本年度表A100000第19行。

第1至5行填报以前年度主表第23行(2013纳税年度前)或表A100000第19行(2014纳税年度后)"纳税调整后所得"的金额(亏损额以"—"号表示)。发生查补以前年度应纳税所得额的、追补以前年度未能税前扣除的实际资产损失等情况,该行需按修改后的"纳税调整后所得"金额进行填报。

3. 第3列"合并、分立转入(转出)可弥补亏损额":填报按照企业重组特殊性税务处理规定因企业被合并、分立而允许转入可弥补亏损额,以及因企业分立转出的可弥补亏损额(转入亏损以"—"号表示,转出亏损以正数表示)。

4. 第4列"当年可弥补的亏损额":当第2列小于零时金额等于第2+3列,否则等于第3列(亏损以"—"号表示)。

5. "以前年度亏损已弥补额":填报以前年度盈利已弥补金额,其中:前四年度、前三年度、前二年度、前一年度与"项目"列中的前四年度、前三年度、前二年度、前一年度相对应。

6. 第10列"本年度实际弥补的以前年度亏损额"第1至5行:填报本年度盈利时,用第6行第2列本年度"纳税调整后所得"依次弥补前5年度尚未弥补完的亏损额。

7. 第10列"本年度实际弥补的以前年度亏损额"第6行:金额等于第10列第1至5行的合计数,该数据填入本年度表A100000第22行。

8. 第11列"可结转以后年度弥补的亏损额"第2至6行:填报本年度前4年度尚未弥补完的亏损额,以及本年度的亏损额。

9. 第11列"可结转以后年度弥补的亏损额合计"第7行:填报第11列第2至6行的合计数。

二、表内、表间关系。

(一)表内关系。

1. 若第2列<0,第4列=第2+3列,否则第4列=第3列。

2. 若第3列>0且第2列<0,第3列<第2列的绝对值。

3. 第9列=第5+6+7+8列。

4. 若第 2 列第 6 行＞0,第 10 列第 1 至 5 行同一行次≤第 4 列 1 至 5 行同一行的绝对值－第 9 列 1 至 5 行同一行次;若第 2 列第 6 行＜0,第 10 列第 1 行至第 5 行＝0。

5. 若第 2 列第 6 行＞0,第 10 列第 6 行＝第 10 列第 1＋2＋3＋4＋5 行且≤第 2 列第 6 行;若第 2 列第 6 行＜0,第 10 列第 6 行＝0。

6. 第 4 列为负数的行次,第 11 列同一行次＝第 4 列该行的绝对值－第 9 列该行－第 10 列该行。否则第 11 列同一行次填"0"。

7. 第 11 列第 7 行＝第 11 列第 2＋3＋4＋5＋6 行。

（二）表间关系。

1. 第 6 行第 2 列＝表 A100000 第 19 行。

2. 第 6 行第 10 列＝表 A100000 第 22 行。

A107010

免税、减计收入及加计扣除优惠明细表

行次	项　目	金　额
1	一、免税收入(2＋3＋4＋5)	
2	(一)国债利息收入	
3	(二)符合条件的居民企业之间的股息、红利等权益性投资收益(填写 A107011)	
4	(三)符合条件的非营利组织的收入	
5	(四)其他专项优惠(6＋7＋8＋9＋10＋11＋12＋13＋14)	
6	1. 中国清洁发展机制基金取得的收入	
7	2. 证券投资基金从证券市场取得的收入	
8	3. 证券投资基金投资者获得的分配收入	
9	4. 证券投资基金管理人运用基金买卖股票、债券的差价收入	
10	5. 取得的地方政府债券利息所得或收入	
11	6. 受灾地区企业取得的救灾和灾后恢复重建款项等收入	
12	7. 中国期货保证金监控中心有限责任公司取得的银行存款利息等收入	
13	8. 中国保险保障基金有限责任公司取得的保险保障基金等收入	
14	9. 其他	
15	二、减计收入(16＋17)	
16	(一)综合利用资源生产产品取得的收入(填写 A107012)	
17	(二)其他专项优惠(18＋19＋20)	
18	1. 金融、保险等机构取得的涉农利息、保费收入(填写 A107013)	
19	2. 取得的中国铁路建设债券利息收入	
20	3. 其他	
21	三、加计扣除(22＋23＋26)	
22	(一)开发新技术、新产品、新工艺发生的研究开发费用加计扣除(填写 A107014)	
23	(二)安置残疾人员及国家鼓励安置的其他就业人员所支付的工资加计扣除(24＋25)	
24	1. 支付残疾人员工资加计扣除	
25	2. 国家鼓励的其他就业人员工资加计扣除	
26	(三)其他专项优惠	
27	合计(1＋15＋21)	

填表说明

本表适用于享受免税收入、减计收入和加计扣除优惠的纳税人填报。纳税人根据税法及相关税收政策规定,填报本年发生的免税收入、减计收入和加计扣除优惠情况。

一、有关项目填报说明。

1. 第 1 行"一、免税收入":填报第 2＋3＋4＋5 行的金额。

2. 第 2 行"(一)国债利息收入":填报纳税人根据《国家税务总局关于企业国债投资业务企业所得税处理问题的公告》(国家税务总局公告 2011 年第 36 号)等相关税收政策规定的,持有国务院财政部门发行的国债取得的利息收入。

3. 第 3 行"(二)符合条件的居民企业之间的股息、红利等权益性投资收益":填报《符合条件的居民企业之间的股息、红利等权益性投资收益情况明细表》(A107011)第 10 行第 16 列金额。

4. 第 4 行"(三)符合条件的非营利组织的收入":填报纳税人根据《财政部 国家税务总局关于非营利组织企业所得税免税收入问题的通知》(财税〔2009〕122 号)、《财政部 国家税务总局关于非营利组织免税资格认定管理有关问题的通知》(财税〔2014〕13 号)等相关税收政策规定的,同时符合条件并依法履行登记手续的非营利组织,取得的捐赠收入等免税收入,不包括从事营利性活动所取得的收入。

5. 第 5 行"(四)其他专项优惠":填报第 6＋7＋…＋14 行的金额。

6. 第 6 行"1. 中国清洁发展机制基金取得的收入":填报纳税人根据《财政部 国家税务总局关于中国清洁发展机制基金及清洁发展机制项目实施企业有关企业所得税政策问题的通知》(财税〔2009〕30 号)等相关税收政策规定的,中国清洁发展机制基金取得的 CDM 项目温室气体减排量转让收入上缴国家的部分,国际金融组织赠款收入,基金资金的存款利息收入,购买国债的利息收入,国内外机构、组织和个人的捐赠收入。

7. 第 7 行"2. 证券投资基金从证券市场取得的收入":填报纳税人根据《财政部 国家税务总局关于企业所得税若干优惠政策的通知》(财税〔2008〕1 号)第二条第一款等相关税收政策规定的,证券投资基金从证券市场中取得的收入,包括买卖股票、债券的差价收入,股权的股息、红利收入,债券的利息收入及其他收入。

8. 第 8 行"3. 证券投资基金投资者获得的分配收入":填报纳税人根据《财政部 国家税务总局关于企业所得税若干优惠政策的通知》(财税〔2008〕1 号)第二条第二款等相关税收政策规定的,投资者从证券投资基金分配中取得的收入。

9. 第 9 行"4. 证券投资基金管理人运用基金买卖股票、债券的差价收入":填报纳税人根据《财政部 国家税务总局关于企业所得税若干优惠政策的通知》(财税〔2008〕1 号)第二条第三款等相关税收政策规定的,证券投资基金管理人运用基金买卖股票、债券的差价收入。

10. 第 10 行"5. 取得的地方政府债券利息所得或收入":填报纳税人根据《财政部 国家税务总局关于地方政府债券利息所得免征所得税问题的通知》(财税〔2011〕76 号)、《财政部 国家税务总局关于地方政府债券利息免征所得税问题的通知》(财税〔2013〕5 号)等相关税收政策规定的,取得的 2009 年、2010 年和 2011 年发行的地方政府债券利息所得,2012 年及以后年度发行的地方政府债券利息收入。

11. 第 11 行"6. 受灾地区企业取得的救灾和灾后恢复重建款项等收入":填报芦山受灾地区企业根据《财政部 海关总署 国家税务总局关于支持芦山地震灾后恢复重建有关税收政策问题的通知》(财税〔2013〕58 号)等相关税收政策规定的,通过公益性社会团体、县级以上人民政府及其部门取得的抗震救灾和灾后恢复重建款项和物资,以及税收法律、法规和国务院批准的减免税金及附加收入。

12. 第 12 行"7. 中国期货保证金监控中心有限责任公司取得的银行存款利息等收入":填报中国期货保证金监控中心有限责任公司根据《财政部 国家税务总局关于期货投资者保障基金有关税收政策继续执行的通知》(财税〔2013〕80 号)等相关税收政策规定的,取得的银行存款利息收入,购买国债、中央银行和中央级金融机构发行债券的利息收入,以及证监会和财政部批准的其他资金运用取得的收入。

13. 第 13 行"8. 中国保险保障基金有限责任公司取得的保险保障基金等收入":填报中国保险保障基金有限责任公司根据《财政部 国家税务总局关于保险保障基金有关税收政策继续执行的通知》(财税〔2013〕81 号)等相关税收政策规定的,根据《保险保障基金管理办法》取得的境内保险公司依法缴纳的保险保障基金;依法从撤销或破产保险公司清算财产中获得的受偿收入和向有关责任方追偿所得,以及依法从保险公司风险处置中获得的财产转让所得;捐赠所得;银行存款利息收入;购买政府债券、中央银行、中央企业和中央级金融机构发行债券的利息收入;国务院批准的其他资金运用取得的收入。

14. 第 14 行"9. 其他":填报纳税人享受的其他免税收入金额。

15. 第 15 行"二、减计收入":填报第 16＋17 行的金额。

16. 第 16 行"(一)综合利用资源生产产品取得的收入":填报《综合利用资源生产产品取得的收入优惠明细表》(A107012)第 10 行第 10 列的金额。

17. 第17行"(二)其他专项优惠"：填报第18+19+20行的金额。

18. 第18行"1. 金融、保险等机构取得的涉农利息、保费收入"：填报《金融、保险等机构取得的涉农利息、保费收入优惠明细表》(A107013)第13行的金额。

19. 第19行"2. 取得的中国铁路建设债券利息收入"：填报纳税人根据《财政部 国家税务总局关于铁路建设债券利息收入企业所得税政策的通知》(财税〔2011〕99号)、《财政部 国家税务总局关于2014 2015年铁路建设债券利息收入企业所得税政策的通知》(财税〔2014〕2号)等相关税收政策规定的，对企业持有发行的中国铁路建设债券取得的利息收入，减半征收企业所得税。本行填报政策规定减计50%收入的金额。

20. 第20行"3. 其他"：填报纳税人享受的其他减计收入金额。

21. 第21行"三、加计扣除"：填报第22+23+26行的金额。

22. 第22行"(一)开发新技术、新产品、新工艺发生的研究开发费用加计扣除"：填报《研发费用加计扣除优惠明细表》(A107014)第10行第19列的金额。

23. 第23行"(二)安置残疾人员及国家鼓励安置的其他就业人员所支付的工资加计扣除"：填报第24+25行的金额。

24. 第24行"1. 支付残疾人员工资加计扣除"：填报纳税人根据《财政部 国家税务总局关于安置残疾人员就业有关企业所得税优惠政策问题的通知》(财税〔2009〕70号)等相关税收政策规定的，安置残疾人员的，在支付给残疾职工工资据实扣除的基础上，按照支付给残疾职工工资的100%加计扣除的金额。

25. 第25行"2. 国家鼓励的其他就业人员工资加计扣除"：填报享受企业向其他就业人员支付工资加计扣除金额。

26. 第26行"(三)其他专项优惠"：填报纳税人享受的其他加计扣除的金额。

27. 第27行"合计"：填报第1+15+21行的金额。

二、表内、表间关系。

(一)表内关系。

1. 第1行=第2+3+4+5行。

2. 第5行=第6+7+…+14行。

3. 第15行=第16+17行。

4. 第17行=第18+19+20行。

5. 第21行=第22+23+26行。

6. 第23行=第24+25行。

7. 第27行=第1+15+21行。

(二)表间关系。

1. 第27行=表A100000第17行。

2. 第3行=表A107011第10行第16列。

3. 第16行=表107012第10行第10列。

4. 第18行=表A107013第13行。

5. 第22行=表A107014第10行第19列。

【实训案例】

案例 3.2.1

资料 根据会计核算资料，某居民企业2017年财务数据统计如下：

(1) 主营业务收入2000万元。

(2) 主营业务成本1000万元。

(3) 销售费用500万元，其中广告费和业务宣传费400万元，工资60万元，折旧20万元，差旅费和办公费各10万元；管理费用150万元，其中业务招待费30万元，工资40万元，折旧30万元，办公费30万元，差旅费20万元；财务费用30万元(为利息支出)。

(4) 税金及附加30万元。

（5）处置设备取得营业外收入 60 万元；营业外支出 20 万元，其中材料正常损失 10 万元，被环保局罚款 10 万元。

（6）工资总额 100 万元，职工福利费 15 万元，工会经费 5 万元，职工教育经费 4 万元。企业按规定标准为职工缴纳社保 20 万元，住房公积金 10 万元，不考虑个人所得税。

（7）2017 年已经预缴企业所得税 30 万元。

要求 填写该公司 2017 年企业所得税申报表及其相关附表（企业基本信息和纳税日期略）。

案例解析

A101010

一般企业收入明细表

行次	项 目	金 额
1	一、营业收入(2+9)	20 000 000
2	（一）主营业务收入(3+5+6+7+8)	20 000 000
3	1. 销售商品收入	20 000 000
4	其中:非货币性资产交换收入	
5	2. 提供劳务收入	
6	3. 建造合同收入	
7	4. 让渡资产使用权收入	
8	5. 其他	
9	（二）其他业务收入(10+12+13+14+15)	
10	1. 销售材料收入	
11	其中:非货币性资产交换收入	
12	2. 出租固定资产收入	
13	3. 出租无形资产收入	
14	4. 出租包装物和商品收入	
15	5. 其他	
16	二、营业外收入(17+18+19+20+21+22+23+24+25+26)	600 000
17	（一）非流动资产处置利得	600 000
18	（二）非货币性资产交换利得	
19	（三）债务重组利得	
20	（四）政府补助利得	
21	（五）盘盈利得	
22	（六）捐赠利得	
23	（七）罚没利得	
24	（八）确实无法偿付的应付款项	
25	（九）汇兑收益	
26	（十）其他	

A102010

一般企业成本支出明细表

行次	项 目	金 额
1	一、营业成本(2+9)	10 000 000
2	(一)主营业务成本(3+5+6+7+8)	10 000 000
3	1.销售商品成本	10 000 000
4	其中:非货币性资产交换成本	
5	2.提供劳务成本	
6	3.建造合同成本	
7	4.让渡资产使用权成本	
8	5.其他	
9	(二)其他业务成本(10+12+13+14+15)	
10	1.材料销售成本	
11	其中:非货币性资产交换成本	
12	2.出租固定资产成本	
13	3.出租无形资产成本	
14	4.包装物出租成本	
15	5.其他	
16	二、营业外支出(17+18+19+20+21+22+23+24+25+26)	200 000
17	(一)非流动资产处置损失	
18	(二)非货币性资产交换损失	
19	(三)债务重组损失	
20	(四)非常损失	
21	(五)捐赠支出	
22	(六)赞助支出	
23	(七)罚没支出	100 000
24	(八)坏账损失	
25	(九)无法收回的债券股权投资损失	
26	(十)其他	100 000

A104000

期间费用明细表

行次	项 目	销售费用	其中：境外支付	管理费用	其中：境外支付	财务费用	其中：境外支付
		1	2	3	4	5	6
1	一、职工薪酬	600 000	*	400 000		*	*
2	二、劳务费					*	*
3	三、咨询顾问费					*	*
4	四、业务招待费		*	300 000	*	*	*
5	五、广告费和业务宣传费	4 000 000	*		*	*	*
6	六、佣金和手续费						
7	七、资产折旧摊销费	200 000	*	300 000	*	*	*
8	八、财产损耗、盘亏及毁损损失		*		*	*	*
9	九、办公费	100 000		300 000		*	*
10	十、董事会费		*		*	*	*
11	十一、租赁费					*	*
12	十二、诉讼费		*		*	*	*
13	十三、差旅费	100 000	*	200 000	*	*	*
14	十四、保险费		*		*	*	*
15	十五、运输、仓储费				*	*	*
16	十六、修理费						*
17	十七、包装费		*		*	*	
18	十八、技术转让费					*	
19	十九、研究费用					*	*
20	二十、各项税费		*		*	*	
21	二十一、利息收支	*	*	*	*	300 000	
22	二十二、汇兑差额	*	*	*	*		
23	二十三、现金折扣	*	*	*	*		*
24	二十四、其他						
25	合计(1＋2＋3＋…＋24)	5 000 000		1 500 000		300 000	

A105000

纳税调整项目明细表

行次	项　目	账载金额	税收金额	调增金额	调减金额
		1	2	3	4
1	一、收入类调整项目(2+3+4+5+6+7+8+10+11)	＊	＊		
2	（一）视同销售收入（填写 A105010）	＊			＊
3	（二）未按权责发生制原则确认的收入（填写 A105020）				
4	（三）投资收益（填写 A105030）				
5	（四）按权益法核算长期股权投资对初始投资成本调整确认收益	＊	＊	＊	
6	（五）交易性金融资产初始投资调整	＊	＊		＊
7	（六）公允价值变动净损益		＊		
8	（七）不征税收入	＊	＊		
9	其中：专项用途财政性资金（填写 A105040）	＊	＊		
10	（八）销售折扣、折让和退回				
11	（九）其他				
12	二、扣除类调整项目(13+14+15+16+17+18+19+20+21+22+23+24+26+27+28+29)	＊	＊		
13	（一）视同销售成本（填写 A105010）	＊		＊	
14	（二）职工薪酬（填写 A105050）	1 540 000	1 485 000	55 000	
15	（三）业务招待费支出	300 000	100 000	200 000	＊
16	（四）广告费和业务宣传费支出（填写 A105060）	4 000 000	3 000 000	1 000 000	
17	（五）捐赠支出（填写 A105070）				＊
18	（六）利息支出				
19	（七）罚金、罚款和被没收财物的损失	100 000	0	100 000	＊
20	（八）税收滞纳金、加收利息		＊		＊
21	（九）赞助支出		＊		＊
22	（十）与未实现融资收益相关在当期确认的财务费用				
23	（十一）佣金和手续费支出				＊
24	（十二）不征税收入用于支出所形成的费用	＊			＊
25	其中：专项用途财政性资金用于支出所形成的费用（填写 A105040）	＊	＊		＊
26	（十三）跨期扣除项目				
27	（十四）与取得收入无关的支出		＊		＊
28	（十五）境外所得分摊的共同支出	＊	＊		＊
29	（十六）其他				
30	三、资产类调整项目(31+32+33+34)	＊			
31	（一）资产折旧、摊销（填写 A105080）				
32	（二）资产减值准备金		＊		

（续表）

行次	项　目	账载金额	税收金额	调增金额	调减金额
		1	2	3	4
33	（三）资产损失（填写 A105090）				
34	（四）其他				
35	四、特殊事项调整项目（36＋37＋38＋39＋40）	＊	＊		
36	（一）企业重组（填写 A105100）				
37	（二）政策性搬迁（填写 A105110）	＊	＊		
38	（三）特殊行业准备金（填写 A105120）				
39	（四）房地产开发企业特定业务计算的纳税调整额（填写 A105010）	＊			
40	（五）其他	＊	＊		
41	五、特别纳税调整应税所得	＊	＊		
42	六、其他	＊	＊		
43	合计（1＋12＋30＋35＋41＋42）	＊	＊	1 355 000	

A105050

职工薪酬纳税调整明细表

行次	项　目	账载金额	税收规定扣除率	以前年度累计结转扣除额	税收金额	纳税调整金额	累计结转以后年度扣除额
		1	2	3	4	5(1-4)	6(1+3-4)
1	一、工资薪金支出	1 000 000	＊	＊	1 000 000		＊
2	其中:股权激励		＊	＊			＊
3	二、职工福利费支出	150 000		＊	140 000	10 000	＊
4	三、职工教育经费支出	40 000	＊		25 000	15 000	15 000
5	其中:按税收规定比例扣除的职工教育经费	40 000			25 000	15 000	15 000
6	按税收规定全额扣除的职工培训费用			＊			＊
7	四、工会经费支出	50 000		＊	20 000	30 000	＊
8	五、各类基本社会保障性缴款	200 000	＊	＊	200 000		＊
9	六、住房公积金	100 000	＊	＊	100 000		＊
10	七、补充养老保险			＊			＊
11	八、补充医疗保险			＊			＊
12	九、其他		＊				
13	合计（1＋3＋4＋7＋8＋9＋10＋11＋12）	1 540 000	＊		1 485 000	55 000	15 000

A105060

广告费和业务宣传费跨年度纳税调整明细表

行次	项 目	金 额
1	一、本年广告费和业务宣传费支出	4 000 000
2	减：不允许扣除的广告费和业务宣传费支出	
3	二、本年符合条件的广告费和业务宣传费支出(1-2)	4 000 000
4	三、本年计算广告费和业务宣传费扣除限额的销售(营业)收入	20 000 000
5	税收规定扣除率	15%
6	四、本企业计算的广告费和业务宣传费扣除限额(4×5)	3 000 000
7	五、本年结转以后年度扣除额(3>6，本行=3-6；3≤6，本行=0)	1 000 000
8	加：以前年度累计结转扣除额	
9	减：本年扣除的以前年度结转额[3>6，本行=0；3≤6，本行=8或(6-3)孰小值]	
10	六、按照分摊协议归集至其他关联方的广告费和业务宣传费(10≤3或6孰小值)	
11	按照分摊协议从其他关联方归集至本企业的广告费和业务宣传费	
12	七、本年广告费和业务宣传费支出纳税调整金额(3>6，本行=2+3-6+10-11；3≤6，本行=2+10-11-9)	1 000 000
13	八、累计结转以后年度扣除额(7+8-9)	1 000 000

A100000

中华人民共和国企业所得税年度纳税申报表(A类)

行次	类别	项 目	金 额
1		一、营业收入(填写A101010\101020\103000)	20 000 000
2		减：营业成本(填写A102010\102020\103000)	10 000 000
3		税金及附加	300 000
4		销售费用(填写A104000)	5 000 000
5		管理费用(填写A104000)	1 500 000
6	利润总额计算	财务费用(填写A104000)	300 000
7		资产减值损失	
8		加：公允价值变动收益	
9		投资收益	
10		二、营业利润(1-2-3-4-5-6-7+8+9)	2 900 000
11		加：营业外收入(填写A101010\101020\103000)	600 000
12		减：营业外支出(填写A102010\102020\103000)	200 000
13		三、利润总额(10+11-12)	3 300 000

（续表）

行次	类别	项　目	金　额
14	应纳税所得额计算	减:境外所得(填写 A108010)	
15		加:纳税调整增加额(填写 A105000)	1 355 000
16		减:纳税调整减少额(填写 A105000)	
17		减:免税、减计收入及加计扣除(填写 A107010)	
18		加:境外应税所得抵减境内亏损(填写 A108000)	
19		四、纳税调整后所得(13－14＋15－16－17＋18)	4 655 000
20		减:所得减免(填写 A107020)	
21		减:抵扣应纳税所得额(填写 A107030)	
22		减:弥补以前年度亏损(填写 A106000)	
23		五、应纳税所得额(19－20－21－22)	4 655 000
24	应纳税所得额计算	税率(25%)	25%
25		六、应纳所得税额(23×24)	1 163 750
26		减:减免所得税额(填写 A107040)	
27		减:抵免所得税额(填写 A107050)	
28		七、应纳税额(25－26－27)	1 163 750
29		加:境外所得应纳所得税额(填写 A108000)	
30		减:境外所得抵免所得税额(填写 A108000)	
31		八、实际应纳所得税额(28＋29－30)	1 163 750
32		减:本年累计实际已预缴的所得税额	300 000
33		九、本年应补(退)所得税额(31－32)	863 750
34		其中:总机构分摊本年应补(退)所得税额(填写 A109000)	
35		财政集中分配本年应补(退)所得税额(填写 A109000)	
36		总机构主体生产经营部门分摊本年应补(退)所得税额(填写 A109000)	
37	附列资料	以前年度多缴的所得税额在本年抵减额	
38		以前年度应缴未缴在本年入库所得税额	

【实训任务】

资料 企业信息:中新器材公司为居民企业,纳税人识别号为3201653259637,从业人数为 100 人,资产总额为 2 000 万元。

根据会计核算资料,2017 年经营情况财务数据统计如下:

(1) 主营业务收入 500 万元。

(2) 主营业务成本 200 万元。

(3) 销售费用 100 万元,其中工资 60 万元,办公费 20 万元,差旅费 20 万元;管理费用 50 万元,其中工资 20 万元,业务招待费 20 万元,差旅费 10 万元;利息支出 10 万元。

(4) 税金及附加 10 万元。

（5）实发工资总额 100 万元，职工福利费 15 万元，工会经费 5 万元，职工教育经费 4 万元；企业按规定标准为职工缴纳社保 20 万元，住房公积金 10 万元。

（6）2017 年已经预缴企业所得税 20 万元。

（7）公司通过公益性团体捐赠灾区 20 万元。

（8）公司短期投资公允价值变动损益 20 万元。

（9）某项固定资产原值 100 万元，预计残值为零，税法规定按 10 年计提折旧，企业按 5 年计提折旧。

（10）公司计提坏账准备 20 万元。

要 求 填写该公司 2017 年企业所得税申报表及其相关附表（企业基本信息和纳税日期略）。

A101010

一般企业收入明细表

行次	项 目	金 额
1	一、营业收入（2＋9）	
2	（一）主营业务收入（3＋5＋6＋7＋8）	
3	1. 销售商品收入	
4	其中：非货币性资产交换收入	
5	2. 提供劳务收入	
6	3. 建造合同收入	
7	4. 让渡资产使用权收入	
8	5. 其他	
9	（二）其他业务收入（10＋12＋13＋14＋15）	
10	1. 销售材料收入	
11	其中：非货币性资产交换收入	
12	2. 出租固定资产收入	
13	3. 出租无形资产收入	
14	4. 出租包装物和商品收入	
15	5. 其他	
16	二、营业外收入（17＋18＋19＋20＋21＋22＋23＋24＋25＋26）	
17	（一）非流动资产处置利得	
18	（二）非货币性资产交换利得	
19	（三）债务重组利得	
20	（四）政府补助利得	
21	（五）盘盈利得	
22	（六）捐赠利得	
23	（七）罚没利得	
24	（八）确实无法偿付的应付款项	
25	（九）汇兑收益	
26	（十）其他	

A102010

一般企业成本支出明细表

行次	项　目	金　额
1	一、营业成本(2+9)	
2	(一)主营业务成本(3+5+6+7+8)	
3	1. 销售商品成本	
4	其中:非货币性资产交换成本	
5	2. 提供劳务成本	
6	3. 建造合同成本	
7	4. 让渡资产使用权成本	
8	5. 其他	
9	(二)其他业务成本(10+12+13+14+15)	
10	1. 材料销售成本	
11	其中:非货币性资产交换成本	
12	2. 出租固定资产成本	
13	3. 出租无形资产成本	
14	4. 包装物出租成本	
15	5. 其他	
16	二、营业外支出(17+18+19+20+21+22+23+24+25+26)	
17	(一)非流动资产处置损失	
18	(二)非货币性资产交换损失	
19	(三)债务重组损失	
20	(四)非常损失	
21	(五)捐赠支出	
22	(六)赞助支出	
23	(七)罚没支出	
24	(八)坏账损失	
25	(九)无法收回的债券股权投资损失	
26	(十)其他	

A104000

期间费用明细表

行次	项　目	销售费用	其中：境外支付	管理费用	其中：境外支付	财务费用	其中：境外支付
		1	2	3	4	5	6
1	一、职工薪酬		*		*	*	*
2	二、劳务费					*	*
3	三、咨询顾问费						
4	四、业务招待费		*		*	*	*
5	五、广告费和业务宣传费		*		*	*	*
6	六、佣金和手续费						
7	七、资产折旧摊销费		*		*	*	*
8	八、财产损耗、盘亏及毁损损失		*		*	*	*
9	九、办公费		*		*	*	*
10	十、董事会费		*		*	*	*
11	十一、租赁费					*	*
12	十二、诉讼费		*		*	*	*
13	十三、差旅费		*		*	*	*
14	十四、保险费		*		*		
15	十五、运输、仓储费						
16	十六、修理费					*	*
17	十七、包装费		*		*	*	*
18	十八、技术转让费					*	*
19	十九、研究费用					*	*
20	二十、各项税费		*		*	*	*
21	二十一、利息收支		*		*		
22	二十二、汇兑差额		*		*		
23	二十三、现金折扣		*		*		*
24	二十四、其他						
25	合计（1+2+3+…+24）						

A100000

中华人民共和国企业所得税年度纳税申报表（A 类）

行次	类别	项　目	金　额
1	利润总额计算	一、营业收入（填写 A101010\101020\103000）	
2		减：营业成本（填写 A102010\102020\103000）	
3		税金及附加	
4		销售费用（填写 A104000）	
5		管理费用（填写 A104000）	
6		财务费用（填写 A104000）	
7		资产减值损失	
8		加：公允价值变动收益	
9		投资收益	
10		二、营业利润（1－2－3－4－5－6－7＋8＋9）	
11		加：营业外收入（填写 A101010\101020\103000）	
12		减：营业外支出（填写 A102010\102020\103000）	
13		三、利润总额（10＋11－12）	
14	应纳税所得额计算	减：境外所得（填写 A108010）	
15		加：纳税调整增加额（填写 A105000）	
16		减：纳税调整减少额（填写 A105000）	
17		减：免税、减计收入及加计扣除（填写 A107010）	
18		加：境外应税所得抵减境内亏损（填写 A108000）	
19		四、纳税调整后所得（13－14＋15－16－17＋18）	
20		减：所得减免（填写 A107020）	
21		减：抵扣应纳税所得额（填写 A107030）	
22		减：弥补以前年度亏损（填写 A106000）	
23		五、应纳税所得额（19－20－21－22）	
24	应纳税额计算	税率（25％）	
25		六、应纳所得税额（23×24）	
26		减：减免所得税额（填写 A107040）	
27		减：抵免所得税额（填写 A107050）	
28		七、应纳税额（25－26－27）	
29		加：境外所得应纳所得税额（填写 A108000）	
30		减：境外所得抵免所得税额（填写 A108000）	
31		八、实际应纳所得税额（28＋29－30）	
32		减：本年累计实际已预缴的所得税额	
33		九、本年应补（退）所得税额（31－32）	
34		其中：总机构分摊本年应补（退）所得税额（填写 A109000）	
35		财政集中分配本年应补（退）所得税额（填写 A109000）	
36		总机构主体生产经营部门分摊本年应补（退）所得税额（填写 A109000）	
37	附列资料	以前年度多缴的所得税额在本年抵减额	
38		以前年度应缴未缴在本年入库所得税额	

A105000

纳税调整项目明细表

行次	项　目	账载金额	税收金额	调增金额	调减金额
		1	2	3	4
1	一、收入类调整项目(2＋3＋4＋5＋6＋7＋8＋10＋11)				
2	(一)视同销售收入(填写 A105010)				
3	(二)未按权责发生制原则确认的收入(填写 A105020)				
4	(三)投资收益(填写 A105030)				
5	(四)按权益法核算长期股权投资对初始投资成本调整确认收益				
6	(五)交易性金融资产初始投资调整				
7	(六)公允价值变动净损益				
8	(七)不征税收入				
9	其中:专项用途财政性资金(填写 A105040)				
10	(八)销售折扣、折让和退回				
11	(九)其他				
12	二、扣除类调整项目(13＋14＋15＋16＋17＋18＋19＋20＋21＋22＋23＋24＋26＋27＋28＋29)				
13	(一)视同销售成本(填写 A105010)				
14	(二)职工薪酬(填写 A105050)				
15	(三)业务招待费支出				
16	(四)广告费和业务宣传费支出(填写 A105060)				
17	(五)捐赠支出(填写 A105070)				
18	(六)利息支出				
19	(七)罚金、罚款和被没收财物的损失				
20	(八)税收滞纳金、加收利息				
21	(九)赞助支出				
22	(十)与未实现融资收益相关在当期确认的财务费用				
23	(十一)佣金和手续费支出				
24	(十二)不征税收入用于支出所形成的费用				
25	其中:专项用途财政性资金用于支出所形成的费用(填写 A105040)				
26	(十三)跨期扣除项目				
27	(十四)与取得收入无关的支出				
28	(十五)境外所得分摊的共同支出				
29	(十六)其他				
30	三、资产类调整项目(31＋32＋33＋34)				
31	(一)资产折旧、摊销 (填写 A105080)				
32	(二)资产减值准备金				

（续表）

行次	项　目	账载金额	税收金额	调增金额	调减金额
		1	2	3	4
33	（三）资产损失（填写 A105090）				
34	（四）其他				
35	四、特殊事项调整项目（36＋37＋38＋39＋40）				
36	（一）企业重组（填写 A105100）				
37	（二）政策性搬迁（填写 A105110）				
38	（三）特殊行业准备金（填写 A105120）				
39	（四）房地产开发企业特定业务计算的纳税调整额（填写 A105010）				
40	（五）其他				
41	五、特别纳税调整应税所得				
42	六、其他				
43	合计（1＋12＋30＋35＋41＋42）				

A105050

职工薪酬纳税调整明细表

行次	项　目	账载金额	税收规定扣除率	以前年度累计结转扣除额	税收金额	纳税调整金额	累计结转以后年度扣除额
		1	2	3	4	5(1—4)	6(1＋3—4)
1	一、工资薪金支出						
2	其中:股权激励						
3	二、职工福利费支出						
4	三、职工教育经费支出						
5	其中:按税收规定比例扣除的职工教育经费						
6	按税收规定全额扣除的职工培训费用						
7	四、工会经费支出						
8	五、各类基本社会保障性缴款						
9	六、住房公积金						
10	七、补充养老保险						
11	八、补充医疗保险						
12	九、其他						
13	合计（1＋3＋4＋7＋8＋9＋10＋11＋12）						

A105070

捐赠支出纳税调整明细表

行次	受赠单位名称	公益性捐赠				非公益性捐赠	
		账载金额	按税收规定计算的扣除限额	税收金额	纳税调整金额	账载金额	纳税调整金额
	1	2	3	4	5(2－4)	6	7(5＋6)
1							
2			＊	＊	＊		＊
3			＊	＊	＊		＊
4			＊	＊	＊		＊
5			＊	＊	＊		＊
6			＊	＊	＊		＊
7			＊	＊	＊		＊
8			＊	＊	＊		＊
9			＊	＊	＊		＊
10			＊	＊	＊		＊
11			＊	＊	＊		＊
12			＊	＊	＊		＊
13			＊	＊	＊		＊
14			＊	＊	＊		＊
16	合计		＊	＊	＊		＊

A105030

投资收益纳税调整明细表

行次	项 目	持有收益			处置收益						纳税调整金额	纳税调整金额
		账载金额	税收金额	纳税调整金额	会计确认的处置收入	税收计算的处置收入	处置投资的账面价值	处置投资的计税基础	会计确认的处置所得或损失	税收计算的处置所得		
		1	2	3(2－1)	4	5	6	7	8(4－6)	9(5－7)	10(9－8)	11(3＋10)
1	一、交易性金融资产											
2	二、可供出售金融资产											
3	三、持有至到期投资											
4	四、衍生工具											
5	五、交易性金融负债											
6	六、长期股权投资											
7	七、短期投资											
8	八、长期债券投资											
9	九、其他											
10	合计(1＋2＋3＋4＋5＋6＋7＋8＋9)											

A105080

资产折旧、摊销情况及纳税调整明细表

行次	项　目	账载金额			税收金额					纳税调整	
		资产账载金额	本年折旧、摊销额	累计折旧、摊销额	资产计税基础	按税收一般规定计算的本年折旧、摊销额	本年加速折旧额	其中:2014年及以后年度新增固定资产加速折旧额(填写A105081)	累计折旧、摊销额	金额	调整原因
		1	2	3	4	5	6	7	8	9(2-5-6)	10
1	一、固定资产(2+3+4+5+6+7)										
2	（一）房屋、建筑物										
3	（二）飞机、火车、轮船、机器、机械和其他生产设备										
4	（三）与生产经营活动有关的器具、工具、家具等										
5	（四）飞机、火车、轮船以外的运输工具										
6	（五）电子设备										
7	（六）其他										
8	二、生产性生物资产(9+10)							＊			
9	（一）林木类							＊			
10	（二）畜类							＊			
11	三、无形资产(12+13+14+15+16+17+18)						＊	＊			
12	（一）专利权						＊	＊			
13	（二）商标权						＊	＊			
14	（三）著作权						＊	＊			
15	（四）土地使用权						＊	＊			
16	（五）非专利技术						＊	＊			
17	（六）特许权使用费						＊	＊			
18	（七）其他						＊	＊			
19	四、长期待摊费用(20+21+22+23+24)						＊	＊			
20	（一）已足额提取折旧的固定资产的改建支出						＊	＊			
21	（二）租入固定资产的改建支出						＊	＊			
22	（三）固定资产的大修理支出						＊	＊			
23	（四）开办费						＊	＊			
24	（五）其他						＊	＊			
25	五、油气勘探投资						＊	＊			
26	六、油气开发投资						＊	＊			
27	合计(1+8+11+19+25+26)										＊

实训三　消费税纳税申报

【实训目标】

　　学生通过实训,了解消费税的概念和特点、纳税人、税目和税率、计税依据、纳税地点和期限;熟悉不同条件下纳税环节、应纳税额的计算方法;能够在报税平台上完成消费税纳税申报。

【知识链接】

3.3.1　消费税概念和特点

1. 消费税概念

　　消费税是对我国境内外从事生产、委托加工和进口应税消费品的单位和个人,就其销售额或销售数量,在特定环节征收的一种税。简单来说,消费税是对特定的消费品和消费行为征收的一种税。

2. 消费税的特点

1) 征税项目具有选择性

　　各国目前征收的消费税实际上都属于对特定消费品或消费行为征收的税种。特定消费品主要包括特殊消费品、奢侈品、高能耗消费品、不可再生的资源消费品和税基宽广、消费普遍、不影响人民群众生活水平、具有一定财政意义的普通消费品。

2) 征税环节具有单一性

　　消费税是在生产进口(进口)、流通或消费的某一环节一次征收(卷烟和高档轿车除外),而不是在消费品生产、流通或消费的每个环节多次征收,即一次课征制。

3) 征收方法具有多样性

　　为了适应不同消费品的应税情况,消费税在征收方法上不力求一致,可采用从价定率的征收方式,也可以选择从量定额的征收方式,或者同时采用从价定率和从量定额方式。

4) 税收调节具有特殊性

　　这一特殊性表现在两个方面:一是不同的征税项目税负差异较大;二是消费税往往同有关税种配合实行加重或双重调节。

5) 消费税具有转嫁性

　　消费税无论采取价内税形式还是价外税形式,也无论在哪个环节征收,消费品中所含的消费税税款最终都要转嫁到消费者身上,由消费者负担。税负具有转嫁性,并且较其他税种更明显。

3.3.2 消费税纳税人和征税环节

消费税纳税义务人是指在中华人民共和国境内生产、委托加工和进口《消费税暂行条例》规定的消费品的单位和个人，以及国务院确定的《消费税暂行条例》规定的消费品的其他单位和个人。

上述单位，包括企业、行政单位、事业单位、军事单位、社会团体及其他单位。

所称个人，是指个体工商户及其他个人。在中华人民共和国境内，是指生产、委托加工和进口属于应当缴纳消费税的消费品的起运地或者所在地在境内。

进口货物的收货人或办理报关手续的单位和个人，为进口货物消费税的纳税义务人。其消费税纳税时间如下。

消费税纳税义务人的纳税时间

消费税的纳税义务人		备　注
生产应税消费品的单位和个人	自产销售	纳税人销售时纳税
	自产自用	纳税人自产的应税消费品，用于连续生产应税消费品的，不纳税；用于其他方面的，于移送使用时纳税
进口应税消费品的单位和个人		进口报关单位或个人为消费税的纳税人，进口消费税由海关代征
委托加工应税消费品的单位和个人		委托加工的应税消费品，除受托方为个人外，由受托方在向委托方交货时代收代缴税款
零售金银首饰、钻石、钻石饰品、铂金首饰的单位和个人		生产、进口和批发金银首饰、钻石、钻石饰品、铂金首饰时不征收消费税，纳税人在零售时纳税
从事卷烟批发业务的单位和个人		纳税人（卷烟批发商）销售给纳税人以外的单位和个人的卷烟于销售时纳税。纳税人之间销售的卷烟不缴纳消费税

3.3.3 消费税税目和税率表

消费税税目和税率表如下。

消费税税目和税率表

税　目	税　率
一、烟	
1.卷烟	
(1)甲类卷烟[调拨价70元(不含增值税)/条以上(含70元)]	56%＋0.003元/支
(2)乙类卷烟[调拨价70元(不含增值税)/条以下]	36%＋0.003元/支
(3)商业批发	11%＋0.005元/支
2.雪茄烟	36%
3.烟丝	30%
二、酒及酒精	
1.白酒	20%加0.5元/500克(或者500毫升)
2.黄酒	240元/吨

（续表）

税 目	税 率
3.啤酒	
（1）甲类啤酒	250 元/吨
（2）乙类啤酒	220 元/吨
4.其他酒	10％
三、高档化妆品	15％
四、贵重首饰及珠宝玉石	
1.金银首饰、铂金首饰和钻石及钻石饰品	5％
2.其他贵重首饰和珠宝玉石	10％
五、鞭炮、焰火	15％
六、成品油	
1.汽油	
（1）含铅汽油	1.52 元/升
（2）无铅汽油	1.52 元/升
2.柴油	1.20 元/升
3.航空煤油	1.20 元/升
4.石脑油	1.52 元/升
5.溶剂油	1.52 元/升
6.润滑油	1.52 元/升
7.燃料油	1.20 元/升
七、摩托车	
1.气缸容量（排气量，下同）在 250 毫升（含 250 毫升）以下的	3％
2.气缸容量在 250 毫升以上的	10％
八、小汽车	
1.乘用车	
（1）气缸容量（排气量，下同）在 1.0 升（含 1.0 升）以下的	1％
（2）气缸容量在 1.0 升以上至 1.5 升（含 1.5 升）的	3％
（3）气缸容量在 1.5 升以上至 2.0 升（含 2.0 升）的	5％
（4）气缸容量在 2.0 升以上至 2.5 升（含 2.5 升）的	9％
（5）气缸容量在 2.5 升以上至 3.0 升（含 3.0 升）的	12％
（6）气缸容量在 3.0 升以上至 4.0 升（含 4.0 升）的	25％
（7）气缸容量在 4.0 升以上的	40％
2.中轻型商用客车	5％
3.超豪华小汽车	按子税目 1 和子税目 2 的规定征收，零售环节 10％
九、高尔夫球及球具	10％
十、高档手表	20％
十一、游艇	10％
十二、木制一次性筷子	5％

（续表）

税　目	税　率
十三、实木地板	5%
十四、铅蓄电池	4%
十五、涂料	4%

3.3.4　消费税计税依据

消费税三种计税方法计算公式如下。

消费税三种计税方法计算公式表

计税方法	计税公式
1. 从价定率计税	应纳税额＝销售额×比例税率
2. 从量定额计税（啤酒、黄酒、成品油）	应纳税额＝销售数量×单位税额
3. 复合计税（白酒、卷烟）	应纳税额＝销售额×比例税率＋销售数量×单位税额

1. 计税销售额规定

1）销售额

销售额为纳税人销售应税消费品向购买方收取的全部价款和价外费用。

全部价款中包含消费税额，但不包括增值税额；价外费用的内容与增值税规定相同。其计算公式如下：

应税消费品的销售额＝含增值税的销售额÷（1＋增值税税率或征收率）

2）包装物

（1）包装物连同产品销售。

（2）包装物不作价随同产品销售，而是收取押金（收取酒类产品的包装物押金除外），且单独核算又未过期的，此项押金则不应并入应税消费品的销售额中征税。但对因逾期未收回的包装物不再退还的和已收取1年以上的押金，应并入应税消费品的销售额，按照应税消费品的适用率征收消费税。

（3）包装物既作价随同产品销售，又收取押金。

（4）对酒类产品生产企业销售酒类产品（黄酒、啤酒除外）而收取的包装物押金，无论押金是否返还与会计上如何核算，均需并入酒类产品销售额中，依酒类产品的适用税率征收消费税。

2. 销售数量规定

（1）销售应税消费品的，为应税消费品的销售数量。

（2）自产自用应税消费品的，为应税消费品的移送使用数量。

（3）委托加工应税消费品的，为纳税人收回的应税消费品数量。

（4）进口的应税消费品，为海关核定的应税消费品的进口数量。

3. 计税依据特殊规定

（1）纳税人通过自设非独立核算门市部销售的自产应税消费品，应当按照门市部对外销售额或销售数量征收消费税。

（2）纳税人用于换取生产资料和消费资料、投资入股和抵偿债务等方面的应税消费品，应当以纳税人同类应税消费品的最高销售价格为依据计算消费税。

（3）酒类关联企业间关联交易消费税处理：

白酒生产企业向商业销售单位收取的"品牌使用费"是随着应税白酒的销售而向购货方收取的，属于应税白酒销售价款的组成部分，因此，不论企业采取何种方式或以何种名义收取价款，均应并入白酒的销售额中缴纳消费税。

（4）从高适用税率征收消费税，有两种情况：

① 纳税人兼营不同税率应税消费品，未分别核算各自销售额。

② 将不同税率应税消费品组成成套消费品销售的（即使分别核算也从高税率）。

3.3.5 消费税应纳税额计算

1. 自行生产

1）实行从价定率的

其计算公式如下：

组成计税价格＝成本×（1＋成本利润率）÷（1－消费税比例税率）

应纳消费税＝成本×（1＋成本利润率）÷（1－消费税比例税率）×消费税比例税率

例如，某化妆品生产企业为增值税一般纳税人，9 月份向商场销售高档化妆品 10 万元（不含增值税），消费税税率 15％。其应纳消费税如下：

$$应纳税额＝10×15\%＝1.5（万元）$$

2）实行从量定额的

其计算公式如下：

$$应纳消费税＝销售数量×定额税率$$

例如，某啤酒厂 6 月销售啤酒 200 吨，每吨 2 700 元。

$$应纳税额＝200×220＝44\ 000（元）$$

3）实行复合计税的

其计算公式如下：

组成计税价格＝［成本×（1＋成本利润率）＋自产自用数量×消费税定额税率］÷

（1－消费税比例税率）

应纳消费税＝［成本×（1＋成本利润率）＋自产自用数量×消费税定额税率］÷

（1－消费税比例税率）×消费税比例税率＋自产自用数量×消费税定额税率

例如，4 月，某白酒厂销售白酒 50 吨，取得不含增值税销售额 800 万元。

$$应纳税额＝50×2\ 000×0.5÷10\ 000＋800×20\%＝165（万元）$$

2. 委托加工

1）实行从价定率的

其计算公式如下：

组成计税价格＝（材料成本＋加工费）÷（1－消费税比例税率）

应纳消费税＝（材料成本＋加工费）÷（1－消费税比例税率）×消费税比例税率

例如,甲企业委托乙企业加工一批应税消费品,甲企业提供原材料实际成本 6 000 元,支付给乙企业加工费 3 000 元,消费税率 10%,从价征收。乙企业代扣代缴消费税如下:

乙企业代扣代缴消费税＝(6 000＋3 000)÷(1－10%)×10%＝1 000(元)

2) 实行从量定额的

$$应纳消费税＝销售数量×定额税率$$

3) 实行复合计税的

其计算公式如下:

组成计税价格＝(材料成本＋加工费＋委托加工数量×消费税定额税率)÷
(1－消费税比例税率)

应纳消费税＝(材料成本＋加工费＋委托加工数量×消费税定额税率)÷
(1－消费税比例税率)×消费税比例税率＋委托加工数量×消费税定额税率

3. 进口

1) 实行从价定率的

其计算公式如下:

组成计税价格＝(关税完税价格＋关税)÷(1－消费税比例税率)

应纳消费税＝(关税完税价格＋关税)÷(1－消费税比例税率)×消费税比例税率

例如,某公司进口一批化妆品,关税完税价格 50 000 元,进口关税税率 25%,消费税税率 30%。

进口环节应纳消费税＝(50 000＋50 000×25%)÷(1－30%)×30%＝26 785.71(元)

2) 实行从量定额的

其计算公式如下:

$$应纳消费税＝销售数量×定额税率$$

3) 实行复合计税的

其计算公式如下:

组成计税价格＝(关税完税价格＋关税＋进口数量×消费税定额税率)÷
(1－消费税比例税率)

应纳消费税＝(关税完税价格＋关税＋进口数量×消费税定额税率)÷
(1－消费税比例税率)×消费税比例税率＋进口数量×消费税定额税率

3.3.6 纳税义务发生时间

(1) 纳税人自产自用的应税消费品,其纳税义务发生时间,为移送使用的当天。

(2) 纳税人委托加工的应税消费品,其纳税义务发生时间,为纳税人提货的当天。

(3) 纳税人进口应税消费品,其纳税义务的发生时间,为报关进口的当天。

(4) 纳税人采取其他结算方式的,其纳税义务的发生时间,为收讫销售款或者取得索取销售款凭据的当天。

（5）纳税人采取托收承付和委托银行收款方式销售的应税消费品，其纳税义务发生时间，为发出应税消费品并办妥托收手续的当天。

（6）纳税人采取预收货款结算方式的，其纳税义务的发生时间，为发出应税消费品的当天。

（7）纳税人采取赊销和分期收款结算方式的，为书面合同约定的收款日期的当天，书面合同没有约定收款日期或者无书面合同的，为发出应税消费品的当天。

3.3.7 纳税地点

（1）纳税人销售的应税消费品以及自产自用的应税消费品，除国务院财政、税务主管部门另有规定外，应当向纳税人机构所在地或者居住地的主管税务机关申报纳税。

纳税人的总机构与分支机构不在同一县（市）的，应当分别向各自机构所在地的主管税务机关申报纳税；经财政部、国家税务总局或者其授权的财政、税务机关批准，可以由总机构汇总向总机构所在地的主管税务机关申报纳税。

（2）委托加工的应税消费品，受托方为个人的，由委托方向其机构所在地或者居住地主要税务机关申报纳税；受托方为企业等单位的，由受托方向机构所在地或者居住地的主管税务机关报缴消费税税款。

（3）纳税人到外县（市）销售或委托外县（市）代销自产应税消费品的，于销售后向其机构所在地或者居住地主管税务机关申报纳税。

（4）进口的应税消费品，由进口人或者其代理人向报关地海关申报纳税。

3.3.8 纳税环节

1. 基本规定

1）生产环节

（1）纳税人生产的应税消费品，对外销售的，在销售时纳税。

（2）纳税人自产自用的应税消费品，用于连续生产应税消费品的，不纳税；用于其他方面的（用于生产非应税消费品、在建工程、管理部门、馈赠、赞助、集资、广告、样品、职工福利、奖励等），视同销售，在移送使用时纳税。

2）委托加工环节

（1）委托加工的界定。委托加工是指由委托方提供原料或主要材料，受托方只收取加工费和代垫部分辅助材料进行加工。

（2）委托加工的应税消费品，按照"受托方"（而非委托方）的同类消费品的销售价格计征消费税；没有同类消费品销售价格的，按照组成计税价格计征消费税。

（3）委托方是消费税的纳税义务人，委托加工的应税消费品，除受托方为个人外，由受托方在向委托方交货时代收代缴消费税；委托个人加工的应税消费品，由委托方收回后缴纳消费税。

（4）纳税人委托加工应税消费品的，消费税的纳税义务发生时间为纳税人提货的当天。

（5）委托方将收回的应税消费品，以不高于受托方的计税价格出售的，为直接出售，不再缴纳消费税；委托方以高于受托方的计税价格出售的，不属于直接出售，需按照规定申报缴纳消费税，在计税时准予扣除受托方已代收代缴的消费税。

（6）委托加工的应税消费品，委托方用于连续生产应税消费品的，所纳税款准予按规定抵扣。

（7）委托个人加工的应税消费品，由委托方向其机构所在地或者居住地主管税务机关申报纳税。

（8）受托方（提供加工劳务）是增值税的纳税义务人，在计算增值税时，代收代缴的消费税不属于价外费用。

3）进口环节

进口应税消费品，应缴纳关税、进口消费税和进口增值税。

2. 特殊规定

1）零售环节

金银首饰、钻石及钻石饰品、铂金首饰的消费税在零售环节纳税。

2）批发环节

自 2009 年 5 月 1 日起，在卷烟的批发环节加征一道从价计征的消费税。

3.3.9 纳税期限

消费税的纳税期限分别为 1 日、3 日、5 日、10 日、15 日、1 个月或者 1 个季度。纳税人的具体纳税期限，由主管税务机关根据纳税人应纳税额的大小分别核定；不能按照固定期限纳税的，可以按次纳税。

纳税人以 1 个月或以 1 个季度为一期纳税的，自期满之日起 15 日内申报纳税；以 1 日、3 日、5 日、10 日或者 15 日为一期纳税的，自期满之日起 5 日内预缴税款，于次月 1 日起至 15 日内申报纳税并结清上月应纳税款。

纳税人进口应税消费品，应当自海关填发海关进口消费税专用缴款书之日起 15 日内缴纳税款。

【实训指导】

1. 消费税报缴税款的方法

纳税人报缴税款的方法，由所在地主管税务机关视不同情况，从下列方法中确定一种：

（1）纳税人按期向税务机关填报纳税申报表，并填开纳税缴款书，向其所在地代理金库的银行缴纳税款。

（2）纳税人按期向税务机关填报纳税申报表，由税务机关审核后填发缴款书，按期缴纳。

（3）对会计核算不健全的小型业户，税务机关可根据其产销情况，按季或按年核定其应纳税额。分月缴纳。

报缴税款时，如需办理消费税税款抵扣手续，除应按有关规定提供纳税申报所需资料外，还应当提供以下资料：

（1）外购应税消费品连续生产应税消费品的，提供外购应税消费品增值税专用发票（抵扣联）原件和复印件。如果外购应税消费品的增值税专用发票属于汇总填开的，除提供增值税专用发票（抵扣联）原件和复印件外，还应提供随同增值税专用发票取得的由销售方开具并加盖财务专用章或发票专用章的销货清单原件和复印件。

（2）委托加工收回应税消费品连续生产应税消费品的，提供《代扣代收税款凭证》原件和复印件。

（3）进口应税消费品连续生产应税消费品的，提供《海关进口消费税专用缴款书》原件和复印件。

2. 消费税纳税申报表及填表说明

具体如下所示。

其他应税消费品消费税纳税申报表

税款所属期： 年 月 日至 年 月 日

纳税人名称（公章）： 纳税人识别号：☐☐☐☐☐☐☐☐☐☐☐☐☐☐☐☐☐☐

填表日期： 年 月 日 金额单位：元（列至角分）

项目 应税消费品名称	适用税率	销售数量	销售额	应纳税额
合计	—	—	—	

本期准予抵减税额：	**声明** 此纳税申报表是根据国家税收法律的规定填报的，我确定它是真实的、可靠的、完整的。
本期减（免）税额：	
期初未缴税额：	经办人（签章）： 财务负责人（签章）： 联系电话：
本期缴纳前期应纳税额：	（如果你已委托代理人申报，请填写） <p align="center">**授权声明**</p>为代理一切税务事宜，现授权＿＿＿＿
本期预缴税额：	＿＿＿（地址）＿＿＿为
本期应补（退）税额：	本纳税人的代理申报人，任何与本申报表有关的往来文件，都可寄予此人。
期末未缴税额：	<p align="right">授权人签章：</p>

以下由税务机关填写：

受理人（签章）： 受理日期： 年 月 日 受理税务机关（章）：

填表说明

1. 本表限化妆品、贵重首饰及珠宝玉石、鞭炮焰火、摩托车（排量＞250毫升）、摩托车（排量＝250毫升）、高尔夫球及球具、高档手表、游艇、木制一次性筷子、实木地板等消费税纳税人使用。

2. 本表"税款所属期"是指纳税人申报的消费税应纳税额的所属时间，应填写具体的起止年、月、日。

3. 本表"纳税人识别号"栏，填写纳税人的税务登记证号码。

4. 本表"纳税人名称"栏，填写纳税人单位名称全称。

5. 本表"应税消费品名称"和"适用税率"按照以下内容填写：

化妆品：30％；贵重首饰及珠宝玉石：10％；金银首饰（铂金首饰、钻石及钻石饰品）：5％；鞭炮焰火：15％；摩托车（排量＞250毫升）：10％；摩托车（排量＝250毫升）：3％；高尔夫球及球具：10％；高档手表：20％；游艇：10％；木制一次性筷子:5%;实木地板:5%。

6. 本表"销售数量"为《中华人民共和国消费税暂行条例》《中华人民共和国消费税暂行条例实施细则》及其他法规、规章规定的当期应申报缴纳消费税的应税消费品销售(不含出口免税)数量。计量单位是:摩托车为辆;高档手表为只;游艇为艘;实木地板为平方米;木制一次性筷子为万双;化妆品、贵重首饰及珠宝玉石(含金银首饰、铂金首饰、钻石及钻石饰品)、鞭炮焰火、高尔夫球及球具按照纳税人实际使用的计量单位填写并在本栏中注明。

7. 本表"销售额"为《中华人民共和国消费税暂行条例》《中华人民共和国消费税暂行条例实施细则》及其他法规、规章规定的当期应申报缴纳消费税的应税消费品销售(不含出口免税)收入。

8. 根据《中华人民共和国消费税暂行条例》的规定,本表"应纳税额"计算公式如下:

$$应纳税额 = 销售额 × 适用税率$$

9. 本表"本期准予扣除税额"填写按税收法规规定本期外购或委托加工收回应税消费品后连续生产应税消费品准予扣除的消费税应纳税额。其准予扣除的消费税应纳税额情况,需填报本表附1《本期准予扣除税额计算表》予以反映。

"本期准予扣除税额"栏数值与本表附1《本期准予扣除税额计算表》"本期准予扣除税款合计"栏数值一致。

10. 本表"本期减(免)税额"不含出口退(免)税额。

11. 本表"期初未缴税额"填写本期期初累计应缴未缴的消费税额,多缴为负数。其数值等于上期申报表"期末未缴税额"。

12. 本表"本期缴纳前期应纳税额"填写本期实际缴纳入库的前期应缴未缴消费税额。

13. 本表"本期预缴税额"填写纳税申报前纳税人已预先缴纳入库的本期消费税额。

14. 本表"本期应补(退)税额"填写纳税人本期应纳税额中应补缴或应退回的数额,计算公式如下,多缴为负数:

$$本期应补(退)税额 = 应纳税额(合计栏金额) - 本期准予扣除税额 - 本期减(免)税额 - 本期预缴税额$$

15. 本表"期末未缴税额"填写纳税人本期期末应缴未缴的消费税额,计算公式如下,多缴为负数:

$$期末未缴税额 = 期初未缴税额 + 本期应补(退)税额 - 本期缴纳前期应纳税额$$

16. 本表为A4竖式,所有数字小数点后保留两位。一式二份,一份纳税人留存,一份税务机关留存。

附1

本期准予扣除税额计算表

税款所属期: 　年　月　日至　　年　月　日

纳税人名称(公章):　　　　纳税人识别号:

填表日期:　　年　月　日　　　　金额单位:元(列至角分)

项目 应税消费品名称				合计
当期准予扣除的委托加工应税消费品已纳税款计算	期初库存委托加工应税消费品已纳税款			—
	当期收回委托加工应税消费品已纳税款			—
	期末库存委托加工应税消费品已纳税款			—
	当期准予扣除委托加工应税消费品已纳税款			
当期准予扣除的外购应税消费品已纳税款计算	期初库存外购应税消费品买价			—
	当期购进应税消费品买价			—
	期末库存外购应税消费品买价			—
	外购应税消费品适用税率			—
	当期准予扣除外购应税消费品已纳税款			
本期准予扣除税款合计				

填表说明

1. 本表作为《其他应税消费品消费税纳税申报表》的附列资料,由外购或委托加工收回应税消费品后连续生产应税消费品的纳税人填报。未发生外购或委托加工收回应税消费品后连续生产应税消费品的纳税人不填报本表。

2. 本表"税款所属期""纳税人名称""纳税人识别号"的填写同主表。

3. 本表"应税消费品名称"填写化妆品、珠宝玉石、鞭炮焰火、摩托车(排量>250毫升)、摩托车(排量=250毫升)、高尔夫球及球具、木制一次性筷子、实木地板。

4. 根据《国家税务总局关于用外购和委托加工收回的应税消费品连续生产应税消费品征收消费税问题的通知》(国税发〔1995〕94号)的规定,本表"当期准予扣除的委托加工应税消费品已纳税款"计算公式如下:

当期准予扣除的委托加工应税消费品已纳税款＝期初库存委托加工应税消费品已纳税款＋当期收回委托加工应税消费品已纳税款－期末库存委托加工应税消费品已纳税款

5. 根据《国家税务总局关于用外购和委托加工收回的应税消费品连续生产应税消费品征收消费税问题的通知》(国税发〔1995〕94号)的规定,本表"当期准予扣除的外购应税消费品已纳税款"计算公式如下:

当期准予扣除的外购应税消费品已纳税款＝(期初库存外购应税消费品买价＋当期购进应税消费品买价－期末库存外购应税消费品买价)×外购应税消费品适用税率

6. 本表"本期准予扣除税款合计"为本期外购及委托加工收回应税消费品后连续生产应税消费品准予扣除应税消费品已纳税款的合计数,应与《其他应税消费品消费税纳税申报表》"本期准予扣除税额"栏数值一致。

7. 本表为A4竖式,所有数字小数点后保留两位。一式二份,一份纳税人留存,一份税务机关留存。

附2

准予扣除消费税凭证明细表

税款所属期: 年 月 日至 年 月 日

纳税人名称(公章): 纳税人识别号: □□□□□□□□□□□□□□□

填表日期: 年 月 日 金额单位:元(列至角分)

应税消费品名称	凭证类别	凭证号码	开票日期	数量	金额	适用税率	消费税额
合计	—	—	—			—	

填表说明

1. 本表作为《其他应税消费品消费税纳税申报表》的附列资料,由外购或委托加工收回应税消费品后连续生产应税消费品的纳税人填报。未发生外购或委托加工收回应税消费品后连续生产应税消费品的纳税人不填报本表。

2. 本表"税款所属期""纳税人名称""纳税人识别号"的填写同主表。

3. 本表"应税消费品名称"填写化妆品、珠宝玉石、鞭炮焰火、摩托车(排量>250毫升)、摩托车(排量=250毫升)、高尔夫球及球具、木制一次性筷子、实木地板。

4. 本表"凭证类别"填写准予扣除凭证名称,如增值税专用发票、海关进口消费税专用缴款书、代扣代收税款凭证。

5. 本表"凭证号码"填写准予扣除凭证的号码。

6. 本表"开票日期"填写准予扣除凭证的开票日期。

7. 本表"数量"填写准予扣除凭证载明的应税消费品数量,并在本栏中注明计量单位。

8. 本表"金额"填写准予扣除凭证载明的应税消费品金额。

9. 本表"适用税率"填写应税消费品的适用税率。

10. 本表"消费税税额"填写凭该准予扣除凭证申报抵扣的消费税税额。

11. 本表为 A4 竖式,所有数字小数点后保留两位。一式二份,一份纳税人留存,一份税务机关留存。

附3

本期代收代缴税额计算表

税款所属期:　　年　月　日至　　年　月　日

纳税人名称(公章):　　　　　纳税人识别号:□□□□□□□□□□□□□□□□□□

填表日期:　　年　月　日　　　　　金额单位:元(列至角分)

项目 ＼ 应税消费品名称				合计
适用税率				—
受托加工数量				—
同类产品销售价格				—
材料成本				—
加工费				—
组成计税价格				—
本期代收代缴税款				

填表说明

1. 本表作为《其他应税消费品消费税纳税申报表》的附列资料,由应税消费品受托加工方填报。委托方和未发生受托加工业务的纳税人不填报本表。

2. 本表"税款所属期""纳税人名称""纳税人识别号"的填写同主表。

3. 本表"应税消费品名称"和"税率"按照以下内容填写:

化妆品:30%;贵重首饰及珠宝玉石:10%;金银首饰(铂金首饰、钻石及钻石饰品):5%;鞭炮焰火:15%;摩托车(排量>250毫升):10%;摩托车(排量=250毫升):3%;高尔夫球及球具:10%;高档手表:20%;游艇:10%;木制一次性筷子:5%;实木地板:5%。

4. 本表"受托加工数量"的计量单位是:摩托车为辆;高档手表为只;游艇为艘;实木地板为平方米;木制一次性筷子为万双;化妆品、贵重首饰及珠宝玉石(含金银首饰、铂金首饰、钻石及钻石饰品)、鞭炮焰火、高尔夫球及球具按照受托方实际使用的计量单位填写并在本栏中注明。

5. 本表"同类产品销售价格"为受托方同类产品销售价格。

6. 根据《中华人民共和国消费税暂行条例》的规定,本表"组成计税价格"的计算公式如下:

$$组成计税价格 = (材料成本 + 加工费) \div (1 - 消费税税率)$$

7. 根据《中华人民共和国消费税暂行条例》的规定,本表"本期代收代缴税款"的计算公式如下:

(1) 当受托方有同类产品销售价格时:

$$本期代收代缴税款 = 同类产品销售价格 \times 受托加工数量 \times 适用税率$$

(2) 当受托方没有同类产品销售价格时:

$$本期代收代缴税款 = 组成计税价格 \times 适用税率$$

八、本表为 A4 竖式,所有数字小数点后保留两位。一式二份,一份纳税人留存,一份税务机关留存。

附4

生产经营情况表

税款所属期:　　年　月　日至　　年　月　日

纳税人名称(公章):　　　　　纳税人识别号:□□□□□□□□□□□□□□□□□□□□

填表日期:　　年　月　日　　　　　　金额单位:元(列至角分)

应税消费品名称 项目			
生产数量			
销售数量			
委托加工收回应税消费品直接销售数量			
委托加工收回应税消费品直接销售额			
出口免税销售数量			
出口免税销售额			

填表说明

1. 本表为年报,作为《其他应税消费品消费税纳税申报表》的附列资料,由纳税人于年度终了后填写,次年1月份办理消费税纳税申报时报送。

2. 本表"税款所属期""纳税人名称""纳税人识别号""应税消费品名称"和"销售数量"填写要求同主表。

3. 本表"生产数量",填写本期生产的产成品数量,计量单位应与销售数量一致。

4. 本表"出口免税销售数量"和"出口免税销售额"为享受出口免税政策的应税消费品销售数量和销售额。

5. 本表计量单位:摩托车为辆;高档手表为只;游艇为艘;实木地板为平方米;木制一次性筷子为万双;化妆品、贵重首饰及珠宝玉石(含金银首饰、铂金首饰、钻石及钻石饰品)、鞭炮焰火、高尔夫球及球具按照纳税人实际使用的计量单位填写并在本栏中注明。

6. 本表为 A4 竖式。所有数字小数点后保留两位。一式二份,一份纳税人留存,一份税务机关留存。

【实训案例】

案例 3.3.1

资料 某企业(企业基本信息略)主要生产销售高档卷烟,2017年5月发生以下业务:

（1）该企业外购烟丝，取得增值税专用发票 1 000 万元，增值税 170 万元；当期领用 70％。

（2）销售卷烟 200 箱，每箱 250 条香烟，每条香烟 200 支，每条不含税价格为 300 元。

（3）收取包装物租金 11.7 万元。

（4）上月应交未交消费税 40 万元。

要 求 根据以上资料，填制消费税纳税申报表和相关附表资料。

案 例 解 析

（1）销售额＝15 000 000＋117 000÷（1＋17％）＝15 100 000（元）

（2）应纳税额＝15 100 000×56％＋200×250×200×30÷10 000＝8 486 000（元）

（3）购入烟丝准予扣除的税额＝10 000 000×30％×70％＝2 100 000（元）

烟类应税消费品消费税纳税申报表

税款所属期： 年 月 日至 年 月 日

纳税人名称（公章）： 纳税人识别号：

填表日期： 年 月 日 金额单位：元（列至角分）

项目 / 应税消费品名称	适用税率	销售数量	销售额	应纳税额
卷烟	56％加30元/万支	1 000	15 100 000	8 486 000
合计	—	—	—	8 486 000

本期准予抵减税额：2 100 000

本期减（免）税额：

期初未缴税额：400 000

本期缴纳前期应纳税额：400 000

本期预缴税额：0

本期应补（退）税额：6 386 000

期末未缴税额：6 386 000

声明

此纳税申报表是根据国家税收法律的规定填报的，我确定它是真实的、可靠的、完整的。

经办人（签章）：
财务负责人（签章）：
联系电话：

（如果你已委托代理人申报，请填写）
授权声明
为代理一切税务事宜，现授权 _____
_____（地址）_____ 为
本纳税人的代理申报人，任何与本申报表有关的往来文件，都可寄予此人。

授权人签章：

本期准予扣除税额计算表

税款所属期：　　年　月　日至　　年　月　日

纳税人名称(公章)：　　　纳税人识别号：☐☐☐☐☐☐☐☐☐☐☐☐☐☐☐☐☐☐☐☐

填表日期：　　年　月　日　　　　　　金额单位:元(列至角分)

项目 \ 应税消费品名称		烟丝		合计
当期准予扣除的委托加工应税消费品已纳税款计算	期初库存委托加工应税消费品已纳税款			—
	当期收回委托加工应税消费品已纳税款			—
	期末库存委托加工应税消费品已纳税款			—
	当期准予扣除委托加工应税消费品已纳税款			
当期准予扣除的外购应税消费品已纳税款计算	期初库存外购应税消费品买价	0		—
	当期购进应税消费品买价	10 000 000		—
	期末库存外购应税消费品买价	3 000 000		—
	外购应税消费品适用税率	30%		—
	当期准予扣除外购应税消费品已纳税款	2 100 000		—
本期准予扣除税款合计		2 100 000		

【实训任务】

资　料　某企业主要生产销售低档卷烟,2017年5月发生以下业务:

(1) 该企业委托烟叶加工厂把烟叶加工成烟丝,烟叶成本36万元,付给加工厂加工费6万元(不含增值税),该批烟丝领用了一半。

(2) 销售卷烟50箱,每箱250条香烟,每条香烟200支,每条不含税价格为50元。

(3) 没收包装物押金11.7万元。

(4) 上月应交未交消费税20万元。

要　求　根据以上资料,填制消费税纳税申报表和相关附表资料(企业基本信息和税款所属日期略)。

烟类应税消费品消费税纳税申报表

税款所属期：　　年　月　日至　　年　月　日

纳税人名称(公章)：　　　纳税人识别号：☐☐☐☐☐☐☐☐☐☐☐☐☐☐☐☐☐☐☐☐

填表日期：　　年　月　日　　　　　　金额单位:元(列至角分)

项目 \ 应税消费品名称	适用税率	销售数量	销售额	应纳税额
卷烟				

（续表）

项目　应税消费品名称	适用税率	销售数量	销售额	应纳税额
合 计	—	—	—	

本期准予抵减税额：	**声明**
本期减（免）税额：	此纳税申报表是根据国家税收法律的规定填报的，我确定它是真实的、可靠的、完整的。
期初未缴税额：	经办人（签章）： 财务负责人（签章）： 联系电话：
本期缴纳前期应纳税额：	（如果你已委托代理人申报，请填写）
本期预缴税额：	**授权声明** 　为代理一切税务事宜，现授权 ＿＿＿＿
本期应补（退）税额：	＿＿＿＿（地址） 为本纳税人的代理申报人，任何与本申报表
期末未缴税额：	有关的往来文件，都可寄予此人。 　　　　　　　授权人签章：

本期准予扣除税额计算表

税款所属期：　　年　月　日至　　年　月　日

纳税人名称（公章）：　　　　纳税人识别号：｜｜｜｜｜｜｜｜｜｜｜｜｜｜｜｜｜｜

　　　　　　　　　填表日期：　　年　月　日　　　　　金额单位：元（列至角分）

应税消费品名称　　项目			合计
当期准予扣除的委托加工应税消费品已纳税款计算	期初库存委托加工应税消费品已纳税款		—
	当期收回委托加工应税消费品已纳税款		
	期末库存委托加工应税消费品已纳税款		—
	当期准予扣除委托加工应税消费品已纳税款		
当期准予扣除的外购应税消费品已纳税款计算	期初库存外购应税消费品买价		
	当期购进应税消费品买价		
	期末库存外购应税消费品买价		
	外购应税消费品适用税率		—
	当期准予扣除外购应税消费品已纳税款		
本期准予扣除税款合计			

项目四
地税申报

本项目学习目标

知识目标

1. 了解个人所得税的概念、纳税义务人、征税范围、计税方法。
2. 了解土地增值税的概念、纳税义务人、征税范围、计税方法。
3. 了解附加税的概念、纳税义务人、征税范围、计税方法。
4. 了解资源税的概念、纳税义务人、征税范围、计税方法。
5. 了解印花税的概念、纳税义务人、征税范围、计税方法。
6. 了解房产税的概念、纳税义务人、征税范围、计税方法。
7. 了解城镇土地使用税的概念、纳税义务人、征税范围、计税方法。
8. 了解车船税的概念、纳税义务人、征税范围、计税方法。

技能目标

1. 能够正确计算应交个人所得税并办理纳税申报。
2. 能够正确计算应交土地增值税并办理纳税申报。
3. 能够正确计算应交附加税并办理纳税申报。
4. 能够正确计算应交资源税并办理纳税申报。
5. 能够正确计算应交印花税并办理纳税申报。
6. 能够正确计算应交房产税并办理纳税申报。
7. 能够正确计算应交城镇土地使用税并办理纳税申报。
8. 能够正确计算应交车船税并办理纳税申报。

实训一　个人所得税纳税申报

【实训目标】

　　学生通过实训,了解个人所得税概念、计税原理、征税范围和适用税率、计税方法;熟悉纳税人和扣缴义务人个人所得税计税方法和纳税申报程序;能够正确计税和在报税平台上完成纳税申报。

【知识链接】

4.1.1　个人所得税概念

　　个人所得税是以个人(自然人)取得的各项应税所得为征税对象而征收的一种所得税,是政府利用税收对个人收入进行调节的一种手段。个人所得税的征税对象不仅包括个人还包括具有自然人性质的企业。

4.1.2　纳税义务人

　　在中国境内有住所,或者虽无住所而在境内居住满1年,并从中国境内和境外取得所得的个人。

　　在中国境内无住所又不居住或者无住所而在境内居住不满1年,但从中国境内取得所得的个人。

　　(1)中国境内有住所的个人,是指因户籍、家庭、经济利益关系,而在中国境内习惯性居住的个人。习惯性居住,不是指实际居住或在某一个特定时期内的居住地。如因学习、工作、探亲、旅游等而在中国境外居住的,在其原因消除之后,必须回到中国境内居住的个人,则中国即为该纳税人习惯性居住地。

　　(2)在境内居住满1年,是指在一个纳税年度中在中国境内居住365日。临时离境的,不扣减日数。纳税年度,自公历1月1日起至12月31日止。临时离境,是指在一个纳税年度中一次不超过30日或者多次累计不超过90日的离境。

　　(3)从中国境内取得的所得,是指来源于中国境内的所得;从中国境外取得的所得,是指来源于中国境外的所得。

　　(4)下列所得,不论支付地点是否在中国境内,均为来源于中国境内的所得:

　　① 因任职、受雇、履约等在中国境内提供劳务取得的所得。

　　② 将财产出租给承租人在中国境内使用而取得的所得。

　　③ 转让中国境内的建筑物、土地使用权等财产或者在中国境内转让其他财产取得的

所得。

④ 许可各种特许权在中国境内使用而取得的所得。

⑤ 从中国境内的公司、企业以及其他经济组织或者个人取得的利息、股息、红利所得。

纳税义务人具体包括：中国公民、个体工商户；外籍个人；中国香港、澳门和台湾同胞。

4.1.3　征税对象

个人所得税的征税对象是个人取得的应税所得。《个人所得税法》列举征税的个人所得共有 11 项，《个人所得税法实施条例》及相关法规具体确定了各项个人所得的征税范围。

（1）工资、薪金所得，是指个人因任职或者受雇而取得的工资、薪金、奖金、年终加薪、劳动分红、津贴、补贴以及与任职或者受雇有关的其他所得。

（2）个体工商户的生产、经营所得，是指：

① 个体工商户从事工业、手工业、建筑业、交通运输业、商业、饮食业、服务业、修理业以及其他行业生产、经营取得的所得。

② 个人经政府有关部门批准，取得执照，从事办学、医疗、咨询以及其他有偿服务活动取得的所得。

③ 其他个人从事个体工商业生产、经营取得的所得。

④ 上述个体工商户和个人取得的与生产、经营有关的各项应纳税所得。

（3）对企事业单位的承包经营、承租经营所得，是指个人承包经营、承租经营以及转包、转租取得的所得，包括个人按月或者按次取得的工资、薪金性质的所得。

（4）劳务报酬所得，是指个人从事设计、装潢、安装、制图、化验、测试、医疗、法律、会计、咨询、讲学、新闻、广播、翻译、审稿、书画、雕刻、影视、录音、录像、演出、表演、广告、展览、技术服务、介绍服务、经纪服务、代办服务以及其他劳务取得的所得。

（5）稿酬所得，是指个人因其作品以图书、报刊形式出版、发表而取得的所得。

（6）特许权使用费所得，是指个人提供专利权、商标权、著作权、非专利技术以及其他特许权的使用权取得的所得；提供著作权的使用权取得的所得，不包括稿酬所得。

（7）利息、股息、红利所得，是指个人拥有债权、股权而取得的利息、股息、红利所得。

（8）财产租赁所得，是指个人出租建筑物、土地使用权、机器设备、车船以及其他财产取得的所得。

（9）财产转让所得，是指个人转让有价证券、股权、建筑物、土地使用权、机器设备、车船以及其他财产取得的所得。

（10）偶然所得，是指个人得奖、中奖、中彩以及其他偶然性质的所得。

个人取得的所得，难以界定应纳税所得项目的，由主管税务机关确定。

4.1.4　税率

个人所得税的税率按所得项目不同分别确定为以下几种。

1. 工资、薪金所得适用税率

工资、薪金所得，适用超额累进税率，税率为 3%～45%，如下表所示。

工资、薪金所得个人所得税税率表

级数	全月应纳税所得额		税率
	含税级距	不含税级距	
1	不超过 1 500 元的	不超过 1 455 元的	3%
2	超过 1 500 元至 4 500 元的部分	超过 1 455 元至 4 155 元的部分	10%
3	超过 4 500 元至 9 000 元的部分	超过 4 155 元至 7 755 元的部分	20%
4	超过 9 000 元至 35 000 元的部分	超过 7 755 元至 27 255 元的部分	25%
5	超过 35 000 元至 55 000 元的部分	超过 27 255 元至 41 255 元的部分	30%
6	超过 55 000 元至 40 000 元的部分	超过 41 255 元至 57 505 元的部分	35%
7	超过 40 000 元的部分	超过 57 505 元的部分	45%

注:本表所列含税级距与不含税级距,均为按照税法规定减除有关费用后的所得额;含税级距适用于由纳税人负担税款的工资、薪金所得;不含税级距适用于由他人(单位)代扣代缴。

2. 个体工商户的生产、经营所得和对企事业单位的承包经营、承租经营所得适用税率

个体工商户的生产、经营所得和对企事业单位的承包经营、承租经营所得,适用 5%～35% 的超额累进税率。

级数	全年应纳税所得额		税率	速算扣除数
	含税级距	不含税级距		
1	不超过 15 000 元的	不超过 14 250 元的	5%	0
2	超过 15 000 元至 30 000 元的部分	超过 14 250 元至 27 750 元的部分	10%	750
3	超过 30 000 元至 60 000 元的部分	超过 27 750 元至 51 750 元的部分	20%	3 750
4	超过 60 000 元至 100 000 元的部分	超过 51 750 元至 79 750 元的部分	30%	9 750
5	超过 100 000 元的部分	超过 79 750 元的部分	35%	14750

3. 稿酬所得适用税率

稿酬所得,适用比例税率,税率为 20%,并按应纳税额减征 30%。

4. 劳务报酬所得适用税率

劳务报酬所得,适用比例税率,税率为 20%。对劳务报酬所得一次收入畸高的,可以实行加成征收,具体办法由国务院规定。

根据《个人所得税法实施条例》的规定,"劳务报酬所得一次收入畸高",是指个人一次取得劳务报酬,其应纳税所得额超过 20 000 元。对应纳税所得额超过 20 000～50 000 元的部分,依照税法规定计算应纳税额后再按照应纳税额加征五成;超过 50 000 元的部分,加征十成。因此,劳务报酬所得实际上适用 20%、30%、40% 的三级超额累进税率,如下表所示。

劳务报酬所得个人所得税税率表

级数	每次应纳税所得额	税率
1	不超过 20 000 元的部分	20%
2	超过 20 000 元至 50 000 元的部分	30%
3	超过 50 000 元的部分	40%

注:本表所称每次应纳税所得额,是指每次收入额减除费用 800 元(每次收入额不超过 4 000 元时)或者减除 20% 的费用(每次收入额超过 4 000 元时)后的余额。

5. 特许权使用费所得等

特许权使用费所得,利息、股息、红利所得,财产租赁所得,财产转让所得、偶然所得和其他所得适用税率特许权使用费所得,利息、股息、红利所得,财产租赁所得,财产转让所得,偶然所得和其他所得,适用比例税率,税率为 20%。暂免征收储蓄存款利息的个人所得税。对个人出租住房取得的所得减按 10%的税率征收个人所得税。

4.1.5 应纳税所得额的确定

应纳税所得额的计算公式如下:

$$应纳税所得额＝各项收入－税法规定的扣除项目或扣除金额$$

个人所得的形式,包括现金、实物、有价证券和其他形式的经济利益。所得为实物的,应当按照取得的凭证上所注明的价格计算应纳税所得额;无凭证的实物或者凭证上所注明的价格明显偏低的,参照市场价格核定应纳税所得额。所得为有价证券的,根据票面价格和市场价格核定应纳税所得额。所得为其他形式的经济利益的,参照市场价格核定应纳税所得额。

我国个人所得税采取分项确定、分类扣除,根据其所得的不同情况分别实行定额、定率和会计核算三种扣除办法,如下所示。

应税所得费用扣除方法表

十一类应税所得	费用扣除方法
(1)工资、薪金所得	定额扣除
(1)稿酬所得 (2)特许权使用费所得 (3)劳务报酬所得 (4)财产租赁所得	定额或定率扣除(每次 800 元或 20%)
(1)对企事业单位的承包经营、承租经营所得 (2)个体工商户生产经营所得	会计核算
(1)利息、股息、红利所得 (2)偶然所得 (3)其他所得	无费用扣除

4.1.6 应纳税额的计算

1. 工资、薪资所得应纳税的计算

一般工资、薪资所得应纳税额的计算公式如下:

$$应纳税额＝应纳税所得额×适用税率－速算扣除数$$
$$＝(每月收入额－减除费用标准)×适用税率－速算扣除数$$

对个人取得全年一次性奖金等计算征收个人所得税的计算方法如下:

(1)雇员当月工资薪金所得高于(或等于)税法规定的费用扣除额:

$$应纳税额＝雇员当月取得全年一次性奖金×适用税率－速算扣除数$$

（2）雇员当月工资薪金所得低于税法规定的费用扣除额：

$$应纳税额 = （雇员当月取得全年一次性奖金 - 雇员当月工资薪金所得与费用扣除的差额）×$$
$$适用税率 - 速算扣除数$$

2. 个体工商户的生产、经营所得应纳税额的计算公式

其计算公式如下：

$$应纳税额 = 应纳税所得额 × 适用税率 - 速算扣除数$$
$$= （全年收入总额 - 成本、费用及损失）× 适用税率 - 速算扣除数$$

3. 对企事业单位的承包经营、承租经营所得应纳税额的计算公式

其计算公式如下：

$$应纳税额 = 应纳税所得额 × 适用税率 - 速算扣除数$$
$$= （纳税年度收入总额 - 必要费用）× 适用税率 - 速算扣除数$$

4. 劳务报酬所得应纳税额的计算公式

（1）每次收入 4 000 元的计算公式如下：

$$应纳税额 = 应纳税所得额 × 适用税率 = （每次收入额 - 800）× 20\%$$

（2）每次收入在 4 000 元以上的计算公式如下：

$$应纳税额 = 应纳税所得额 × 适用税率 = 每次收入额 × （1 - 20\%）× 20\%$$

（3）每次收入的应纳税所得额超过 20 000 元的计算公式如下：

$$应纳税额 = 应纳税所得额 × 适用税率 - 速算扣除数$$
$$= 每次收入额 × （1 - 20\%）× 适用税率 - 速算扣除数$$

5. 稿酬所得应纳税额的计算公式

（1）每次收入不足 4 000 元的计算公式如下：

$$应纳税额 = 应纳税所得额 × 适用税率 × （1 - 30\%）$$
$$= （每次收入额 - 800）× 20\% × （1 - 30\%）$$

（2）每次收入在 4 000 元以上的计算公式如下：

$$应纳税额 = 应纳税所得额 × 适用税率 × （1 - 30\%）$$
$$= 每次收入额 × （1 - 20\%）× 20\% × （1 - 30\%）$$

6. 对特许权使用费所得应纳税额的计算公式

（1）每次收入不足 4 000 元的计算公式如下：

$$应纳税额 = 应纳税所得额 × 适用税率 = （每次收入额 - 800）× 20\%$$

（2）每次收入在 4 000 元以上的计算公式如下：

$$应纳税额 = 应纳税所得额 × 适用税率 = 每次收入额 × （1 - 20\%）× 20\%$$

7. 利息、股息、红利所得应纳税额的计算公式

其计算公式如下：

$$应纳税额＝应纳税所得额×适用税率＝每次收入额×适用税率$$

8. 财产租赁所得应纳税额的计算公式

(1) 每次(月)收入不足 4 000 元的计算公式如下：

$$应纳税额＝[每次(月)收入额－准予扣除项目－修缮费用(800 元为限)－800 元]×20\%$$

(2) 每次(月)收入在 4 000 元以上的计算公式如下：

$$应纳税额＝[每次(月)收入额－准予扣除项目－修缮费用(800 元为限)－800 元]×$$
$$(1－20\%)×20\%$$

9. 财产转让所得应纳税额的计算公式

(1) 一般情况下财产转让所得应纳税额的计算公式如下：

$$应纳税额＝应纳税所得额×适用税率＝(收入总额－财产原值－合理费用)×20\%$$

(2) 个人销售无偿受赠不动产应纳税额的计算公式如下：

① 受赠人取得赠与人无偿赠与的不动产后，再次转让该项不动产的，在缴纳个人所得税时，以财产转让收入减除受赠、转让住房过程中缴纳的税金及有关合理费用后的余额为应纳税所得额，按 20% 的适用税率计算缴纳个人所得税；

② 个人在受赠和转让住房过程中缴纳的税金，按相关规定处理。

10. 偶然所得应纳税额的计算公式

其计算公式如下：

$$应纳税额＝应纳税所得额×适用税率＝每次收入额×20\%$$

11. 其他所得应纳税额的计算公式

其计算公式如下：

$$应纳税额＝应纳税所得额×适用税率＝每次收入额×20\%$$

4.1.7　代扣代缴申报缴纳

1. 扣缴义务人

个人所得税以取得应税所得的个人为纳税义务人，以支付所得的单位或者个人为扣缴义务人，包括企业、事业单位、财政部门、机关事务管理部门、人事管理部门、社会团体、军队、驻华机构(不包括依法享有外交特权和豁免权的国际组织驻华机构)、个体工商户等单位或个人。

扣缴义务人在向个人支付应纳税所得时，不论纳税人是否属于本单位人员，均应代扣代缴其应纳的个人所得税税款。

2. 扣缴义务人申报期限

扣缴义务人应该设立代扣代缴税款账簿，正确反映个人所得税的扣缴情况，扣缴义务人

每月扣缴的税款,应当在次月 15 日内缴入国库。

3. 扣缴申报资料

扣缴义务人应如实填写《扣缴个人所得税报告表》和《支付个人收入明细表》(包括每一纳税人姓名、单位、职务、收入、税款等内容),并连同代扣代收税款凭证和其他资料一并报送税务机关。

4.1.8　自行申报纳税

1. 自行申报纳税人

(1) 年所得 12 万元以上的。

(2) 在两处或两处以上取得工资、薪金所得的。

(3) 从中国境外取得所得的。

(4) 取得应纳税所得,没有扣缴义务人的。

(5) 国务院规定的其他情形。

2. 申报纳税地点

申报纳税地点一般为收入来源地的税务机关。但是,纳税人在两处或两处以上取得工资薪金所得的,可以选择并固定在一地税务机关申报纳税;从境外取得所得的,应向境内户籍所在地或经常居住地税务机关申报纳税。

3. 纳税人申报缴纳期限

纳税人一般应在取得应纳税所得的次月 15 日内向主管税务机关申报所得并缴纳税款。

(1) 工资、薪金所得的应纳税款,按月计征,由纳税人在次月 15 日内缴入国库。

(2) 对于账册健全的个体工商户,其生产、经营所得应纳税款实行按年计算、分月预缴,由纳税人在次月 15 日内申报预缴,年度终了后 3 个月汇算清缴,多退少补。对账册不健全的,由税务机关依法自行确定增收方式。

(3) 纳税人年终一次性取得承包经营、承租经营所得的,自取得收入之日起 30 日内申报纳税;在一年内分次取得承包经营、承租经营所得的,应在取得每次所得后的 15 日内预缴税款,年度终了后 3 个月内汇算清缴,多退少补。

(4) 劳务报酬、稿酬、特许权使用费、利息、股息、红利、财产租赁、财产转让所得和偶然所得等,按次计征。取得所得的纳税人应当在次月 15 日内将应纳税款缴入国库。

(5) 个人从中国境外取得所得的,其来源于中国境外的应纳税所得,在境外以纳税年度计算缴纳个人所得税的,应在所得来源国的纳税年度终了,结清税款后的 30 日内,向中国主管税务机关申报纳税;在取得境外所得时结清税款,或者在境外按所得来源国税法规定免于缴纳个人所得税的,应当在次年 1 月 1 日起 30 日内,向中国主管税务机关申报纳税。

4. 自行纳税申报资料

自行申报纳税应该正确填写并报送《个人所得税纳税申报表》。

【实训指导】

(1) 计算员工个人所得税。

（2）填写个人所得税申报表如下。

个人所得税基础信息表（A表）

扣缴义务人名称：　　　　　　　　　　　　　扣缴义务人编码：□□□□□□□□□□□□□□□□□□

序号	姓名	国籍（地区）	身份证件类型	身份证件号码	是否残疾烈属孤老	雇员		非雇员		股东、投资者			境内无住所个人										备注
						电话	电子邮箱	联系地址	电话	工作单位	公司股本（投资）总额	个人股本（投资）额	纳税人识别号	来华时间	任职期限	预计离境时间	预计离境地点	境内职务	境外职务	支付地	境外支付地（国别/地区）		备注
1																						
2																						
3																						
4																						
5																						
6																						
7																						
4																						
9																						
10																						
11																						
12																						
13																						
14																						

谨声明：此表是根据《中华人民共和国个人所得税法》及其实施条例和国家相关法律法规规定填报的，是真实的、完整的、可靠的。

法定代表人（负责人）签字：　　　　　　　　　　　　　　　　　年　月　日

扣缴义务人公章： 经办人：	代理机构（人）签章： 经办人： 经办人执业证件号码：	主管税务机关受理专用章： 受理人：
填表日期：　年　月　日	代理申报日期：　年　月　日	受理日期：　年　月　日

填表说明

1. 适用范围：

本表由扣缴义务人填报。适用于扣缴义务人办理全员全额扣缴明细申报时，其支付所得纳税人基础信息的填报。初次申报后，以后月份只需报送基础信息发生变化的纳税人的信息。

2. 扣缴义务人填报本表时，"姓名、国籍（地区）、身份证件类型、身份证件号码、是否残疾烈属孤老"为所有纳税人的必填项；其余则根据纳税人自身情况选择后填报。

3. 有关项目填表说明：

（1）姓名：填写纳税人姓名。中国境内无住所个人，其姓名应当用中、外文同时填写。

（2）国籍（地区）：填写纳税人的国籍或者地区。

（3）身份证件类型：填写纳税人有效身份证件（照）名称。中国居民，填写身份证、军官证、士兵证等证件名称；中国境内无住所个人，填写护照、港澳居民来往内地通行证、台湾居民来往大陆通行证等证照名称。

（4）身份证件号码：填写身份证件上的号码。

（5）是否残疾烈属孤老：有本项所列情况的，填写"是"；否则，填写"否"。

（6）雇员栏：本栏填写雇员纳税人的相关信息。

① 电话：填写雇员纳税人的联系电话。

② 电子邮箱：填写雇员纳税人的电子邮箱。

(7)非雇员栏：填写非扣缴单位雇员的纳税人(不包括股东、投资者)的相关信息。一般填写从扣缴单位取得劳务报酬所得、稿酬所得、特许权使用费所得、利息股息红利所得、财产租赁所得、财产转让所得、偶然所得、其他所得的纳税人的相关信息。

①联系地址：填写非雇员纳税人的联系地址。

②电话：填写非雇员纳税人的联系电话。

③工作单位：填写非雇员纳税人的任职受雇单位名称全称。没有任职受雇单位的，则不填。

(8)股东、投资者栏：填写扣缴单位的自然人股东、投资者的相关信息。没有则不填。

①公司股本(投资)总额：填写扣缴单位的公司股本(投资)总额。

②个人股本(投资)额：填写自然人股东、投资者个人投资的股本(投资)额。

(9)境内无住所个人栏：填写在中国境内无住所个人的相关信息。没有则不填。

①纳税人识别号：填写主管税务机关赋予的14位纳税人识别号。该纳税人识别号作为境内无住所个人的唯一身份识别码，由纳税人到主管税务机关办理初次涉税事项，或者扣缴义务人办理该纳税人初次扣缴申报时，由主管税务机关授予。

②来华时间：填写纳税人到达中国境内的年月日。

③任职期限：填写纳税人在中国境内任职受雇单位的任职期限。

④预计离境时间：填写纳税人预计离境的年月。

⑤预计离境地点：填写纳税人预计离境的地点。

⑥境内职务：填写纳税人在境内任职受雇单位担任的职务。

⑦境外职务：填写纳税人在境外任职受雇单位担任的职务。

⑧支付地：填写纳税人取得的所得的支付地，在"境内支付""境外支付"和"境、内外同时支付"三种类型中选择一种填写。

⑨境外支付地(国别/地区)：如果纳税人取得的所得支付地为国外的，填写境外支付地的国别或地区名称。

扣缴个人所得税报告表

税款所属期：　　年　月　日至　　年　月　日

扣缴义务人名称：　　　　　　　　　　扣缴义务人所属行业：□一般行业 □特定行业月份申报

扣缴义务人编码：□□□□□□□□□□□□□□□　　　金额单位：人民币元(列至角分)

序号	姓名	身份证件类型	身份证件号码	所得项目	所得期间	收入额	免税所得	税前扣除项目								减除费用	准予扣除的捐赠额	应纳税所得额	税率	速算扣除数	应纳税额	减免税额	应扣缴税额	已扣缴税额	应补(退)税额	备注
								基本养老保险费	基本医疗保险费	失业保险费	住房公积金	财产原值	允许扣除的税费	其他	合计											
1	2	3	4	5	6	7	8	9	10	11	12	13	14	15	16	17	18	19	20	21	22	23	24	25	26	27
合　计																										

谨声明：此扣缴报告表是根据《中华人民共和国个人所得税法》及其实施条例和国家有关税收法律法规规定填写的，是真实的、完整的、可靠的。

法定代表人(负责人)签字：　　　　　　　　　　　　　　　　　　　　　年　月　日

扣缴义务人公章： 经办人：	代理机构(人)签章： 经办人： 经办人执业证件号码：	主管税务机关受理专用章： 受理人：
填表日期：　　年　月　日	代理申报日期：　　年　月　日	受理日期：　　年　月　日

填表说明

1. 适用范围：

本表适用于扣缴义务人办理全员全额扣缴个人所得税申报(包括向个人支付应税所得，但低于减除费用、不需扣缴税款情形的申报),以及特定行业职工工资、薪金所得个人所得税的月份申报。

2. 申报期限:

次月15日内。扣缴义务人应于次月15日内将所扣税款缴入国库,并向税务机关报送本表。扣缴义务人不能按规定期限报送本表时,应当按照《中华人民共和国税收征收管理法》及其实施细则有关规定办理延期申报。

3. 本表各栏填写如下:

(1) 表头项目:

税款所属期:为税款所属期月份第一日至最后一日。

扣缴义务人名称:填写实际支付个人所得的单位(个人)的法定名称全称或姓名。

扣缴义务人编码:填写办理税务登记或扣缴登记时,由主管税务机关所确定的扣缴义务人税务编码。

扣缴义务人所属行业:扣缴义务人按以下两种情形在对应框内打"√"。

一般行业:是指除《中华人民共和国个人所得税法》及其实施条例规定的特定行业以外的其他所有行业。

特定行业:是指符合《中华人民共和国个人所得税法》及其实施条例规定的采掘业、远洋运输业、远洋捕捞业以及国务院财政、税务主管部门确定的其他行业。

(2) 表内各栏(一般行业的填写):

第2列"姓名":填写纳税人姓名。中国境内无住所个人,其姓名应当用中、外文同时填写。

第3列"身份证件类型":填写能识别纳税人唯一身份的有效证照名称。

在中国境内有住所的个人,填写身份证、军官证、士兵证等证件名称。

在中国境内无住所的个人,如果税务机关已赋予18位纳税人识别号的,填写"税务机关赋予";如果税务机关未赋予的,填写护照、港澳居民来往内地通行证、台湾居民来往大陆通行证等证照名称。

第4列"身份证件号码":填写能识别纳税人唯一身份的号码。

在中国境内有住所的纳税人,填写身份证、军官证、士兵证等证件上的号码。

在中国境内无住所的纳税人,如果税务机关赋予18位纳税人识别号的,填写该号码;没有,则填写护照、港澳居民来往内地通行证、台湾居民来往大陆通行证等证照上的号码。

税务机关赋予境内无住所个人的18位纳税人识别号,作为其唯一身份识别码,由纳税人到主管税务机关办理初次涉税事项,或扣缴义务人办理该纳税人初次扣缴申报时,由主管税务机关赋予。

第5列"所得项目":按照税法第二条规定的项目填写。同一纳税人有多项所得时,分行填写。

第6列"所得期间":填写扣缴义务人支付所得的时间。其中,个人领取的年金所属期间也填入该列。

第7列"收入额":填写纳税人实际取得的全部收入额。其中,个人领取的年金金额也填入该列。

第8列"免税所得":是指税法第四条规定可以免税的所得。

第9至第16列"税前扣除项目":是指按照税法及其他法律、法规规定,可在税前扣除的项目。其中,在个人年金的缴费环节,个人允许税前扣除的年金缴费部分填入《扣缴个人所得税报告表》第14列"允许扣除的税费";在个人年金的领取环节,个人领取年金时允许减计的金额填入第15列"其他"。

第17列"减除费用":是指税法第六条规定可以在税前减除的费用。没有的,则不填。

第18列"准予扣除的捐赠额":是指按照税法及其实施条例和相关税收政策规定,可以在税前扣除的捐赠额。

第19列"应纳税所得额":根据相关列次计算填报。第19列=第7列-第8列-第16列-第17列-第18列。

第20列"税率"及第21列"速算扣除数":按照税法第三条规定填写。部分所得项目没有速算扣除数的,则不填。

第22列"应纳税额":根据相关列次计算填报。第22列=第19列×第20列-第21列。

第23列"减免税额":是指符合税法规定可以减免的税额。其中,纳税人取得"稿酬所得"时,其根据税法第三条规定可按应纳税额减征的30%,填入此栏。

第24列"应扣缴税额":根据相关列次计算填报。第24列=第22列-第23列。

第25列"已扣缴税额":是指扣缴义务人当期实际扣缴的个人所得税税款。

第26列"应补(退)税额":根据相关列次计算填报。第26列=第24列-第25列。

第27列"备注":填写非本单位雇员、非本期收入及其他有关说明事项。

对不是按月发放的工资薪金所得,其适用"工资、薪金所得"个人所得税的填报,则不完全按照上述逻辑关系填写:

特定行业月份申报的填写:

第2列至第6列的填写:同上"一般行业"的填写。

第7列至第19列、第22列至第26列的数据口径同上"一般行业"对应项目,金额按以下原则填写:

第7列"收入额"：是指本月实际发放的全部收入额。

第8列至第16列的填写：填写当月实际发生额。

第17列"减除费用"：是指税法第六条规定可以在税前减除的费用额。没有的，则不填。

第18列"准予扣除的捐赠额"：准予扣除的捐赠额，按纳税人捐赠月份的实际收入额来计算。

第19列"应纳税所得额"：根据相关列次计算填报。第19列＝第7列－第8列－第16列－第17列－第18列。

第20列"税率"及第21列"速算扣除数"：按照税法第三条规定填写。

第22列"应纳税额"：特定行业个人所得税月份申报时，"应纳税额"为预缴所得税额。根据相关列次计算填报。

第22列＝第19列×第20列－第21列。

【实训案例】

资 料 华华有限公司（企业基本信息略）2017年1月应向职工王灿（23689719838213824）支付税前工资10 000元，其中，基本养老保险500元、基本医疗保险400元、失业保险200元、住房公积金300元，个人年金缴费300元（以上均在税法允许扣除范围之内）。

要 求 华华有限公司为该职工扣缴个人所得税，并填写《扣缴个人所得税报告表》（企业资料、税款所属日期略）。

案例解析

应纳税所得额＝10 000－500－400－200－300－300－3 500＝4 800（元）

应纳个人所得税＝4 800×0.2－555＝405（元）

扣缴个人所得税报告表

税款所属期： 年 月 日至 年 月 日

扣缴义务人名称：　　　　　　　　　　　　扣缴义务人所属行业：□一般行业 □特定行业月份申报

扣缴义务人编码：□□□□□□□□□□□□□□□　　金额单位：人民币元（列至角分）

序号	姓名	身份证件类型	身份证件号码	所得项目	所得期间	收入额	免税所得	税前扣除项目								减除费用	准予扣除的捐赠额	应纳税所得额	税率	速算扣除数	应纳税额	减免税额	应扣缴税额	已扣缴税额	应补（退）税额	备注
								基本养老保险费	基本医疗保险费	失业保险费	住房公积金	财产原值	允许扣除的税费	其他	合计											
1	2	3	4	5	6	7	8	9	10	11	12	13	14	15	16	17	18	19	20	21	22	23	24	25	26	27
1	王灿	身份证	略	工资	1月	10 000	0	500	400	200	300	0	0	300	1 700	3 500		4 800	20	555	405	0	405	0	405	
合 计																										

谨声明：此扣缴报告表是根据《中华人民共和国个人所得税法》及其实施条例和国家有关税收法律法规定填写的，是真实的、完整的、可靠的。

法定代表人（负责人）签字：　　　　　　　　　　　　　　　　　　　　年 月 日

扣缴义务人公章： 经办人：	代理机构（人）签章： 经办人： 经办人执业证件号码：	主管税务机关受理专用章： 受理人：
填表日期： 年 月 日	代理申报日期： 年 月 日	受理日期： 年 月 日

【实训任务】

资料 我国公民李清(个人资料略),在上海市某高校任职,2016 年取得收入情况如下:

(1) 每月工资薪金收入 8 000 元,个人所得税已由所在高校代扣代缴。

(2) 3 月在南京举办一场讲座,收入 30 000 元,个人所得税已由主办方代扣代缴。

(3) 4 月在美国举办一场学术演讲,收入 50 000 元,在美国缴纳个人所得税 8 000 元。

(4) 8 月取得出版物稿酬收入 100 000 元,已由杂志社代扣代缴。

要 求

(1) 计算各项所得应缴纳的个人所得税额。

(2) 填写个人所得税年度纳税申报表。

个人所得税纳税申报表(适用于年所得 12 万元以上的纳税人申报)

纳税人识别号:

所得年份:　　年　　　　　　　填表日期:　　年　月　日　　金额单位:人民币元(列至角分)

纳税人姓名				国籍(地区)		身份证照类型		身份证照号码		
任职、受雇单位		任职受雇单位税务代码		任职受雇单位所属行业		职务		职业		
在华天数		境内有效联系地址				境内有效联系地址邮编		联系电话		
此行由取得经营所得的纳税人填写	经营单位纳税人名称					经营单位纳税人识别号				
所得项目	年所得额			应纳税所得额	应纳税额	已缴(扣)税额	抵扣税额	减免税额	应补税额	应退税额	备注
	境内	境外	合计								
1. 工资、薪金所得											
2. 个体工商户的生产、经营所得											
3. 对企事业单位的承包经营、承租经营所得											
4. 劳务报酬所得											
5. 稿酬所得											
6. 特许权使用费所得											
7. 利息、股息、红利所得											
8. 财产租赁所得											
9. 财产转让所得											
其中:股票转让所得						—	—	—	—		
个人房屋转让所得											
10. 偶然所得											
11. 其他所得											
合　计											

我声明,此纳税申报表是根据《中华人民共和国个人所得税法》及有关法律、法规的规定填报的,我保证它是真实的、可靠的、完整的。

纳税人(签字)

代理人名称:	经办人(签章):
代理人(公章):	联系电话:

税务机关受理人(签字):

税务机关受理时间:　　年　月　日　　　　受理申报税务机关名称(盖章):

实训二　附加税纳税申报

【实训目标】

学生通过实训,了解城市维护建设税和教育费附加的概念、特点、征税范围和适用税率、计税依据;熟悉纳税人和扣缴义务人附加税计税方法和纳税申报程序;能够正确计税和在报税平台上完成纳税申报。

【知识链接】

4.2.1　城市维护建设税和教育费附加的概念和特点

城市维护建设税是对从事工商经营,缴纳增值税、消费税的单位和个人征收的一种税。教育费附加是以单位和个人缴纳的增值税、消费税为计税依据征收的一种附加费。

城市维护建设税的特点是:

(1) 税款专款专用,具有受益税性质,用来保证城市的公共事业和公共设施的维护和建设。

(2) 没有独立征税对象或税基,属于附加税。

(3) 根据城建规模设计税率,城市规模越大,税率越高。

(4) 征税范围广。

4.2.2　纳税义务人和征税范围

无论国有企业、集体企业、私营企业、个体工商户、外商投资企业、外国企业、外籍个人,还是其他单位和个人,只要缴纳了增值税、消费税中任何一种税,都必须同时缴纳城市维护建设税和教育费附加。个体商贩和个人在集市上出售商品,对其征收临时经营的增值税,是否同时征收城市维护建设税,由各省、自治区、直辖市人民政府根据实际情况确定。

征税范围包括城市市区、县城、建制镇,以及税法规定征收增值税和消费税的其他地区。

4.2.3　计税依据、税率和纳税地点

城市维护建设税和教育费附加的计税依据是纳税人实际缴纳的增值税和消费税:

(1) 纳税人所在地在城市市区的,税率为 7%。

(2) 纳税人所在地在县城、建制镇的,税率为 5%。

(3) 纳税人所在地不在城市市区、县城、建制镇的,税率为 1%。

教育费附加比率为 3%。

纳税人直接缴纳增值税和消费税,在缴纳增值税和消费税地点缴纳城市维护建设税和

教育费附加。

纳税人跨地区提供建筑服务、销售和出租不动产的,应按预缴增值税所在地的城市维护建设税税率就地缴纳。

代征、代扣代缴增值税、消费税的企业单位,同时也要代征、代扣代缴城市维护建设税。

【实训指导】

(1) 根据纳税人实际缴纳的增值税、消费税和规定的税率计算附加税应纳税额。其计算公式如下:

$$应纳税额＝实际缴纳的增值税、消费税×适用税率$$

(2) 根据计算结果填写附加税申报表。

城市维护建设税、教育费附加、地方教育附加税(费)申报表

税款所属期限:自　　年　月　日至　　年　月　日

填表日期:　　年　月　日　　　　　　　　　　　　　金额单位:元至角分

纳税人识别号:□□□□□□□□□□□□□□□□□□□□

纳税人信息	名称						□单位　□个人			
	登记注册类型				所属行业					
	身份证号码				联系方式					
税(费)种(税目)	计税(费)依据					税率(征收率)	本期应纳税(费)额	本期减免税(费)额		本期已缴税(期)额	本期应补(退)税(费)额
	增值税		消费税	营业税	合计						
	一般增值税	免抵税额						减免性质代码	减免额		
	1	2	3	4	5=1+2+3+4	6	7=5×6	8	9	10	11=7-9-10
城市维护建设税(增值税)		—	—								
城市维护建设税(消费税)	—	—		—							
教育费附加(增值税)		—	—								
教育费附加(消费税)	—	—		—							
地方教育附加(增值税)		—	—								
地方教育附加(消费税)	—	—		—							
合计					—						
以下由纳税人填写:											
纳税人声明	此纳税申报表是根据《中华人民共和国城市维护建设税暂行条例》《国务院征收教育费附加的暂行规定》《财政部关于统一地方教育附加政策有关问题的通知》和国家有关税收规定填报的,是真实的、可靠的、完整的。										
纳税人签章			代理人签章				代理人身份证号				
以下由税务机关填写:											
管理人			受理日期		年　月　日		受理税务机关签章				

本表一式三份,一份返还纳税人,一份作为资料归档,一份作为税收会计核算的原始凭证。

减免性质代码:减免性质代码按照国家税务总局制定下发的最新《减免性质及分类表》中的最细项减免性质代码填报。

【实训案例】

资料 华丰企业为增值税一般纳税人。2017年1月份进口原材料一批,向海关缴纳进口环节增值税20万元;当月在国内销售甲产品缴纳增值税40万元,消费税60万元,当月被罚税收滞纳金3万元;本期出口一批产品,按规定退回增值税15万元。

要求 计算该企业本期应纳城市维护建设税和教育费附加。该企业所在城市维护建设税税率为7%,教育费附加税率为3%。

案例解析

应纳城市维护建设税＝(40＋60)×7%＝7(万元)

应纳教育费附加＝(40＋60)×3%＝3(万元)

【实训任务】

资料 企业纳税信息:位于某县城的糖果厂,属于增值税一般纳税人,本月缴纳增值税30万元,消费税20万元,补缴上月应纳增值税15万元,补缴上月消费税5万元。

要求 计算本月应缴纳的城市维护建设税和教育费附加,并填写附加税纳税申报表(企业基本信息和纳税期限略,该县城城市维护建设税税率为5%,教育费附加税率为3%)。

实训三　资源税纳税申报

【实训目标】

学生通过实训，了解资源税的概念、特点、征税范围和适用税率、计税依据；熟悉纳税人和扣缴义务人资源税计税方法和纳税申报程序；能够正确计税和在报税平台上完成纳税申报。

【知识链接】

4.3.1　资源税概念和特点

资源税是以部分自然资源为课税对象，对在我国境内开采应税矿产品及生产盐的单位和个人，就其应税产品销售额或销售数量和自用数量为计税依据而征收的一种税。

资源税的特点如下：

（1）只对特定资源征税，并非对所有具有商品属性的资源都征税。

（2）具有受益税性质，体现了对国有资源的有偿占用性。

（3）具有级差收入税的特点，对于存在差异的同一资源实行高低不同的差别税率。

4.3.2　纳税义务人和扣缴义务人

在中华人民共和国领域及管辖海域开采或者生产应税产品的单位和个人，为资源税的纳税人。单位是指企业、行政单位、事业单位、军事单位、社会团体及其他单位；个人是指个体工商户和其他个人。

收购未税矿产品的独立矿山、联合企业和其他单位为资源税扣缴义务人。扣缴义务人主要对那些税源小、零散、不定期开采，税务机关难以控制，没有缴税的矿产品，在收购其矿产品时负有代扣代缴资源税的法定义务。

4.3.3　税目和税率

资源税共设置 8 个税目：

（1）原油，是指开采的天然原油，不包括人造石油。

（2）天然气，是指专门开采或者与原油同时开采的天然气。

（3）煤炭，包括原煤和以未税原煤加工的洗选媒。

（4）其他非金属矿原矿，是指上列产品和井矿盐以外的非金属矿原矿。

（5）黑色金属矿原矿，是指纳税人开采后自用或销售的，用于直接入库冶炼或者作为主产品先入选精矿、制造人工矿，再最终入炉冶炼的金属矿原矿。

（6）有色金属矿原矿，是指稀土矿和其他有色金属矿原矿。

（7）盐，包括固体盐和液体盐。

（8）水资源，包括地表水和地下水。

资源税税目、税率幅度如下所示。

资源税税目、税率幅度表

序号		税目	征税对象	税率幅度
1	金属矿	铁矿	精矿	1%～6%
2		金矿	金锭	1%～4%
3		铜矿	精矿	2%～8%
4		铝土矿	原矿	3%～9%
5		铅锌矿	精矿	2%～6%
6		镍矿	精矿	2%～6%
7		锡矿	精矿	2%～6%
8		未列举名称的其他金属矿产品	原矿或精矿	税率不超过20%
9	非金属矿	石墨	精矿	3%～10%
10		硅藻土	精矿	1%～6%
11		高岭土	原矿	1%～6%
12		萤石	精矿	1%～6%
13		石灰石	原矿	1%～6%
14		硫铁矿	精矿	1%～6%
15		磷矿	原矿	3%～8%
16		氯化钾	精矿	3%～8%
17		硫酸钾	精矿	6%～12%
18		井矿盐	氯化钠初级产品	1%～6%
19		湖盐	氯化钠初级产品	1%～6%
20		提取地下卤水晒制的盐	氯化钠初级产品	3%～15%
21		煤层（成）气	原矿	1%～2%
22		粘土、砂石	原矿	每吨或立方米0.1～5元
23		未列举名称的其他非金属矿产品	原矿或精矿	从量税率每吨或立方米不超过30元；从价税率不超过20%
24		海盐	氯化钠初级产品	1%～5%

4.3.4 计税依据和应纳税额计算

1. 从价定率征收的计税依据和应纳税额的计算

从价定率征收的计税依据是销售额。销售额是指纳税人销售应税产品向购买方收取的全部价款和价外费用，不包括增值税销项税额和运杂费用。价外费用包括，价外向购买方收取的手续费、补贴、基金、集资费、返还利润、奖励费、违约金、滞纳金、延期付款利息、赔偿金、代收款项、代垫款项、包装费、包装物租金、储备费、优质费、运输装卸费以及其他各种性质的价外收费。但下列项目不包括在内：

（1）同时符合以下条件的代垫运输费用：

① 承运部门的运输费用发票开具给购买方的。

② 纳税人将该项发票转交给购买方的。

（2）同时符合以下条件代为收取的政府性基金或者行政事业性收费：

① 由国务院或者财政部批准设立的政府性基金，由国务院或者省级人民政府及其财政、价格主管部门批准设立的行政事业性收费。

② 收取时开具省级以上财政部门印制的财政票据。

③ 所收款项全额上缴财政。

运杂费是指应税产品重坑口或洗选（加工）地到车站、码头或购买方指定地点的运输费用、建设基金以及随运销产生的装卸、仓储、港杂费用。运杂费用应该与销售额分别核算，凡未取得相应凭证或不能与销售额分别核算的，应当一并征计资源税。

$$应纳税额＝销售额×适用税率$$

2. 从量定额征收的计税依据

从量定额征收的计税依据是销售数量，销售数量包括纳税人开采或者生产应税产品的实际销售数量和视同销售的自用数量。

纳税人不能准确提供应税产品销售数量的，应以应税产品的产量或者主管税务机关确定的折算比换算的数量为计征资源税的销售数量。

纳税人开采或者生产应税产品自用与连续生产应税产品的，不缴纳资源税；自用于其他方面的，视同销售的，依法缴纳资源税。

$$应纳税额＝课税数量×单位税额$$

4.3.5 纳税义务发生时间

（1）采取直接收款方式销售货物，不论货物是否发出，均为收到销售款或者取得索取销售款凭据的当天。

（2）采取分期收款方式销售货物，为书面合同约定的收款日期的当天，无书面合同的或者书面合同没有约定收款日期的，为货物发出的当天。

（3）采取预收货款方式销售货物，为货物发出的当天。

（4）纳税人发生自产自用等视同销售货物行为，为货物移送的当天。

（5）扣缴义务人代扣代缴税款的，其纳税义务发生时间为支付首笔货款或首次开具支付货款凭据的当天。

（6）水资源税的纳税义务发生时间为纳税人取用水资源的当日。

4.3.6 纳税环节和纳税地点

1. 纳税环节
资源税在应税产品的销售或自用环节计算缴纳。

2. 纳税地点
纳税人应当向矿产品的开采地或盐的生产地缴纳资源税。

4.3.7 纳税期限

1. 纳税期限

资源税的纳税期限分别为 1 日、3 日、5 日、10 日、15 日、1 个月。

纳税人的具体纳税期限,由主管税务机关根据纳税人应纳税额的大小分别核定;不能按照固定期限纳税的,可以按次纳税。

2. 报缴税款期限

纳税人以 1 个月为 1 个纳税期的,自期满之日起 10 日内申报纳税;以 1 日、3 日、5 日、10 日或者 15 日为 1 个纳税期的,自期满之日起 5 日内预缴税款,于次月 1 日起 10 日内申报纳税并结清上月应纳税款。

【实训指导】

(1) 根据应税品种,查阅税率表,按照从价定率或者从量定额的方法,计算企业应纳税额。

(2) 根据计算结果和相关信息资料,正确填写资源税纳税申报表。

资源税纳税申报表(一)
(按从价定率办法计算应纳税额的纳税人适用)

税款所属期限:自　　年　月　日至　　年　月　日

填表日期:　年　月　日　　　　　　　　　　　　　　　　金额单位:元至角分

纳税人识别号:□□□□□□□□□□□□□□□□□□□□

栏次	征收品目	征收子目	销售量	销售额	折算率	适用税率或实际征收率	本期应纳税额	减征比例	本期减免税额	减免性质代码	本期已缴税额	本期应补(退)税额
	1	2	3	4	5	6	7	8	9=7×8	10	11	12=7-9-11
合计												

以下由纳税人填写:

纳税人声明	此纳税申报表是根据《中华人民共和国资源税暂行条例》及其实施细则的规定填报的,是真实的、可靠的、完整的。				
纳税人签章		代理人签章		代理人身份证号	

以下由税务机关填写:

受理人		受理日期	年　月　日	受理税务机关签章	

本表一式两份,一份纳税人留存,一份税务机关留存。

填表说明

1. 本表适用于资源税纳税人填报(国家税务总局另有规定者除外)。

2. "纳税人识别号"是纳税人在办理税务登记时由主管税务机关确定的税务编码。

3. 煤炭的征收品目是指财税〔2014〕72号通知规定的原煤和洗选煤,征收子目按适用不同的折算率和不同的减免性质代码,将原煤和洗选煤这两个税目细化,分行填列。其他从价计征的征收品目是指资源税实施细则规定的税目,征收子目是同一税目下属的子目。

4. "销售量"包括视同销售应税产品的自用数量。煤炭、原油的销售量,按吨填报;天然气的销售量,按千立方米填报。原油、天然气应纳税额=油气总销售额×实际征收率。

5. 原煤应纳税额=原煤销售额×适用税率;洗选煤应纳税额=洗选煤销售额×折算率×适用税率。2014年12月1日后销售的洗选煤,其所用原煤如果此前已按从量定额办法缴纳了资源税,这部分已缴税款可在其应纳税额中抵扣。

6. "减免性质代码",按照国家税务总局制定下发的最新《减免性质及分类表》中的最细项减免性质代码填报。如有免税项目,"减征比例"按100%填报。

<h2 style="text-align:center">资源税纳税申报表(二)</h2>
(按从量定额办法计算应纳税额的纳税人适用)

税款所属期限:自　　年　月　日至　　年　月　日

填表日期:　　年　月　日　　　　　　　　　　　　　　　金额单位:元至角分

纳税人识别号:□□□□□□□□□□□□□□□□□□□□□

栏次	征收品目	征收子目	计税单位	销售量	单位税额	本期应纳税额	本期减免销量	本期减免税额	减免性质代码	本期已缴税额	本期应补(退)税额
	1	2	3	4	5	6=4×5	7	8	9	10	11=6-8-10
合计											
以下由纳税人填写:											
纳税人声明	此纳税申报表是根据《中华人民共和国资源税暂行条例》及其实施细则的规定填报的,是真实的、可靠的、完整的。										
纳税人签章			代理人签章				代理人身份证号				
以下由税务机关填写:											
受理人			受理日期			年　月　日	受理税务机关签章				

本表一式两份,一份纳税人留存,一份税务机关留存。

填表说明

1. 本表适用于资源税纳税人填报(国家税务总局另有规定者除外)。

2. "纳税人识别号"是纳税人在办理税务登记时由主管税务机关确定的税务编码。

3. 征收品目是指资源税实施细则规定的税目,征收子目是同一税目下属的子目。

4．"计税单位"是指资源税实施细则所附"资源税税目税率明细表"所规定的计税单位。"销售量"包括视同销售应税产品的自用数量。

5．"本期减免销量"是指"本期减免税额"对应的应税产品减免销售量。

6．"减免性质代码"，按照国家税务总局制定下发的最新《减免性质及分类表》中的最细项减免性质代码填报。

【实训案例】

资料 川东油气田 2017 年 1 月初库存原油 3 万吨，本月生产原油 5 万吨，本期发出原油 5 万吨。其中对外销售 3 万吨，每吨原油售价 5 000 元，企业开采原油过程中用于加热、修井自用原油 2 000 吨，非生产自用原油 8 000 吨，当月该油田伴采天然气 100 千立方米，当月销售 60 千立方米，每千立方米天然气售价为 3 000 元，剩余 40 千立方米全部由油田自用。原油、天然气的适用税率为 5％。计算该油田 1 月份应纳资源税。

要求 计算该油气田应纳资源税，并填写纳税申报表（企业基本信息和纳税期限略）。

案例解析

（1）用于加热、修井的原油免征资源税。

（2）销售和自用原油应纳资源税＝（30 000＋8 000）×5 000×5％＝9 500 000（元）。

（3）销售和自用天然气应纳资源税＝（60 000＋40 000）×3 000×5％＝15 000 000（元）。

（4）应纳资源税合计＝15 000 000＋9 500 000＝24 500 000（元）。

资源税纳税申报表（一）

（按从量定额办法计算应纳税额的纳税人适用）

税款所属期限：自　　年　月　日至　　　年　月　日

填表日期：　　年　月　日　　　　　　　　　　　　　　金额单位：元至角分

纳税人识别号：□□□□□□□□□□□□□□□□□□□□□

栏次	征收品目	征收子目	销售量	销售额	折算率	适用税率或实际征收率	本期应纳税额	减征比例	本期减免税额	减免性质代码	本期已缴税额	本期应补（退）税额
	1	2	3	4	5	6	7	8	9=7×8	10	11	12=7-9-11
	原油		38 000	190 000 000	1	5％	9 500 000				0	95 000 000
	天然气		100 000	300 000 000	1	5％	15 000 000				0	15 000 000
合计				490 000 000			24 500 000					24 500 000
以下由纳税人填写：												
	纳税人声明		此纳税申报表是根据《中华人民共和国资源税暂行条例》及其实施细则的规定填报的，是真实的、可靠的、完整的。									
	纳税人签章			代理人签章					代理人身份证号			
以下由税务机关填写：												
	受理人			受理日期			年　月　日	受理税务机关签章				

本表一式两份，一份纳税人留存，一份税务机关留存。

【实训任务】

资　料　湖南湘南铜矿用原矿入选铜精矿,无法准确掌握入选精矿时移送使用的原矿量,入选后精矿量为 5 000 吨,选矿比为 1∶32,该铜矿资源等级为五等,适用的单位税额为每吨 1.2 元。

要　求　计算应纳资源税,并填写资源税纳税申报表(企业基本资料和纳税期限略)。

实训四　土地增值税纳税申报

【实训目标】

　　学生通过实训,了解土地增值税的概念、特点、征税范围和适用税率、计税依据;熟悉纳税人土地增值税税计税方法和纳税申报程序;能够正确计税和在报税平台上完成纳税申报。

【知识链接】

4.4.1　土地增值税概念和特点

　　土地增值税是对有偿转让国有土地使用权及地上建筑物和其他附着物产权并取得增值性收入的单位和个人征收的一种税。

　　土地增值税的特点如下:

　　(1) 以转让房地产取得的增值额为征税对象。

　　(2) 征税面比较广。

　　(3) 采用扣除法和评估法计算增值额。

　　(4) 实行超率累进税率。

　　(5) 实行按次征收,纳税时间、缴纳方法根据房地产转让情况而定。

4.4.2　纳税义务人

　　土地增值税的纳税人是转让国有土地使用权及地上建筑物及其附着物产权,并取得收入的单位和个人,包括机关、团体、部队、企事业单位、个体工商业户及国内其他单位和个人,还包括外商投资企业、外国企业及外国机构、华侨、港澳台同胞及外国公民等。

4.4.3　税率

　　土地增值税税率设计的基本原则是:增值多的多征,增值少的少征,无增值的少征。

　　土地增值税实行四级超率累进税率,具体税率如下:

　　(1) 增值额未超过扣除项目金额50%的部分,税率为30%。

　　(2) 增值额超过扣除项目金额50%、未超过扣除项目金额100%的部分,税率为40%。

　　(3) 增值额超过扣除项目金额100%、未超过扣除项目金额200%的部分,税率为50%。

　　(4) 增值额超过扣除项目金额200%的部分,税率为60%。

土地增值税四级超率累进税率表

级数	增值额与扣除项目金额的比率	税率	速算扣除系数
1	不超过50%的部分	30%	0
2	超过50%至100%的部分	40%	5%
3	超过100%至200%的部分	50%	15%
4	超过200%的部分	60%	35%

4.4.4　征税范围

土地增值税的课税对象是有偿转让国有土地使用权及地上建筑物和其他附着物产权所取得的增值额。

（1）只对转让国有土地使用权的行为课税，转让非国有土地和出让国有土地的行为均不征税。

（2）既对转让土地使用权课税，也对转让地上建筑物和其他附着物的产权征税。

（3）只对有偿转让的房地产征税，对以继承、赠与等方式无偿转让的房地产不予征税。

4.4.5　计税依据和应纳税额计算

1. 计税依据

土地增值税的计税依据是转让房地产所取得的增值额。增值额是转让房地产的收入减去税法规定的扣除项目金额后的余额。

1）收入额的确定

纳税人转让房地产所取得的收入，是指转让房地产所取得的各种收入，包括货币收入、实物收入和其他收入在内的全部价款及有关的经济利益。"营改增"后，纳税人转让房地产的土地增值税应税收入不含增值税。

2）扣除项目

（1）取得土地使用权所支付的金额：纳税人为取得土地使用权支付的地价款和按国家统一规定缴纳的有关费用之和。

（2）开发土地和新建房及配套设施的成本（房地产开发成本）：土地征用及拆迁补偿费、前期工程费、建筑安装工程费、基础设施费、公共配套设施费、开发间接费用等。

（3）开发土地和新建房及配套设施的费用（房地产开发费用）：与房地产开发项目有关的销售费用、管理费用、财务费用。

（4）与转让房地产有关的税金：转让房地产时缴纳的印花税、城市维护建设税、教育费附加，不包括增值税。

（5）加计扣除：对从事房地产开发的纳税人，允许按取得土地使用权所支付的金额和房地产开发成本之和，加计20%的扣除。

（6）转让旧房及建筑物的评估价格：转让已使用过的房屋及建筑物时，由政府批准设立的房地产评估机构评定的重置成本价乘以成新度折扣率后的价格，需要经当地税务机关确认。

2. 应纳税额的计算

（1）转让土地使用权和出售新建房及配套设施应纳税额计算方法如下：

$$应纳税额＝增值额×适用税率－扣除项目金额×速算扣除系数$$
$$增值额＝收入额－扣除项目金额$$
$$增值率＝增值额÷扣除项目金额×100\%$$

（2）出售旧房应纳税额计算方法如下：

$$应纳税额＝增值额×适用税率－扣除项目金额×速算扣除系数$$
$$增值额＝收入额－扣除项目金额$$
$$增值率＝增值额÷扣除项目金额×100\%$$
$$扣除项目金额＝评估价格＋税费$$
$$评估价格＝重置成本价×成新度折扣率$$

（3）特殊售房方式应纳税额的计算方法如下：

$$应纳税额＝增值额×适用税率－扣除项目金额×速算扣除系数$$
$$增值额＝收入额－扣除项目金额$$
$$增值率＝增值额÷扣除项目金额×100\%$$
$$\frac{扣除项}{目金额}＝\frac{扣除项目}{总金额}×\left(\frac{转让土地使用权的}{面积或建筑面积}÷\frac{受让土地使用权的}{总面积}\right)$$

4.4.6　纳税义务发生时间

根据《中华人民共和国土地增值税暂行条例》第十条的规定，土地增值税纳税义务发生时间为房地产转让合同签订之日。

4.4.7　纳税地点

土地增值税的纳税人应向房地产所在地主管税务机关办理纳税申报，并在税务机关核定的期限内缴纳土地增值税。这里所说的"房地产所在地"，是指房地产的坐落地。纳税人转让的房地产坐落在两个或两个以上的地区的，应按房地产所在地分别申报纳税。

在实际工作中，纳税地点的确定又可分为以下两种情况：

（1）纳税人是法人的，当转让的房地产坐落地与机构所在地或经营所在地一致时，则向办理税务登记的原管辖税务机关申报纳税即可；如果转让的房地产坐落地与其机构所在地或经营所在地不一致时，则应向房地产坐落地所管辖的税务机关申报纳税。

（2）纳税人是自然人的，当转让的房地产坐落地与其居住地一致时，则向其居住地税务机关申报纳税；当转让的房地产坐落地与其居住地不一致时，向办理过户手续所在地税务机关申报纳税。

【实训指导】

（1）土地增值税计算。

第一步，确定纳税人转让房地产所取得的收入。

第二步，分项确定准予扣除的项目金额。

第三步，计算土地增值额：

$$土地增值额＝转让房地产取得的收入－准予扣除的项目金额$$

第四步，计算土地增值税率，确定适用税率及速算扣除系数：

$$土地增值率＝土地增值额/扣除项目金额×100\%$$

第五步，计算应纳土地增值税。

（2）填写土地增值税申报表。

土地增值税纳税申报表（三）

（非从事房地产开发的纳税人适用）

税款所属时间： 年 月 日至 年 月 日　　　　填表日期： 年 月 日

金额单位:元至角分　　　　　　　　　　　　　　面积单位:平方米

纳税人识别号:□□□□□□□□□□□□□□□□□□□□

纳税人识别号			项目名称		项目地址		
所属行业		登记注册类型		纳税人地址		邮政编码	
开户银行		银行账号		主管部门		电话	
项 目						行次	金额
一、转让房地产收入总额 1＝2＋3＋4						1	
其中	货币收入					2	
	实物收入					3	
	其他收入					4	
二、扣除项目金额合计 （1）5＝6＋7＋10＋15 （2）5＝11＋12＋14＋15						5	
（1）提供评估价格	1. 取得土地使用权所支付的金额					6	
	2. 旧房及建筑物的评估价格 7＝8×9					7	
	其中	旧房及建筑物的重置成本价				8	
		成新度折扣率				9	
	3. 评估费用					10	

（续表）

项 目		行次	金额
（2）提供购房发票	1. 购房发票金额	11	
	2. 发票加计扣除金额 12＝11×5％×13	12	
	其中：房产实际持有年数	13	
	3. 购房契税	14	
4. 与转让房地产有关的税金等 15＝16＋17＋18＋19		15	
其中	增值税	16	
	城市维护建设税	17	
	印花税	18	
	教育费附加	19	
三、增值额 20＝1－5		20	
四、增值额与扣除项目金额之比（％）21＝20÷5		21	
五、适用税率（％）		22	
六、速算扣除系数（％）		23	
七、应缴土地增值税额 24＝20×22－5×23		24	
八、减免税额（减免性质代码：）		25	
九、已缴土地增值税额		26	
十、应补（退）土地增值税额 27＝24－25－26		27	

授权代理人	（如果你已委托代理申报人，请填写下列资料） 　　为代理一切税务事宜，现授权_____（地址）_____为本纳税人的代理申报人，任何与本报表有关的来往文件都可寄与此人。 　　　　　　　　授权人签字：_____	纳税人声明	此纳税申报表是根据《中华人民共和国土地增值税暂行条例》及其实施细则的规定填报的，是真实的、可靠的、完整的。 　　　　　　　　声明人签字：_____
纳税人公章	法人代表公章	经办人员（代理申报人）签章	备注

（以下部分由主管税务机关负责填写）

审核记录	主管税务机关收到日期		接收人		审核日期		税务审核人员签章
							主管税务机关盖章

填表说明

一、适用范围。

土地增值税纳税申报表（三）适用于非从事房地产开发的纳税人。该纳税人应在签订房地产转让合同后的 7 日内，向房地产所在地主管税务机关填报土地增值税纳税申报表（三）。

土地增值税纳税申报表（三）还适用于以下从事房地产开发的纳税人：将开发产品转为自用、出租等用途且已达到主管税务机关旧房界定标准后，又将该旧房对外出售的。

二、土地增值税纳税申报表(三)主要项目填表说明。

(一) 表头项目。

1. 纳税人识别号：填写税务机关为纳税人确定的识别号。

2. 项目名称：填写纳税人转让的房地产项目全称。

3. 登记注册类型：单位，根据税务登记证或组织机构代码证中登记的注册类型填写；纳税人是企业的，根据国家统计局《关于划分企业登记注册类型的规定》填写。该项可由系统根据纳税人识别号自动带出，无须纳税人填写。

4. 所属行业：根据《国民经济行业分类》(GB/T 4754—2011)填写。该项可由系统根据纳税人识别号自动带出，无须纳税人填写。

5. 主管部门：按纳税人隶属的管理部门或总机构填写。外商投资企业不填。

(二) 表中项目。

土地增值税纳税申报表(三)的各主要项目内容，应根据纳税人转让的房地产项目作为填报对象。纳税人如果同时转让两个或两个以上房地产的，应分别填报。

1. 表第 1 栏"转让房地产收入总额"，按纳税人转让房地产所取得的全部收入额填写。

2. 表第 2 栏"货币收入"，按纳税人转让房地产所取得的货币形态的收入额填写。

3. 表第 3、4 栏"实物收入""其他收入"，按纳税人转让房地产所取得的实物形态的收入和无形资产等其他形式的收入额填写。

4. 表第 6 栏"取得土地使用权所支付的金额"，按纳税人为取得该转让房地产项目的土地使用权而实际支付(补交)的土地出让金(地价款)数额及按国家统一规定交纳的有关费用填写。

5. 表第 7 栏"旧房及建筑物的评估价格"，是指根据条例和细则等有关规定，按重置成本法评估旧房及建筑物并经当地税务机关确认的评估价格的数额。本栏由第 8 栏与第 9 栏相乘得出。如果本栏数额能够直接根据评估报告填报，则本表第 8、9 栏可以不必再填报。

6. 表第 8 栏"旧房及建筑物的重置成本价"，是指按照条例和细则规定，由政府批准设立的房地产评估机构评定的重置成本价。

7. 表第 9 栏"成新度折扣率"，是指按照条例和细则规定，由政府批准设立的房地产评估机构评定的旧房及建筑物的新旧程度折扣率。

8. 表第 16 栏至表第 19 栏，按纳税人转让房地产时实际缴纳的有关税金的数额填写。

9. 表第 22 栏"适用税率"，应根据条例规定的四级超率累进税率，按所适用的最高一级税率填写。

10. 表第 23 栏"速算扣除系数"，应根据细则规定找出相关速算扣除系数填写。

【实训案例】

资料 中新公司一栋房屋已使用近 10 年，建造时造价为 500 万元，按转让时的建材及人工费用计算，建同样的新房需花费 1 000 万元，该房目前评估七成新。2017 年 1 月，该公司将该房屋出售，价款 1 200 万元(公司基本信息和纳税期限略)。

要求 计算该公司出售该房屋应缴纳的土地增值税，并填写土地增值税纳税申报表。

案例解析

(1) 转让收入=1 200(万元)

(2) 准予扣除的项目金额=1 000×70%=700(万元)

(3) 土地增值额=1 200-700=500(万元)

(4) 土地增值率=500÷700=71.43%

(5) 应纳土地增值税=500×40%-700×5%=165(万元)

(6) 填写土地增值税纳税申报表。

土地增值税纳税申报表(三)

(非从事房地产开发的纳税人适用)

税款所属时间：　年　月　日至　　年　月　日　　　　　　填表日期：年　月　日

金额单位:元至角分　　　　　　　　　　　　　　　　　　　面积单位:平方米

纳税人识别号:□□□□□□□□□□□□□□□□□□□□□□

纳税人识别号		项目名称		项目地址		
所属行业		登记注册类型		纳税人地址		邮政编码
开户银行		银行账号		主管部门		电话

项　　目			行次	金额
一、转让房地产收入总额 1＝2＋3＋4			1	12 000 000
其中	货币收入		2	12 000 000
	实物收入		3	
	其他收入		4	
二、扣除项目金额合计 (1) 5＝6＋7＋10＋15 (2) 5＝11＋12＋14＋15			5	7 000 000
(1) 提供 评估 价格	1. 取得土地使用权所支付的金额		6	
	2. 旧房及建筑物的评估价格 7＝8×9		7	7 000 000
	其中	旧房及建筑物的重置成本价	8	10 000 000
		成新度折扣率	9	70％
	3. 评估费用		10	
(2) 提供 购房 发票	1. 购房发票金额		11	
	2. 发票加计扣除金额 12＝11×5‰×13		12	
	其中:房产实际持有年数		13	
	3. 购房契税		14	
4.与转让房地产有关的税金等 15＝16＋17＋18＋19			15	
其中	增值税		16	
	城市维护建设税		17	
	印花税		18	
	教育费附加		19	
三、增值额 20＝1－5			20	50 00 000
四、增值额与扣除项目金额之比 21＝20÷5			21	71.43％
五、适用税率			22	40％
六、速算扣除系数			23	5％
七、应缴土地增值税额 24＝20×22－5×23			24	1 650 000
八、减免税额(减免性质代码:)			25	0
九、已缴土地增值税额			26	0

（续表）

项　目	行次	金额
十、应补（退）土地增值税额 27＝24－25－26	27	1 650 000

授权代理人	（如果你已委托代理申报人，请填写下列资料） 　　为代理一切税务事宜，现授权_____（地址）_____为本纳税人的代理申报人，任何与本报表有关的来往文件都可寄与此人。 　　　　　　　授权人签字：_____	纳税人声明	此纳税申报表是根据《中华人民共和国土地增值税暂行条例》及其实施细则的规定填报的，是真实的、可靠的、完整的。 　　　　　　声明人签字：_____		
纳税人 公章		法人代表 公章	经办人员（代理申报人） 签章		备注

（以下部分由主管税务机关负责填写）

主管税务机关收到日期	接收人	审核日期	税务审核人员签章
审核记录			主管税务机关盖章

【实训任务】

资　料　某房地产开发企业销售商品房收入 3 000 万元。获取土地使用权金额 500 万元，相关税费 30 万元，前期工程费 50 万元，工程款 600 万元，基础设施费 120 万元，开发间接费用 30 万元。当地政府规定的开发费用扣除比例为土地取得金和开发成本的 10%，加计扣除比例为 20%。

要　求　计算该公司应纳土地增值税额，并填写如下纳税申报表（公司基本信息和纳税期限略）。

土地增值税纳税申报表（二）
（非从事房地产开发的纳税人适用）

税款所属时间：　　年　月　日至　　年　月　日　　　　　　　填表日期：　　年　月　日

金额单位：元至角分　　　　　　　　　　　　　　　　　　　　　面积单位：平方米

纳税人识别号：□□□□□□□□□□□□□□□□□□□□

纳税人名称		项目名称		项目编号		项目地址	
所属行业		登记注册类型		纳税人地址		邮政编码	
开户银行		银行账号		主管部门		电话	
总可售面积				自用和出租面积			
已售面积		其中：普通住宅 已售面积		其中：非普通住宅已售面积		其中：其他类型房地产已售面积	

（续表）

项 目	行次	金额			
		普通住宅	非普通住宅	其他类型房地产	合计
一、转让房地产收入总额 1＝2＋3＋4	1				
其中 货币收入	2				
实物收入	3				
其他收入	4				
二、扣除项目金额合计 5＝6＋7＋14＋17＋21	5				
1. 取得土地使用权所支付的金额	6				
2. 房地产开发成本 7＝8＋9＋10＋11＋12＋13	7				
其中 土地征用及拆迁补偿费	8				
前期工程费	9				
建筑安装工程费	10				
基础设施费	11				
公共配套设施费	12				
开发间接费用	13				
3. 房地产开发费用 14＝15＋16	14				
其中 利息支出	15				
其他房地产开发费用	16				
4. 与转让房地产有关的税金等 17＝18＋19＋20	17				
其中 营业税	18				
城市维护建设税	19				
教育费附加	20				
5. 财政部规定的其他扣除项目	21				
三、增值额 22＝1－5	22				
四、增值额与扣除项目金额之比（％）23＝22÷5	23				
五、适用税率（％）	24				
六、速算扣除系数（％）	25				
七、应缴土地增值税税额 26＝22×24－5×25	26				
八、减免税额 27＝29＋31＋33	27				
其中 减免税（1） 减免性质代码	28				
减免税额	29				
减免税（2） 减免性质代码	30				
减免税额	31				
减免税（3） 减免性质代码	32				
减免税额	33				

（续表）

九、已缴土地增值税税额		34		
十、应补（退）土地增值税税额 35＝26－27－34		35		

授权代理人	（如果你已委托代理申报人，请填写下列资料） 　　　为代理一切税务事宜，现授权＿＿＿＿＿＿（地址）＿＿＿＿＿＿为本纳税人的代理申报人，任何与本报表有关的来往文件都可寄与此人。 　　　　　　　授权人签字：＿＿＿＿＿	纳税人声明	此纳税申报表是根据《中华人民共和国土地增值税暂行条例》及其实施细则的规定填报的，是真实的、可靠的、完整的。 　　　　　　声明人签字：＿＿＿＿＿

纳税人公章		法人代表公章		经办人员（代理申报人）签章		备注

以下部分由主管税务机关负责填写：

审核记录	主管税务机关收到日期		接收人	审核日期		税务审核人员签章
						主管税务机关盖章

实训五 房产税纳税申报

【实训目标】

学生通过实训，了解房产税的概念、特点、征税范围和适用税率、纳税人范围、计税依据；熟悉纳税人房产税计税方法和纳税申报程序；能够正确计税和在报税平台上完成纳税申报。

【知识链接】

4.5.1 房产税概念和特点

房产税是以房屋为征税对象，按房屋计税余值或租金收入为计税依据，向房屋产权所有人或者经营管理人征收的一种财产税。

房产税的特点如下：

(1) 房产税属于财产税中的个别财产税。

(2) 征税范围限于城镇的经营性房屋。

(3) 区别房屋的经营使用方式规定征税方法。

4.5.2 纳税义务人

房产税的纳税义务人是征税范围内房屋产权所有人。

房产税的纳税人具体包括：

(1) 产权属于国家所有的，由经营管理单位缴纳；产权属于集体和个人所有的，由集体单位和个人纳税。

(2) 产权出典的由承典人缴纳。

(3) 产权所有人、承典人不在房产所在地的，由房产代管人或者使用人纳税。

(4) 产权未确定及租典纠纷未解决的，由房产代管人或使用人缴纳。

(5) 无租使用其他单位房产的单位和个人，使用人代为缴纳房产税。

4.5.3 税率

房产税税率如下所示。

房产税税率表

房产用途	计税依据	税率
经营自用	房产原值一次减除 30% 后的余额	1.2%
出租房屋	房产租金收入	12%
个人出租住房	房产租金收入	4%

4.5.4 征税范围

房产税征收的范围包括城市、县城、建制镇和工矿区。这里的城市是指经国务院批准设立的市，其征税范围包括市区、郊区和市辖的县县城，不包括农村。县城是指未设立建制镇的县人民政府所在地，征收范围为县人民政府所在的城镇。建制镇是指镇人民政府所在地，不包括所辖的行政村。工矿区是指工商业比较发达，人口比较集中，符合国务院规定的建制标准，但尚未设立镇建制的大中型工矿企业所在地。开征房产税的工矿区，须经省、自治区、直辖市人民政府批准。坐落于上述地区以外的房屋不征收房产税。

4.5.5 计税依据和应纳税额计算

1. 计税依据

1）对经营自用的房屋，以房产的计税余值作为计税依据

所谓计税余值，是指依照税法规定按房产原值一次减除 $10\%\sim30\%$ 的损耗价值以后的余额。

（1）房产原值是指纳税人按照会计制度规定，在账簿"固定资产"科目中记载的房屋原价。因此，凡按会计制度规定在账簿中记载有房屋原价，应以房屋原价按规定减除一定比例后的房产余值计征房产税；没有记载房屋原价，按照上述原则，并参照同类房屋，确定房产原值，按规定计征房产税。

（2）房产原值应包括与房屋不可分割的各种附属设备或一般不单独计算价值的配套设施，主要有：暖气、卫生、通风、照明、煤气等设备；各种管线，如蒸汽、压缩空气、石油、给水排水等管道及电力、电讯、电缆导线；电梯、升降机、过道、晒台等。属于房屋附属设备的水管、下水道、暖气管、煤气管等应从最近的探视井或三通管起，计算原值；电灯网、照明线从进线盒联结管起，计算原值。为了维持和增加房屋的使用功能或使房屋满足设计要求，凡以房屋为载体，不可随意移动的附属设备和配套设施，如给排水、采暖、消防、中央空调、电气及智能化楼宇设备等，无论在会计核算中是否单独记账与核算，都应计入房产原值，计征房产税。

（3）纳税人对原有房屋进行改建、扩建的，要相应增加房屋的原值。

（4）对于更换房屋附属设备和配套设施的，在将其价值计入房产原值时，可扣减原来相应设备和设施的价值；对附属设备和配套设施中易损坏，需要经常更换的零配件，更新后不再计入房产原值，原零配件的原值也不扣除。

（5）自 2006 年 1 月 1 日起，凡在房产税征收范围内的具备房屋功能的地下建筑，包括与地上房屋相连的地下建筑以及完全建在地面以下的建筑、地下人防设施等，均应当依照有关规定征收房产税。对于与地上房屋相连的地下建筑，如房屋的地下室、地下停车场、商场的地下部分等，应将地下部分与地上房屋视为一个整体按照地上房屋建筑的有关规定计算征收房产税。

（6）在确定计税余值时，房产原值的具体减除比例，由省、自治区、直辖市人民政府在税法规定的减除幅度内自行确定。这样规定，既有利于各地区根据本地情况，因地制宜地确定计税余值，又有利于平衡各地税收负担，简化计算手续，提高征管效率。如果纳税人未按会计制度规定记载原值，在计征房产税时，应按规定调整房产原值；对房产原值明显不合理的，

应重新予以评估；对没有房产原值的，应由房屋所在地的税务机关参考同类房屋的价值核定。在原值确定后，再根据当地所适用的扣除比例，计算确定房产余值。对于扣除比例，一定要按由省、自治区、直辖市人民政府确定的比例执行。

2）对于出租的房屋，以租金收入为计税依据

房屋的租金收入，是房屋产权所有人出租房屋使用权所取得的报酬，包括货币收入和实物收入。对以劳务或其他形式作为报酬抵付房租收入的，应根据当地同类房屋的租金水平，确定租金标准，依率计征。

如果纳税人对个人出租房屋的租金收入申报不实或申报数与同一地段同类房屋的租金收入相比明显不合理的，税务部门可以按照《税收征管法》的有关规定，采取科学合理的方法核定其应纳税款。具体办法由各省级地方税务机关结合当地实际情况制定。

3）投资联营及融资租赁房产的计税依据

（1）对投资联营的房产，在计征房产税时应予以区别对待。对于以房产投资联营，投资者参与投资利润分红，共担风险的，按房产的计税余值作为计税依据计征房产税；对以房产投资，收取固定收入，不承担联营风险的，实际是以联营名义取得房产租金，应根据《房产税暂行条例》的有关规定，由出租方按租金收入计算缴纳房产税。

（2）对融资租赁房屋的情况，由于租赁费包括购进房屋的价款、手续费、借款利息等，与一般房屋出租的"租金"内涵不同，且租赁期满后，当承租方偿还最后一笔租赁费时，房屋产权一般都转移到承租方，实际上是一种变相的分期付款购买固定资产的形式，所以在计征房产税时应以房产余值计算征收。至于租赁期内房产税的纳税人，由当地税务机关根据实际情况确定。

4）居民住宅区内业主共有的经营性房产的计税依据

对居民住宅区内业主共有的经营性房产，由实际经营（包括自营和出租）的代管人或使用人缴纳房产税。其中自营的，依照房产原值减出 10%～30% 后的余值计征，没有房产原值或不能将共有住房划分开的，由房产所在地地方税务机关参照同类房产核定房产原值；出租的，依照租金计征。

2. 应纳税额的计算

1）从价计征

从价计征是按房产的原值减除一定比例后的余值计征，其计算公式如下：

$$应纳税额＝应税房产原值×（1－扣除比例）×年税率1.2\%$$

2）从租计征

从租计征是按房产的租金收入计征，其计算公式如下：

$$应纳税额＝租金收入×12\%$$

个人出租住房的租金收入计征，其计算公式如下：

$$应纳税额＝房产租金收入×4\%$$

4.5.6 纳税义务发生时间

（1）将原有房产用于生产经营的，纳税义务发生时间从生产经营之月起。

（2）自建房屋用于生产经营的，纳税义务发生时间从建成之日的次月起。

（3）委托施工企业建设的房屋的，纳税义务发生时间从办理验收手续之次月起。

（4）纳税人购置新建商品房的，纳税义务发生时间自房屋交付使用之次月起。

（5）购置存量房的，纳税义务发生时间自办理房屋权属转移，登记机关签发房屋权属证书之次月起。

（6）纳税人出租、出借房产的，纳税义务发生时间自交付出租、出借房产之次月起。

（7）房地产开发企业自用、出租、出借本企业建造商品房的，纳税义务发生时间自房屋使用或交付之次月起。

4.5.7　纳税地点

房产税在房产所在地缴纳。对房产不在同一地方的纳税人，应按房产的坐落地点分别向房产所在地的税务机关缴纳。

4.5.8　纳税期限

房产税实行按年计算、分期缴纳的征收方法，具体纳税期限由省、自治区、直辖市人民政府确定。

【实训指导】

房产税纳税申报表

税款所属期：自　　　年　月　日至　　　年　月　日　　　　　　　填表日期：　　　年　月　日

金额单位：元至角分　　　　　　　　　　　　　　　　　　　　　　面积单位：平方米

纳税人识别号：□□□□□□□□□□□□□□□□□□□□□□□□□

纳税人信息	名称		纳税人分类		单位□　个人□
	登记注册类型	*	所属行业		*
	身份证件类型	身份证□　护照□　其他□	身份证件号码		
	联系人		联系方式		

一、从价计征房产税

	房产编号	房产原值	其中：出租房产原值	计税比例	税率	所属期起	所属期止	本期应纳税额	本期减免税额	本期已缴税额	本期应补（退）税额
1	*										
2	*										
3	*										
4	*										
5	*										
6	*										
7	*										
8	*										

（续表）

	房产编号	房产原值	其中:出租房产原值	计税比例	税率	所属期起	所属期止	本期应纳税额	本期减免税额	本期已缴税额	本期应补（退）税额
9	*										
10	*										
合计	*	*	*	*	*	*	*				

二、从租计征房产税					
	本期申报租金收入	税率	本期应纳税额	本期减免税额	本期已缴税额	本期应补（退）税额
1						
2						
3						
合计		*				

以下由纳税人填写:	
纳税人声明	此纳税申报表是根据《中华人民共和国房产税暂行条例》和国家有关税收规定填报的,是真实的、可靠的、完整的。
纳税人签章	代理人签章　　　　代理人身份证号
以下由税务机关填写:	
受理人	受理日期　年　月　日　受理税务机关签章

本表一式两份,一份纳税人留存,一份税务机关留存。

填表说明

1. 本表适用于在中华人民共和国境内申报缴纳房产税的单位和个人。

2. 本表依据《中华人民共和国税收征收管理法》《中华人民共和国房产税暂行条例》制定,为房产税纳税申报表主表。本表包括三个附表,附表一为《房产税减免税明细申报表》,附表二为《从价计征房产税税源明细表》、附表三为《从租计征房产税税源明细表》。首次申报或变更申报时纳税人提交《从价计征房产税税源明细表》和《从租计征房产税税源明细表》后,本表由系统自动生成,无需纳税人手工填写,仅需签章确认。申报房产数量大于10个(不含10)的纳税人,建议采用网络申报方式,并可选用本表的汇总版进行申报。后续申报,纳税人税源明细无变更的,税务机关提供免填单服务,根据纳税人识别号,系统根据当期有效的房产税源明细信息自动生成本表,纳税人签章确认即可完成申报。

3. 纳税人识别号:填写税务机关赋予的纳税人识别号。

4. 纳税人名称:党政机关、企事业单位、社会团体的,应按照国家人事、民政部门批准设立或者工商部门注册登记的全称填写;纳税人是自然人的,应当按照本人有效身份证件上标注的姓名填写。

5. 纳税人分类:分为单位和个人,个人含个体工商户。

6. 登记注册类型＊:单位,根据税务登记证或组织机构代码证中登记的注册类型填写;纳税人是企业的,根据国家统计局《关于划分企业登记注册类型的规定》填写。内资企业国有企业集体企业股份合作企业联营企业国有联营企业集体联营企业国有与集体联营企业其他联营企业有限责任公司国有独资公司其他有限责任公司股份有限公司私营企业私营独资企业私营合伙企业私营有限责任公司私营股份有限公司其他企业港、澳、台商投资企业合资经营企业(港或澳、台资)合作经营企业(港或澳、台资)港、澳、台商独资经营企业港、澳、台商投资股份有限公司其他港、澳、台商投资企业外商投资企业中外合资经营企业中外合作经营企业外资企业外商投资股份有限公司其他外商投资企业。该项可由系统根据纳税人识别号自动带出,无须纳税人填写。

7. 所属行业＊:根据《国民经济行业分类》(GB/T 4754－2011)填写。该项可由系统根据纳税人识别号自动带出,无须纳税人填写。

8. 身份证件类型：填写能识别纳税人唯一身份的有效证照名称。纳税人为自然人的，必选。选择类型为：身份证、护照、其他，必选一项，选择"其他"的，请注明证件的具体类型。

9. 身份证件号码：填写纳税人身份证件上的号码。

10. 联系人、联系方式：填写单位法定代表人或纳税人本人姓名、常用联系电话及地址。

11. 房产编号＊：纳税人不必填写。由税务机关的管理系统赋予编号，以识别。

12. 房产原值：本项为《从价计征房产税税源明细表》相应数据项的汇总值。

13. 出租房产原值：本项为《从价计征房产税税源明细表》相应数据项的汇总值。

14. 计税比例：系统应当允许各地自行配置。配置好后，系统预设在表单中。

15. 税率：系统预设，无需纳税人填写，并允许各地自行配置。从价配置默认1.2%，从租配置默认12%。

16. 所属期起：税款所属期内税款所属的起始月份。起始月份不同的房产应当分行填写。默认为税款所属期的起始月份。但是，当《从价计征房产税税源明细表》中取得时间晚于税款所属期起始月份的，所属期起为"取得时间"的次月；《从价计征房产税税源明细表》中经核准的困难减免的起始月份晚于税款所属期起始月份的，所属期起为"经核准的困难减免的起始月份"；《从价计征房产税税源明细表》中变更类型选择信息项变更的，变更时间晚于税款所属期起始月份的，所属期起为"变更时间"。

17. 所属期止：税款所属期内税款所属的终止月份。终止月份不同的房产应当分行填写。默认为税款所属期的终止月份。但是，当《从价计征房产税税源明细表》中变更类型选择"纳税义务终止"的，变更时间早于税款所属期终止月份的，所属期止为"变更时间"；《从价计征房产税税源明细表》中"经核准的困难减免的终止月份"早于税款所属期终止月份的，所属期止为"经核准的困难减免的终止月份"。

18. 本期应纳税额：本项为《从价计征房产税税源明细表》和《从租计征房产税税源明细表》相应数据项的汇总值。

19. 本期减免税额：本项为按照税目分别从《从价计征房产税税源明细表》或《从租计征房产税税源明细表》月减免税额与税款所属期实际包含的月份数自动计算生成。

20. 带星号（＊）的项目不需要纳税人填写。

21. 逻辑关系：

（1）从价计征房产税的本期应纳税额＝$\sum$（房产原值－出租房产原值）×计税比例×税率÷12×（所属期止月份－所属期起月份＋1）

（2）从价计征房产税的本期应补（退）税额＝本期应纳税额－本期减免税额－本期已缴税额

（3）从租计征房产税的本期应纳税额＝$\sum$本期应税租金收入×适用税率

（4）从租计征房产税的本期应补（退）税额＝本期应纳税额－本期减免税额－本期已缴税额

（5）从价计征本期减免税额＝$\sum$《从价计征房产税税源明细表》月减免税额×（所属期止月份－所属期起月份＋1）

（6）从租计征本期减免税额＝$\sum$《从租计征房产税税源明细表》月减免税额×（所属期止月份－所属期起月份＋1）

【实训案例】

资料 某公司2016年自有房屋2栋，其中1栋用作厂房生产，房产原值1 000万元，这1栋房产附着的采暖、排水、消防、中央空调、电气、电梯等价值共计100万元；另外1栋房屋租给某企业用作仓库，年租金收入40万元。该公司所在省规定的扣除比例为20%，计算该公司2016年应纳房产税。

要求 计算该公司应纳房产税，并填写房产税纳税申报表（公司基本资料和纳税期限略）。

案例解析

（1）自用房产应纳税额＝（1 000＋100）×（1－20%）×1.2%＝10.56（万元）

（2）出租房地产租金收入应纳税额＝40×12％＝4.8（万元）

房产税纳税申报表

税款所属期：自　　年　月　日至　　年　月　日　　　　填表日期：　　年　月　日

金额单位：元至角分　　　　　　　　　　　　　　　面积单位：平方米

纳税人识别号：□□□□□□□□□□□□□□□□□□□□

纳税人信息	名称			纳税人分类		单位□　个人□			
	登记注册类型		*	所属行业		*			
	身份证件类型	身份证□　护照□　其他□		身份证件号码					
	联系人			联系方式					

一、从价计征房产税

	房产编号	房产原值	其中：出租房产原值	计税比例	税率	所属期起	所属期止	本期应纳税额	本期减免税额	本期已缴税额	本期应补（退）税额
1	01	1 100 000	80％		1.2％	2016.1.1	2016.12.31	105 600	0	0	105 600
2	*										
3	*										
4	*										
5	*										
6	*										
7	*										
8	*										
9	*										
10	*										
合计	*	*	*	*	*	*	*				

二、从租计征房产税

	本期申报租金收入	税率	本期应纳税额	本期减免税额	本期已缴税额	本期应补（退）税额
1	400 000	12％	48 000	0	0	48 000
2						
3						
合计		*				

以下由纳税人填写：

纳税人声明	此纳税申报表是根据《中华人民共和国房产税暂行条例》和国家有关税收规定填报的，是真实的、可靠的、完整的。		
纳税人签章		代理人签章	代理人身份证号

以下由税务机关填写：

受理人		受理日期	年　月　日	受理税务机关签章	

【实训任务】

资 料 上海秦华建材公司拥有一栋商业办公用房,编码 021021,位于虹口区石库门街道 1 号,出租给赤诚教育有限公司(纳税人识别号 210116882826763),面积 1 200 平方米,租期 3 年,租期从 2015 年 1 月 1 日到 2018 年 1 月 1 日,每年租金 100 万元;该公司拥有厂房一栋,产权证书号:沪虹口字 20110816 号,位于虹口区石库门街道 1 号,房产所在地地号为 A201-21,建筑面积 2 000 平方米,房产原值 3 000 万元,当地政府规定的扣除比例为 30%,以上房屋都是 2014 年 1 月建成。

要 求 请计算应纳房产税并填写税源明细表(企业基本信息和纳税期限略)。

从价计征房产税税源明细表

纳税人名称:　　　　　　　　　　　　　　　　　　　　　　纳税人分类:单位□　个人□

填表日期: 年 月 日　　　　　　　　金额单位:元至角分　　　面积单位:平方米

纳税人识别号:□□□□□□□□□□□□□□□□□□□□

身份证件类型	身份证□ 护照□ 其他□		身份证件号码			
房产编号	*		产权证书号			
房产名称						
房屋坐落地址 (详细地址)			省(自治区、市)市(区)县(区)街道　　(必填)			
房产所属主管税务所 (科、分局)	该房产的房产税收入所属的主管税务机关。系统允许各地配置该项的确定规则。该项不需纳税人手动填写,根据确定规则自动带出。					
纳税人类型	产权所有人□、经营管理人□、承典人□、房屋代管人□、房屋使用人□、融资租赁承租人□(必选)		所有权人纳税识别码		所有权人名称	
房屋所在土地编号	*		房产用途	工业□ 商业及办公□ 住房□ 其他□(必选)		
房产取得时间	年月	变更类型	纳税义务终止(权属转移□ 其他□) 信息项变更(房产原值变更□ 出租房产原值变更□ 减免税变更□ 其他□)		变更时间	年月
建筑面积	(必填)		其中:出租房产面积			
房产原值	(必填)		其中:出租房产原值		计税比例	系统设定
减免税 部分	序号	减免性质代码	减免项目名称	经核准的困难减免起止时间	减免税房产原值	月减免税金额
				起始月份　　　终止月份		
	1					
	2					
	3					
以下由税务机关填写:						
纳税人声明	此纳税申报表是根据《中华人民共和国房产税暂行条例》和国家有关税收规定填报的,是真实的、可靠的、完整的。					
纳税人签章		代理人签章		代理人身份证号		
以下由税务机关填写:						
受理人		受理日期	年 月 日	受理税务机关签章		

本表一式两份,一份纳税人留存,一份税务机关留存。

填表说明

1. 本表为《房产税纳税申报表》及《房产税减免税明细申报表》的明细附表。

2. 首次进行纳税申报的纳税人，需要申报其全部房产的相关信息，此后办理纳税申报时，如果纳税人的房产及减免税等相关信息未发生变化的，可仅对上次申报信息进行确认；发生变化的，仅就变化的内容进行填写。有条件的地区，税务机关可以通过系统将上期申报的信息推送给纳税人。税源数据基础较好或已获取第三方信息的地区，可直接将数据导入纳税申报系统并推送给纳税人进行确认。

3. 房产税税源明细申报遵循"谁纳税谁申报"的原则，只要存在房产税纳税义务，就应当如实申报房产明细信息。

4. 每一独立房产应当填写一张表。即：同一产权证有多幢（个）房产的，每幢（个）房产填写一张表。无产权证的房产，每幢（个）房产填写一张表。纳税人不得将多幢房产合并成一条记录填写。

5. 对于填写中所涉及的数据项目，有房屋所有权证件的，依据证件记载的内容填写，没有证件的，依据实际情况填写。

6. 房产有出租情形的，纳税人也应当先填写本表，再填写《从租计征房产税明细申报表》。

7. 纳税人分类（必选）：分为单位和个人，个人含个体工商户。

8. 房产编号＊：纳税人不必填写。由税务机关的管理系统赋予编号，以识别。

9. 产权证书号：纳税人有房屋所有权证件的，必填。填写房屋所有权证件载明的证件编号。

10. 房产名称（必填）：纳税人自行编写，以便于识别。比如，1号办公楼、第一车间厂房等。

11. 房屋坐落地址（必填）：应当填写详细地址，具体为：××省××市××县（区）××街道＋详细地址，且应当与土地明细申报数据关联并一致。系统自动带出已填报的土地信息，供选择。一栋房产仅可选择对应一条土地信息。

12. 房产所属主管税务所（科、分局）：本表所填列房产的房产税收入所属的主管税务机关。系统允许各地配置该项的确定规则。该项不需纳税人手动填写，根据确定规则自动带出。

13. 纳税人类型（必选）：分为产权所有人、经营管理人、承典人、房屋代管人、房屋使用人、融资租赁承租人。必选一项，且只能选一项。

14. 所有权人纳税识别码（非必填）：填写拥有房屋所有权人的纳税识别号。

15. 所有权人名称（非必填）：填写拥有房屋所有权人的名称。

16. 房屋所在土地编号＊：根据所选择的土地信息，从系统自动调取。

17. 房产用途（必选）：房产用途依据房产所有权证登记的用途填写，无证的，依据实际用途填写。分为工业、商业及办公、住房、其他，必选一项，且只能选一项，不同用途的房产应当分别填表。

18. 建筑面积（必填）：保留两位小数。

19. 出租房产面积：有出租情况的必填。

20. 房产原值（必填）：填写房产的全部房产原值。应包括：分摊的应计入房产原值的地价，与房产不可分割的设备设施的原值，房产中已出租部分的原值，以及房产中减免税部分的原值。

21. 出租房产原值：房产有出租情况的必填。

22. 计税比例：系统应当允许各地自行配置。配置好后，系统预设在表单中。

23. 房产取得时间（选填）：填写纳税人初次获得该房产所有权的时间。

24. 变更类型（选填）：有变更情况的必选。

25. 变更时间（选填）：有变更情况的必填，填至月。变更类型选择纳税义务终止的，税款计算至当月末；变更类型选择信息项变更的，自变更当月起按新状态计算税款。

26. 减免性质代码：该项按照国家税务总局制定下发的最新减免性质及分类表中的最细项减免性质代码填写。有减免税情况的必填。不同减免性质代码的房产应当分行填表。纳税人减免情况发生变化时，应当进行变更。总局制定的减免税代码不允许各地修改，允许各地增加本地的减税性质代码。

27. 减免税项目名称：该项按照国家税务总局制定下发的最新减免性质及分类表中的最细项减免税名称填写，有减免税情况的必填。

28. 减免税房产原值：依据政策确定的可以享受减免税政策的房产原值。政策明确按一定比例进行减免的，该项为经过比例换算确定的减免税房产原值。例如，供热企业用于居民供热的免税房产原值＝房产原值×实际从居民取得的采暖费收入/采暖费总收入。该项的自动计算规则以及放开让纳税人填报的规则详见《减免税政策代码及减免税额计算规则表》。

29.月减免税金额：该项填写本表所列房产本项减免税项目享受的月减免税金额。计算规则详见《减免税政策代码及减免税额计算规则表》。

30.带星号（＊）的项目不需要纳税人填写。

从租计征房产税税源明细表

纳税人名称：　　　　　　　　　　　　　　　　　　　纳税人分类:单位□　个人□

填表日期：　　年　月　日　　　　金额单位:元至角分　　面积单位:平方米

纳税人识别号:□□□□□□□□□□□□□□□□□□□□□

身份证件类型	身份证□　护照□　其他□		身份证件号码	
房产名称			房产编号	＊
房产用途	工业□　商业及办公□　住房□　其他□			
房产坐落地址（详细地址）	省(自治区、市)　　市(区)　　县(区)　　街道			
房产所属主管税务所（科、分局）	该房产的房产税收入所属的主管税务机关。系统允许各地配置该项的确定规则。该项不需纳税人手动填写,根据确定规则自动带出。			
承租方纳税识别号			承租方名称	
出租面积			合同租金总收入	
合同约定租赁期起			合同约定租赁期止	
申报租金收入		申报租金所属租赁期起		申报租金所属租赁期止
减免性质代码		减免项目名称		减免税租金收入
减免税额				
以下由纳税人填写:				
纳税人声明	此纳税申报表是根据《中华人民共和国房产税暂行条例》和国家有关税收规定填报的,是真实的、可靠的、完整的。			
纳税人签章		代理人签章		代理人身份证号
以下由税务机关填写:				
受理人		受理日期	年　月　日	受理税务机关签章

本表一式两份,一份纳税人留存,一份税务机关留存。

填表说明

1.本表为《房产税纳税申报表》及《房产税减免税明细申报表》的明细附表。从租申报的纳税人每次申报时均需申报此表。

2.每一独立出租房产应当填写一张表。即:同一产权证有多幢(个)房产的,每幢(个)房产填写一张表。无产权证的房产,每幢(个)房产填写一张表。纳税人不得将多幢房产合并成一条记录填写。

3.纳税人分类(必选):分为单位和个人,个人含个体工商户。

4.纳税人出租的房产,必须首先按照从价计征房产税明细申报的要求如实填写有关信息,再填写从租计征房产税明细申报有关信息。

5.房产名称(必填):纳税人自行编写,以便于识别,必填,且应当与从价计征房产税明细申报信息关联并一致。

6.房产编号:纳税人不必填写。由税务机关的管理系统赋予编号,以识别,且应当与从价计征房产税明细申报信息关联并一致。

7. 房产用途(必选):分为工业、商业及办公、住房、其他,必选一项,且只能选一项,不同用途的房产应当分别填表。

8. 房屋坐落地址(必填):填写详细地址,具体为:××省××市××县(区)××街道 + 详细地址,且应当与土地明细申报数据关联并一致。

9. 房产所属主管税务所(科、分局):本表所填列房产的房产税收入所属的主管税务机关。系统允许各地配置该项的确定规则。该项不需纳税人手动填写,根据确定规则自动带出。

10. 承租方纳税识别号:纳税人为非自然人的,应按照以办理税务登记时税务机关赋予的编码填写。纳税人为自然人的,应按照本人有效身份证件上标注的号码填写。

11. 出租面积(必填):填写出租房产的面积。

12. 合同租金总收入:填写出租协议约定的出租房产的总收入。

13. 合同约定租赁期起:填写出租协议约定的收取租金等收入的租赁期起。

14. 合同约定租赁期止:填写出租协议约定的收取租金等收入的租赁期止。

15. 申报租金收入:填写本次申报的应税租金收入。

16. 申报租金所属租赁期起:填写申报租金收入的所属租赁期起。

17. 申报租金所属租赁期止:填写申报租金收入的所属租赁期止。

18. 减免税性质代码:该项按照国家税务总局制定下发的最新减免性质及分类表中的最细项减免性质代码填写。有减免税情况的必填。不同减免性质代码的土地应当分行填表。对于出租房产不适用12‰法定税率的,应当填写相关的减免税内容。

19. 减免税项目名称:该项按照国家税务总局制定下发的最新减免性质及分类表中的最细项减免税名称填写。

20. 减免税租金收入:该项填写本出租房产可以享受减免税政策的租金收入。该项允许纳税人自行填写。

21. 减免税额:根据纳税人选择的减免税性质代码自动计算。具体计算规则详见《减免税政策代码及减免税额计算规则表》。

22. 带星号(＊)的项目不需要纳税人填写。

实训六　印花税纳税申报

【实训目标】

　　学生通过实训，了解印花税的概念、特点、征税范围和适用税率、纳税人范围、计税依据；熟悉纳税人印花税计税方法和纳税申报程序；能够正确计税和在报税平台上完成纳税申报。

【知识链接】

4.6.1　印花税概念和特点

　　印花税是以经济活动和经济交往中，书立、领受应税凭证的行为为征税对象征收的一种税。

　　印花税的特点如下：

　　(1) 征税范围广。

　　(2) 税率低。

　　(3) 自行贴花纳税，多缴不退不抵。

4.6.2　纳税义务人

　　纳税义务人情况如下所示。

纳税义务人情况表

纳税义务人	具体情况	注意问题
立合同人	指各类合同的当事人，即对凭证有直接权利义务关系的单位和个人，但不包括合同的担保人、证人、鉴定人 当事人的代理人有代理纳税的义务	凡由两方或两方以上当事人共同书立的应税凭证，其当事人各方都是印花税的纳税人，应各就其所持凭证的计税金额履行纳税义务
立据人	订立产权转移书据的单位和个人	
立账簿人	设立并使用营业账簿的单位和个人	
领受人	领取或接受并持有权利、许可证照的单位和个人	
使用人	在国外书立、领受，但在国内使用应税凭证的单位和个人	
电子凭证签订人	纳税人以电子形式签订的各类应税凭证按规定征收	

4.6.3 征税范围

1. 经济合同

（1）购销合同，包括供应、预购、采购、购销结合及协作、调剂、补偿、易货等合同；还包括各出版单位与发行单位（不包括订阅单位和个人）之间订立的图书、报刊、音像征订凭证。

① 对纳税人以电子形式签订的各类应税凭证按规定征收印花税。

② 对发电厂与电网之间、电网与电网之间（国家电网公司系统、南方电网公司系统内部各级电网互供电量除外）签订的购售电合同按购销合同征收印花税。电网与用户之间签订的供用电合同不属于印花税列举征税的凭证，不征印花税（生活缴费凭证，不同于电网之间经济合同）。

（2）加工承揽合同，包括加工、定做、修缮、印刷、广告、测绘、测试等合同。

（3）建设工程勘察设计合同，包括勘察、设计合同的总包合同、分包合同和转包合同。

（4）建筑安装工程承包合同，包括建筑、安装工程承包合同的总包合同、分包合同和转包合同。

（5）财产租赁合同。

（6）货物运输合同。

（7）仓储保管合同。

（8）借款合同，包括银行及其他金融组织和借款人（不包括银行同业拆借）所签订的借款合同。包括融资租赁合同。

（9）财产保险合同。"家庭财产两全保险"属于家庭财产保险性质，其合同在财产保险合同之列，照章纳税。

（10）技术合同，包括技术开发、转让、咨询、服务等合同。技术转让合同包括专利申请转让、非专利技术转让所书立的合同。

不包括专利权转让、专利实施许可所书立的合同。

一般的法律、会计、审计等方面的咨询不属于技术咨询，其所书立合同不贴印花。

2. 产权转移书据

我国印花税税目中的产权转移书据包括财产所有权、版权、商标专用权、专利权、专有技术使用权共 5 项产权的转移书据。

土地使用权出让合同、土地使用权转让合同、商品房销售合同按照产权转移书据征收印花税。

专利权转让、专利实施许可所书立的合同按产权转移书据征收印花税。

3. 营业账簿

营业账簿包括资金账簿和其他营业账簿。

有关"营业账簿"征免范围应明确的若干个问题如下：

（1）其他营业账簿包括日记账簿和各明细分类账簿。

（2）对采用一级核算形式的单位，只就财会部门设置的账簿贴花；采用分级核算形式的，除财会部门的账簿应贴花之外，财会部门设置在其他部门和车间的明细分类账，亦应按规定贴花。

（3）车间、门市部、仓库设置的不属于会计核算范围或虽属会计核算范围，但不记载金额的登记簿、统计簿、台账等，不贴印花。

（4）对有经营收入的事业单位，凡属由国家财政部门拨付事业经费，实行差额预算管理的单位，其记载经营业务的账簿，按其他账簿定额贴花，不记载经营业务的账簿不贴花；凡属经费来源实行自收自支的单位，对其营业账簿，应就记载资金的账簿和其他账簿分别按规定贴花。

（5）跨地区经营的分支机构使用的营业账簿，应由各分支机构在其所在地缴纳印花税。

（6）企业债权转股权新增加的资金按规定贴花。

（7）企业改制中经评估增加的资金按规定贴花。

4. 权利、许可证照

权利、许可证照仅包括"四证一照"：包括政府部门发给的房屋产权证、工商营业执照、商标注册证、专利证、土地使用证等。

4.6.4 印花税的税目、税率

印花税的税目、税率表

税目	范围	税率	纳税人	说明
1.购销合同	包括供应、预购、采购、购销、结合及协作、调剂、补偿、易货等合同	按购销金额0.3‰贴花	立合同人	
2.加工承揽合同	包括加工、定作、修缮、修理、印刷广告、测绘、测试等合同	按加工或承揽收入0.5‰贴花	立合同人	
3.建设工程勘察设计合同	包括勘察、设计合同	按收取费用0.5‰贴花	立合同人	
4.建筑安装工程承包合同	包括建筑、安装工程承包合同	按承包金额0.3‰贴花	立合同人	
5.财产租赁合同	包括租赁房屋、船舶、飞机、机动车辆、机械、器具、设备等合同	按租赁金额1‰贴花。税额不足1元，按1元贴花	立合同人	
6.货物运输合同	包括民用航空运输、铁路运输、海上运输、内河运输、公路运输和联运合同	按运输费用0.5‰贴花	立合同人	单据作为合同使用的，按合同贴花
7.仓储保管合同	包括仓储、保管合同	按仓储保管费用1‰贴花	立合同人	仓单或栈单作为合同使用的，按合同贴花
8.借款合同	银行及其他金融组织和借款人（不包括银行同业拆借）所签订的借款合同	按借款金额0.05‰贴花	立合同人	单据作为合同使用的，按合同贴花

（续表）

税 目	范 围	税 率	纳税人	说 明
9.财产保险合同	包括财产、责任、保证、信用等保险合同	按保险费收入1‰贴花	立合同人	单据作为合同使用的,按合同贴花
10.技术合同	包括技术开发、转让、咨询、服务等合同	按所载金额0.3‰贴花	立合同人	
11.产权转移书据	包括财产所有权和版权、商标专用权、专利权、专有技术使用权等转移书据、土地使用权出让合同、土地使用权转让合同、商品房销售合同	按所载金额0.5‰贴花	立据人	
12.营业账簿	生产、经营用账册	记载资金的账簿,按实收资本和资本公积的合计金额0.5‰贴花。其他账簿按件贴花5元	立账簿人	
13.权利、许可证照	包括政府部门发给的房屋产权证、工商营业执照、商标注册证、专利证、土地使用证	按件贴花5元	领受人	

4.6.5 计税依据和应纳税额的计算

1. 计税依据

（1）购销合同的计税依据为购销金额。

（2）加工承揽合同的计税依据为加工承揽收入。

（3）建设工程勘察设计合同的计税依据为收取的费用。

（4）建筑安装工程承包合同的计税依据为承包金额。

（5）财产租赁合同的计税依据为租赁金额。

（6）货物运输合同的计税依据为运输费用,但不包括装卸费用。

（7）仓储保管合同的计税依据为仓储保管费用。

（8）借款合同的计税依据为借款金额。

（9）财产保险合同的计税依据为保险费收入。

（10）技术合同的计税依据为所载金额。

（11）产权转移书据的计税依据为所载金额。

（12）营业账簿税目中记载资金的账簿的计税依据为"实收资本"与"资本公积"两项合计金额。其他账簿的计税依据为应税凭证件数。

（13）权利、许可证照的计税依据为应税凭证件数。

2. 应纳税额计算

根据印花税应税凭证的性质,分别按比例税率或者按件定额计算应纳税额。

应纳税额不足1角的,免纳印花税。应纳税额在1角以上的其税额尾数不满5分的不计,满5分的按1角计算缴纳。

（1）实行比例税率的凭证，应纳印花税额的计算公式如下：

$$应纳印花税＝凭证所载应税金额×适用比例税率$$

（2）实行定额税率的凭证，应纳印花税额的计算公式如下：

$$应纳印花税额＝应税凭证件数×定额税率$$

4.6.6 纳税义务发生时间

书立或者领受时贴花，是指在合同的签订时、书据的立据时、账簿的启用时和证照的领受时贴花。

4.6.7 纳税地点

印花税一般就地纳税。

【实训指导】

（1）根据具体情况选择三种纳税办法。

自行贴花方法：一般适用于应税凭证少或者贴花次数少的纳税人。

汇贴方法：一般适用于应纳税额较大的纳税人。

汇缴方法：一般适用于贴花次数频繁的纳税人。

（2）应纳税额计算。

纳税义务人按照税法规定先计算应纳税额。

（3）填写印花税纳税申报表。

印花税纳税申报表

税款所属期：自　年　月　日至　年　月　日　　　　　　　　填表日期：　年　月　日

纳税人识别号：□□□□□□□□□□□□□□□□□□□□　　金额单位：元至角分

纳税人信息	名称					□单位 □个人				
	登记注册类型				所属行业					
	身份证件号码				联系方式					
应税凭证名称	计税金额或件数	核定征收		适用税率	本期应纳税额	本期已缴税额	本期减免税额		本期应补（退）税额	
		核定依据	核定比例				减免性质代码	减免额		
	1	2	4	5	6＝1×5＋2×4×5	7	8	9	10＝6－7－9	
购销合同				0.3‰						
加工承揽合同				0.5‰						
建设工程勘察设计合同				0.5‰						
建筑安装工程承包合同				0.3‰						

（续表）

应税凭证名称	计税金额或件数	核定征收		适用税率	本期应纳税额	本期已缴税额	本期减免税额		本期应补（退）税额
		核定依据	核定比例				减免性质代码	减免额	
	1	2	4	5	6=1×5+2×4×5	7	8	9	10=6－7－9
财产租赁合同				1‰					
货物运输合同				0.5‰					
仓储保管合同				1‰					
借款合同				0.05‰					
财产保险合同				1‰					
技术合同				0.3‰					
产权转移书据				0.5‰					
营业账簿（记载资金的账簿）		—		0.5‰					
营业账簿（其他账簿）		—		5					
权利、许可证照				5					
合计	—	—		—					

以下由纳税人填写：	
纳税人声明	此纳税申报表是根据《中华人民共和国印花税暂行条例》和国家有关税收规定填报的，是真实的、可靠的、完整的。
纳税人签章	代理人签章　　　　　　代理人身份证号
以下由税务机关填写：	
受理人	受理日期　　年　月　日　　受理税务机关签章

【实训案例】

资　料　发达公司 2016 年签订购货合同一份，所载金额 500 万元，签订银行借款合同一份，借款金额 100 万元，企业实收资本、资本公积账簿新增资金 1 000 万元（企业基本信息和纳税时间略）。

要　求　计算该公司应纳印花税，并填写印花税申报表。

案例解析

（1）购货合同应纳印花税＝5 000 000×0.3÷1 000＝1 500（元）

（2）借款合同应纳印花税＝1 000 000×0.05÷1 000＝50（元）

（3）资金账簿应纳印花税＝10 000 000×0.5÷1 000＝5 000（元）

印花税纳税申报表

税款所属期:自　年　月　日至　年　月　日　　　　　　　　填表日期:　年　月　日

纳税人识别号:□□□□□□□□□□□□□□□□□□□□　　金额单位:元至角分

纳税人信息	名称						□单位　□个人		
	登记注册类型				所属行业				
	身份证件号码				联系方式				

应税凭证名称	计税金额或件数	核定征收		适用税率	本期应纳税额	本期已缴税额	本期减免税额		本期应补(退)税额
		核定依据	核定比例				减免性质代码	减免额	
	1	2	4	5	6=1×5+2×4×5	7	8	9	10=6−7−9
购销合同	5 000 000			0.3‰	1 500				1 500
加工承揽合同				0.5‰					
建设工程勘察设计合同				0.5‰					
建筑安装工程承包合同				0.3‰					
财产租赁合同				1‰					
货物运输合同				0.5‰					
仓储保管合同				1‰					
借款合同	1 000 000			0.05‰	50				50
财产保险合同				1‰					
技术合同				0.3‰					
产权转移书据				0.5‰					
营业账簿(记载资金的账簿)	10 000 000	—		0.5‰	50 000				5 000
营业账簿(其他账簿)		—		5					
权利、许可证照		—		5					
合计	—	—		—	6 550				6 550

以下由纳税人填写:			
纳税人声明	此纳税申报表是根据《中华人民共和国印花税暂行条例》和国家有关税收规定填报的,是真实的、可靠的、完整的。		
纳税人签章	代理人签章	代理人身份证号	
以下由税务机关填写:			
受理人	受理日期　　年　月　日	受理税务机关签章	

【实训任务】

资料 华宁公司 2014 年 5 月开业,开业领受营业执照、房产证各一份,开业当月签订财产保险合同一份,投保金额 100 万元,保险费 2 万元;与其他企业签订技术转让合同一份,金额 20 万元;设置营业账簿 10 本。

要 求 计算当月应交印花税,并填写纳税申报表(企业纳税基本信息和纳税时间略)。

印花税纳税申报表

税款所属期:自 年 月 日至 年 月 日　　　　　　　　填表日期: 年 月 日

纳税人识别号:□□□□□□□□□□□□□□□□□□□□　　　金额单位:元至角分

纳税人信息	名称					□单位 □个人		
	登记注册类型			所属行业				
	身份证件号码			联系方式				
应税凭证名称	计税金额或件数	核定征收		适用税率	本期应纳税额	本期已缴税额	本期减免税额	本期应补(退)税额
		核定依据	核定比例				减免性质代码	减免额	
	1	2	4	5	6=1×5+2×4×5	7	8	9	10=6-7-9
购销合同				0.3‰				
加工承揽合同				0.5‰				
建设工程勘察设计合同				0.5‰				
建筑安装工程承包合同				0.3‰				
财产租赁合同				1‰				
货物运输合同				0.5‰				
仓储保管合同				1‰				
借款合同				0.05‰				
财产保险合同				1‰				
技术合同				0.3‰				
产权转移书据				0.5‰				
营业账簿(记载资金的账簿)		—		0.5‰				
营业账簿(其他账簿)		—		5				
权利、许可证照		—		5				
合计	—		—	—				

以下由纳税人填写:

纳税人声明	此纳税申报表是根据《中华人民共和国印花税暂行条例》和国家有关税收规定填报的,是真实的、可靠的、完整的。			
纳税人签章		代理人签章		代理人身份证号

以下由税务机关填写:

受理人		受理日期	年 月 日	受理税务机关签章

实训七　城镇土地使用税纳税申报

【实训目标】

学生通过实训,了解城镇土地使用税的概念、特点、征税范围和适用税率、纳税人范围、计税依据;熟悉城镇土地使用税计税方法和纳税申报程序;能够正确计税和在报税平台上完成纳税申报。

【知识链接】

4.7.1　城镇土地使用税概念和特点

城镇土地使用税是以城镇土地为征税对象,以实际占用面积为计税依据,按规定税额对在城镇范围内使用土地的单位和个人征收的一种税。

城镇土地使用税特点如下:

(1)征税范围限定。

(2)实行差额幅度税额。

4.7.2　城镇土地使用税征税范围

城镇土地使用税在城市、县城、建制镇和工矿区征收。城市是指经国务院批准设立的市。城市的征税范围为市区和郊区。县城是指县人民政府所在地。县城的征税范围为县人民政府所在地的城镇。建制镇是指经省、自治区、直辖市人民政府批准设立的建制镇。建制镇的征税范围为镇人民政府所在地。工矿区是指工商业比较发达、人口比较集中,符合国务院规定的建制镇标准,但尚未设立建制镇的大中型工矿企业所在地。开征城镇土地使用税的工矿区须经省、自治区、直辖市人民政府批准。城市、县城、建制镇、工矿区的具体征税范围,由各省。自治区、直辖市人民政府规定。

4.7.3　城镇土地使用税纳税人

凡在城市、县城、建制镇、工矿区范围内使用土地的单位和个人,为城镇土地使用税的纳税义务人。

(1)城镇土地使用税由拥有土地使用权的单位或个人缴纳。

(2)土地使用权未确定或权属纠纷未解决的,由实际使用人纳税。

(3)土地使用权共有的,由共有各方分别纳税。

(4)拥有土地使用权的单位和个人不在土地所在地的,土地的实际使用人和代管人为纳税人。

4.7.4 城镇土地使用税税率

城镇土地使用税采用定额税率，即采用有幅度的差别税额。按大、中、小城市和县城、建制镇、工矿区分别规定每平方米年应纳税额。城镇土地使用税每平方米年税额标准具体规定如下：

（1）大城市（人口 50 万以上）：1.5～30 元。

（2）中等城市（人口 20 万～50 万）：1.2～24 元。

（3）小城市（人口 20 万以下）：0.9～18 元。

（4）县城、建制镇、工矿区：0.6～12 元。

城镇土地使用税采用幅度税额，拉开档次，每个幅度税额的差距规定为 20 倍。

经济落后地区，城镇土地使用税的适用税额标准可适当降低，但降低额不得超过上述规定最低税额标准的 30%。经济发达地区的适用税额标准可以适当提高，但须报财政部批准。

4.7.5 计税依据和应纳税额计算

1. 计税依据

城镇土地使用税以纳税人实际占用的土地面积为计税依据。即税务机关根据纳税人实际占用的土地面积，按照规定的税额计算应纳税额，向纳税人征收土地使用税。

纳税人实际占用的土地面积按下列办法确定：

（1）凡有由省、自治区、直辖市人民政府确定的单位组织测定土地面积的，以测定的面积为准。

（2）尚未组织测量，但纳税人持有政府部门核发的土地使用证书的，以证书确认的土地面积为准。

（3）尚未核发出土地使用证书的，应由纳税人申报土地面积，据以纳税。待核发生地使用证以后再作调整。

2. 应纳税额计算

应纳税额计算公式如下：

$$全年应纳税额＝实际占用应税土地面积（平方米）×适用税额$$

4.7.6 纳税义务发生时间

（1）纳税人购置新建商品房，自房屋交付使用之次月起，缴纳城镇土地使用税。

（2）纳税人购置存量房，自办理房屋权属转移、变更登记手续，房地产权属登记机关签发房屋权属证书之次月起，缴纳城镇土地使用税。

（3）纳税人出租、出借房产，自交付出租、出借房产之次月起，缴纳城镇土地使用税。

（4）以出让或者转让方式有偿取得土地使用权的，应由受让方从合同约定交付土地时间的次月起缴纳城镇土地使用税；合同未约定交付土地时间的，由受让方从合同签订的次月起缴纳城镇土地使用税。

（5）纳税人新征用的耕地，自批准征用之日起满 1 年时，开始缴纳城镇土地使用税。

（6）纳税人新征用的非耕地，自批准征用次月起，缴纳城镇土地使用税。

4.7.7 纳税地点

城镇土地使用税由土地所在地的税务机关征收。纳税人使用的土地不属于同一省（自治区、直辖市）管辖范围的，应由纳税人分别向土地所在地税务机关缴纳；在同一省（自治区、直辖市）管辖范围内，纳税人跨地区使用的土地，其纳税地点由省、自治区、直辖市税务机关确定。

【实训指导】

（1）城镇土地使用税按年征收，分期缴纳。具体纳税期限由省、自治区、直辖市人民政府确定。

（2）按税收规定计算城镇土地使用税。

（3）按规定填写纳税申报表。

城镇土地使用税纳税申报表

税款所属期：自　　年　　月　　日至　　年　　月　　日　　　　　填表日期：　　年　　月　　日

金额单位：元至角分　　　　　　　　　　　　　　　　　　　　　　面积单位：平方米

纳税人识别号：□□□□□□□□□□□□□□□□□□□□

纳税人信息	名称			纳税人分类			单位□　个人□			
	登记注册类型		*		所属行业		*			
	身份证件类型	身份证□　护照□　其他□			身份证件号码					
	联系人				联系方式					
申报纳税信息	土地编号	宗地的地号	土地等级	税额标准	土地总面积	所属期起	所属期止	本期应纳税额	本期减免税额	本期已缴税额	本期应补（退）税额
	*									
	*									
	*									
	*									
	*									
	*									
	*									
	*									
	*									
	*									
	合计			*		*	*			
以下由纳税人填写：										
纳税人声明	此纳税申报表是根据《中华人民共和国城镇土地使用税暂行条例》和国家有关税收规定填报的，是真实的、可靠的、完整的。									
纳税人签章		代理人签章			代理人身份证号					
以下由税务机关填写：										
受理人		受理日期		年　月　日	受理税务机关签章					

本表一式两份，一份纳税人留存，一份税务机关留存。

填表说明

1. 本表适用于在中华人民共和国境内申报缴纳城镇土地使用税的单位和个人。

2. 本表为城镇土地使用税纳税申报表主表，依据《中华人民共和国税收征收管理法》《中华人民共和国城镇土地使用税暂行条例》制定。本表包括两个附表。附表一为《城镇土地使用税减免税明细申报表》，附表二为《城镇土地使用税税源明细表》。首次申报或变更申报时纳税人提交《城镇土地使用税税源明细表》后，本表由系统自动生成，无需纳税人手工填写，仅需签章确认。申报土地数量大于10个（不含10）的纳税人，建议采用网络申报方式，并可选用本表的汇总版进行确认，完成申报。后续申报，纳税人税源明细无变更的，税务机关提供免填单服务，根据纳税人识别号，系统自动打印本表，纳税人签章确认即可完成申报。

3. 纳税人识别号（必填）：填写税务机关赋予的纳税人识别号。

4. 纳税人名称（必填）：党政机关、企事业单位、社会团体的，应按照国家人事、民政部门批准设立或者工商部门注册登记的全称填写；纳税人是自然人的，应当按照本人有效身份证件上标注的姓名填写。

5. 纳税人分类（必选）：分为单位和个人，个人含个体工商户。

6. 登记注册类型＊：单位，根据税务登记证或组织机构代码证中登记的注册类型填写；纳税人是企业的，根据国家统计局《关于划分企业登记注册类型的规定》填写。内资企业，国有企业，集体企业，股份合作企业，联营企业，国有联营企业，集体联营企业，国有与集体联营企业，其他联营企业，有限责任公司，国有独资公司，其他有限责任公司，股份有限公司，私营企业，私营独资企业，私营合伙企业，私营有限责任公司，私营股份有限公司，其他企业，港、澳、台商投资企业，合资经营企业（港或澳、台资），合作经营企业（港或澳、台资），港、澳、台商独资经营企业，港、澳、台商投资股份有限公司，其他港、澳、台商投资企业，外商投资企业，中外合资经营企业，中外合作经营企业，外资企业，外商投资股份有限公司，其他外商投资企业。该项可由系统自动带出，无须纳税人填写。

7. 所属行业＊：根据《国民经济行业分类》（GB/T 4754—2011）填写。该项可由系统自动带出，无须纳税人填写。

8. 身份证件类型：填写能识别纳税人唯一身份的有效证照名称。纳税人为自然人的，必选。选择类型为：身份证、护照、其他，必选一项，选择"其他"的，请注明证件的具体类型。

9. 身份证件号码：填写纳税人身份证件上的号码。

10. 联系人、联系方式（必填）：填写单位法定代表人或纳税人本人姓名、常用联系电话及地址。

11. 土地编号＊：纳税人不必填写。由税务机关的管理系统赋予编号，以识别。

12. 宗地的地号：土地证件记载的地号。不同地号的土地应当分行填写。无地号的，不同的宗地也应当分行填写。

13. 土地等级（必填）：根据本地区关于土地等级的有关规定，填写纳税人占用土地所属的土地的等级。不同土地等级的土地，应当按照各个土地等级汇总填写。

14. 税额标准：根据土地等级确定，可由税务机关系统自动带出。

15. 土地总面积（必填）：此面积为全部面积，包括减免税面积。本项为《城镇土地使用税税源明细表》"占用土地面积"的汇总值。

16. 所属期起：税款所属期内税款所属的起始月份。起始月份不同的土地应当分行填写。默认为税款所属期的起始月份。但是，当《城镇土地使用税税源明细表》中土地取得时间晚于税款所属期起始月份的，所属期起为"取得时间"的次月；《城镇土地使用税税源明细表》中经核准的困难减免的起始月份晚于税款所属期起始月份的，所属期起为"经核准的困难减免的起始月份"；《城镇土地使用税税源明细表》中变更类型选择信息项变更的，变更时间晚于税款所属期起始月份的，所属期起为"变更时间"。

17. 所属期止：税款所属期内税款所属的终止月份。终止月份不同的土地应当分行填写。默认为税款所属期的终止月份。但是，当《城镇土地使用税税源明细表》中变更类型选择"纳税义务终止"的，变更时间早于税款所属期终止月份的，所属期止为"变更时间"；《城镇土地使用税税源明细表》中"经核准的困难减免的终止月份"早于税款所属期终止月份的，所属期止为"经核准的困难减免的终止月份"。

18. 本期应纳税额：根据《城镇土地使用税税源明细表》有关数据项自动计算生成。本期应纳税额＝$\sum$占用土地面积×税额标准÷12×（所属期止月份－所属期起月份＋1）。

19. 本期减免税额：本项根据《城镇土地使用税税源明细表》月减免税额与税款所属期实际包含的月份数自动计算生成，本期减免税额＝$\sum$《城镇土地使用税税源明细表》月减免税额×（所属期止月份－所属期起月份＋1）。

20. 逻辑关系：本期应补（退）税额＝本期应纳税额－本期减免税额－本期已缴税额。

21. 带星号（＊）的项目不需要纳税人填写。

【实训案例】

资料 上海市华大汽配厂实际占地面积 10 000 平方米,宗地地号虹口 18 地块。土地等级二级。其中 1 000 平方米为企业自办幼儿园占地。政府核定的土地使用税额为 20 元/平方米。

要求 计算该厂 2016 年全年应纳的城镇土地使用税。

案例解析

$$应纳税额＝(10\ 000-1\ 000)\times20=180\ 000(元)$$

【实训任务】

资料 上面的实训案例资料。

要求 根据本实训案例填写纳税申报表(企业基本信息和纳税期限略)。

城镇土地使用税纳税申报表

税款所属期:自 年 月 日至 年 月 日 填表日期: 年 月 日

金额单位:元至角分 面积单位:平方米

纳税人识别号:□□□□□□□□□□□□□□□□□□□□□

纳税人信息	名称				纳税人分类		单位□ 个人□			
	登记注册类型			*	所属行业		*			
	身份证件类型		身份证□ 护照□ 其他□		身份证件号码					
	联系人				联系方式					
申报纳税信息	土地编号	宗地的地号	土地等级	税额标准	土地总面积	所属期起	所属期止	本期应纳税额	本期减免税额	本期已缴税额	本期应补(退)税额
	*										
	*										
	*										
	*										
	*										
	*										
	*										
	*										
	*										
	合计			*		*	*				
以下由纳税人填写:											
纳税人声明	此纳税申报表是根据《中华人民共和国城镇土地使用税暂行条例》和国家有关税收规定填报的,是真实的、可靠的、完整的。										
纳税人签章		代理人签章			代理人身份证号						
以下由税务机关填写:											
受理人		受理日期		年 月 日	受理税务机关签章						

本表一式两份,一份纳税人留存,一份税务机关留存。

实训八　车船税纳税申报

【实训目标】

学生通过实训，了解车船税的概念、特点、征税范围和适用税率、纳税人范围、计税依据；熟悉车船税计税方法和纳税申报程序；能够正确计税和在报税平台上完成纳税申报。

【知识链接】

4.8.1　车船税概念和特点

车船税是指以中华人民共和国境内的车辆、船舶为征税对象，向车辆、船舶的所有人或者管理人征收的一种税。

车船税特点如下：

（1）涉及面广。

（2）税源流动性强。

4.8.2　车船税征税范围

（1）依法应当在车船登记管理部门登记的机动车辆和船舶。

（2）依法不需要在车船登记管理部门登记的在单位内部场所行驶或者作业的机动车辆和船舶。

4.8.3　车船税纳税人

在中华人民共和国境内，车辆、船舶（以下简称车船）的所有人或者管理人为车船税的纳税人，应当依照规定缴纳车船税。即在我国境内拥有车船的单位和个人。车船的所有人或者管理人未缴纳车船税的，使用人应当代为缴纳车船税。所称的管理人，是指对车船具有管理使用权，不具有所有权的单位。

4.8.4　车船税的税目与税率

车船税实行幅度定额税率如下所示。

车船税定额税率表

车船税的税目	车船税的计税单位	年基准税	备注
乘用车[按发动机汽缸容量（排气量）分档]1.0升（含）以下的	每辆	60元至360元	核定载客人数9人（含）以下
乘用车[按发动机汽缸容量（排气量）分档]1.0升以上至1.6升（含）的	每辆	300元至540元	核定载客人数9人（含）以下
乘用车[按发动机汽缸容量（排气量）分档]1.6升以上至2.0升（含）的	每辆	360元至660元	核定载客人数9人（含）以下
乘用车[按发动机汽缸容量（排气量）分档]2.0升以上至2.5升（含）的	每辆	660元至1 200元	核定载客人数9人（含）以下
乘用车[按发动机汽缸容量（排气量）分档]2.5升以上至3.0升（含）的	每辆	1 200元至2 400元	核定载客人数9人（含）以下
乘用车[按发动机汽缸容量（排气量）分档]3.0升以上至4.0升（含）的	每辆	2 400元至3 600元	核定载客人数9人（含）以下
乘用车[按发动机汽缸容量（排气量）分档]4.0升以上的	每辆	3 600元至5 400元	核定载客人数9人（含）以下
商用车客车	每辆	480元至1 440元	核定载客人数9人以上，包括电车
商用车货车	整备质量每吨	16元至120元	包括半挂牵引车、三轮汽车和低速载货汽车等
挂车	整备质量每吨	按照货车税额的50%计算	
其他车辆专用作业车	整备质量每吨	16元至120元	不包括拖拉机
其他车辆轮式专用机械车	整备质量每吨	16元至120元	不包括拖拉机
摩托车	每辆	36元至180元	
船舶机动船舶	净吨位每吨	3元至6元	拖船、非机动驳船分别按照机动船舶税额的50%计算
船舶游艇	艇身长度每米	600元至2 000元	无

4.8.5　应纳税额计算

车船税各税目应纳税额的计算公式如下：

乘用车、客车和摩托车的应纳税额＝计税单位数量×适用年基准税额
货车、专用作业车和轮式专用机械车的应纳税额＝整备质量吨位数×适用年基准税额
机动船舶的应纳税额＝净吨位数×适用年基准税额
拖船和非机动驳船的应纳税额＝净吨位数×适用年基准税额×50%
游艇的应纳税额＝艇身长度×适用年基准税额

购置的新车船，购置当年的应纳税额自纳税义务发生的当月起按月计算。其计算公式如下：

应纳税额＝适用年基准税额÷12×应纳税月份数

4.8.6　纳税义务发生时间和纳税期限

车船税纳税义务发生时间为取得车船所有权或者管理权的当月,即以购买车船的发票或者其他证明文件所载日期的当月为准。

车船税按年申报,分月计算,一次性缴纳。

4.8.7　纳税地点

(1) 扣缴义务人代收代缴车船税的,纳税地点为扣缴义务人所在地。

(2) 纳税人自行申报缴纳车船税的,纳税地点为车船登记地的主管税务机关所在地。

(3) 依法不需要办理登记的车船,纳税地点为买船的所有人或者管理人所在地。

【实训指导】

(1) 盘点车船数量。

(2) 按税收规定计算车船税。

(3) 按规定填写纳税申报表。

车船税纳税申报表

税款所属期限:自　年　月　日至　年　月　日　　　　　　填表日期:　年　月　日

纳税人识别号:□□□□□□□□□□□□□□□□□□□□□　　金额单位:元至角分

纳税人名称						纳税人身份证照类型						
纳税人身份证照号码						居住(单位)地址						
联系人						联系方式						
序号	(车辆)号牌号码/(船舶)登记号码	车船识别代码(车架号/船舶识别号)	征收品目	计税单位	计税单位的数量	单位税额	年应缴税额	本年减免税额	减免性质代码	减免税证明号	当年应缴税额	本年已缴税额	本期年应补(退)税额
	1	2	3	4	5	6	7=5×6	8	9	10	11=7−8	12	13=11−12
合计	—									—			
申报车辆总数(辆)						申报船舶总数(艘)						
以下由申报人填写:												
纳税人声明	此纳税申报表是根据《中华人民共和国车船税法》和国家有关税收规定填报的,是真实的、可靠的、完整的。												
纳税人签章		代理人签章				代理人身份证号						
以下由税务机关填写:												
受理人		受理日期				受理税务机关(签章)						

本表一式两份,一份纳税人留存,一份税务机关留存。

填表说明

1.《车船税纳税申报表》适用于中华人民共和国境内自行申报车船税的纳税人填报。本表分为一主表两附表,车辆车船税纳税人填报纳税申报表和税源明细表(车辆),船舶车船税纳税人填报纳税申报表和税源明细表(船舶)。

2. 对首次进行车船税纳税申报的纳税人,需要申报其全部车船的主附表信息。此后办理纳税申报时,如果纳税人的车船及相关信息未发生变化的,可不再填报信息,仅提供相关证件,由税务机关按上次申报信息生成申报表后,纳税人进行签章确认即可。对车船或纳税人有关信息发生变化的,纳税人仅就变化的内容进行填报。已获取第三方信息的地区,税务机关可将第三方信息导入纳税申报系统,直接生成申报表由纳税人进行签章确认。

3. 税款所属期限:填报纳税年度的 1 月 1 日至 12 月 31 日。

4. 纳税人识别号:单位纳税人填报,自然人纳税人不必填报。

5. 纳税人身份证照类型:

(1) 组织机构代码。

(2) 居民身份证或临时居民身份证。

(3) 有效军人身份证件。

(4) 香港、澳门特别行政区居民身份证明。

(5) 台湾地区居民身份证明。

(6) 外国人护照或居留许可。

(7) 外交部核发的外国驻华使馆、领馆人员、国际组织驻华代表机构人员的有效身份证。

(8) 其他。

6. 纳税人身份证照号码:是单位的,填报含所属行政区域代码的组织机构代码;是个人的,填报身份证照号码。

7. 征收品目:

(1) 1.0 升(含)以下的乘用车。

(2) 1.0 升以上至 1.6 升(含)的乘用车。

(3) 1.6 升以上至 2.0 升(含)的乘用车。

(4) 2.0 升以上至 2.5 升(含)的乘用车。

(5) 2.5 升以上至 3.0 升(含)的乘用车。

(6) 3.0 升以上至 4.0 升(含)的乘用车。

(7) 4.0 升以上的乘用车。

(8) 核定载客人数 9 人以上 20 人以下的中型客车。

(9) 核定载客人数 20 人(含)以上的大型客车。

(10) 货车。

(11) 挂车。

(12) 专用作业车。

(13) 轮式专用机械车。

(14) 摩托车。

(15) 净吨位不超过 200 吨的机动船舶。

(16) 净吨位超过 200 吨但不超过 2 000 吨的机动船舶。

(17) 净吨位超过 2 000 吨但不超过 10 000 吨的机动船舶。

(18) 净吨位超过 10 000 吨的机动船舶。

(19) 艇身长度不超过 10 米的游艇。

(20) 艇身长度超过 10 米但不超过 18 米的游艇。

(21) 艇身长度超过 18 米但不超过 30 米的游艇。

(22) 艇身长度超过 30 米的游艇。

8. 计税单位：

(1) 乘用车、客车、摩托车子税目，填报辆。

(2) 货车、挂车、专用作业车、轮式专用机械车、机动船舶子税目，填报吨（保留两位小数）。

(3) 游艇子税目，填报米。

9. 计税单位的数量：车辆按辆征收的，填报1；车辆按整备质量以及船舶按净吨位征收的，填报吨数；游艇按米征收的，填报总长的米数。

10. 单位税额：根据纳税地点所在省、自治区、直辖市车船税实施办法所附税目税额表相应的单位税额填报。

11. 减免性质代码：按照国家税务总局制定下发的最新《减免性质及分类表》中的最细项减免性质代码填报。

车船税税源明细表（车辆）

序号	申报车辆总数（辆）										
	车牌号码	车辆识别代码（车架号）	车辆类型	品牌型号	发动机号	车辆发票日期或注册登记日期	使用性质	燃料种类	排（气）量	核定载客	整备质量
1											
2											
3											
4											
5											
6											
7											
8											
9											
10											

填表说明

1. 机动车信息[包括号牌号码、车辆识别代码（车架号）、发动机号、品牌型号、车辆类型、使用性质、燃料种类、排（气）量、核定载客、整备质量]，根据整车合格证、机动车登记证书和机动车行驶证等材料所载数据填报。其中，品牌型号在提交材料为整车合格证、机动车登记证书时按照车辆品牌、车辆型号两个字段汇总填报。

2. 车辆发票或注册登记日期：有机动车销售发票的，填报销售发票日期；确无销售发票的，填报机动车登记证书的注册登记日期。

【实训案例】

资料 上海城阳物流公司2016年拥有乘用车1辆（排量2升），号牌沪M30001，车辆识别号ab302478；货车1辆，号牌沪E28021，车辆识别号cd208567，整备质量吨数为10吨。当地税务机关规定，乘用车每辆年税额为500元，货车整备质量每吨年税额为60元。

要求 计算该公司2016年应纳车船税（公司基本信息略）。

案例解析

乘用车应纳车船税＝1×500＝500（元）

货车应纳车船税＝10×60＝600（元）

合计＝500＋600＝1 100(元)

【实训任务】

根据本实训案例,填写车船税纳税申报表(单位税务登记基本信息和纳税期限略)。

车船税纳税申报表

税款所属期限:自　年　月　日至　年　月　日　　　　　　填表日期:　年　月　日

纳税人识别号:□□□□□□□□□□□□□□□□□□□□　　金额单位:元至角分

纳税人名称				纳税人身份证照类型								
纳税人身份证照号码				居住(单位)地址								
联系人				联系方式								
序号	(车辆)号牌号码/(船舶)登记号码	车船识别代码(车架号/船舶识别号)	征收品目	计税单位	计税单位的数量	单位税额	年应缴税额	本年减免税额	减免性质代码	减免税证明号	当年应缴税额	本年已缴税额	本期年应补(退)税额
	1	2	3	4	5	6	7＝5×6	8	9	10	11＝7－8	12	13＝11→12
合计	—	—	—	—	—	—		—	—				
申报车辆总数(辆)				申报船舶总数(艘)								
以下由申报人填写:												
纳税人声明	此纳税申报表是根据《中华人民共和国车船税法》和国家有关税收规定填报的,是真实的、可靠的、完整的。												
纳税人签章		代理人签章		代理人身份证号								
以下由税务机关填写:												
受理人		受理日期		受理税务机关(签章)								

本表一式两份,一份纳税人留存,一份税务机关留存。

241